杭州市教育科研课题2022JSJY161

教你试讲

巢利莉　著

江西高校出版社
JIANGXI UNIVERSITIES AND COLLEGES PRESS

图书在版编目（C I P）数据

教你试讲/巢利莉著.－－南昌：江西高校出版社，
2022.12　（2024.9重印）
　ISBN 978－7－5762－3453－4

　Ⅰ.①教…　Ⅱ.①巢…　Ⅲ.①小学语文课—教
学法　Ⅳ.①G623.202

　中国版本图书馆 CIP 数据核字（2022）第 229426 号

出 版 发 行	江西高校出版社
社　　　址	江西省南昌市洪都北大道 96 号
总编室电话	(0791)88504319
销 售 电 话	(0791)88522516
网　　　址	www.juacp.com
印　　　刷	固安兰星球彩色印刷有限公司
经　　　销	全国新华书店
开　　　本	700mm×1000mm　1/16
印　　　张	15
字　　　数	238 千字
版　　　次	2022 年 12 月第 1 版
	2024 年 9 月第 2 次印刷
书　　　号	ISBN 978－7－5762－3453－4
定　　　价	58.00 元

赣版权登字 -07－2022－1183

版权所有　侵权必究

图书若有印装问题,请随时向本社印制部(0791－88513257)退换

序言

师范毕业后,我一直从事小学语文教学工作,其间有过十年的青年教师培训经验。我一直想把多年累积的教学理论和教学经验转化为成果,于是,结合研究的教育科研课题"课堂问诊"与青年教师成长所需,以"试讲"为切入口,撰写了本书,旨在为青年教师提供一些课堂教学理论和实践经验,帮助青年教师在专业领域有所成长。

我从多年的教师培训经历中发现,许多新教师在课堂教学时总是存在一些无法克服的困难:教材把握不准、方法运用不当、不关注学情等,往往导致教学设计与课堂教学出现"两张皮"的现象。新教师容易陷入教学困境,课堂教学难有起色。他们亟须改变课堂教学窘境,而在短期内较有效的方法就是"试讲"。试讲,可以帮助新教师进行教学前演练,不断研磨教材,打磨课堂,把握教学方向,形成课堂教学思路。

对于青年教师来说,试讲是一项必须具备的专业能力。它能反映教师对教材的理解与把握能力,反映教师对教学方法的运用能力,反映教师的基本素养等,同时它也可以成为教师课堂教学研究的抓手。教师要优化课堂教学,提升教学质量,就要不断锤炼课堂,而试讲可以成为教师课堂教学能力进阶的重要手段。试讲能在短时间内完整呈现课堂教学过程，青年教师可在试讲结束后集中讨论，针对试讲的过程进行分析研究，改进教学策略，由此形成教学风格。因此，试讲在课堂教学实践和研讨中发挥着积极作用。

《教你试讲》主要以《义务教育语文课程标准（2022年版）》和现行的统编教材为基础，从试讲理论和试讲实践两个部分入手。第一部分主要论述试讲的原则策略、试讲前对统编教材解读、文本解读方法策略、试讲的教学设计、试讲与教学研究关系等；第二部分则是从课堂教学实践出发，设计了21篇试讲稿，选取的案例涵盖一至六年级，有普通单元，也有特殊单元，有识字写字的，也有多文体的。试讲稿作为试讲的范例，主要由试讲分析、试讲目标、试讲重点、试讲过程及板书设计五个板块构成。试讲分析主要是从课程目标、单元目标、语文要素等方面结合文本进行教学重难点突破解读，正确把握试讲。试讲过程则是呈现试讲者完整的试讲过程，其中包含了对试讲者语言的指导示范，如无生试讲时如何组织语言、组织教学等。

《教你试讲》一书成稿，得到许多同人的帮助，在此深表感谢。在著述过程中因个人能力有限，难免存在偏差，望读者不吝批评指正！

2022年9月16日于杭州

目 录 CONTENTS

理论篇

第一章 认识试讲 /002

    一、试讲及原则 /002

    二、试讲形式和策略 /004

第二章 试讲与语文统编教材 /006

    一、语文统编教材的特点 /006

    二、语文统编教材解读 /008

第三章 试讲与文本解读 /030

    一、文本解读路径 /030

    二、文本解读方法 /032

    三、语文要素解读 /043

    四、特殊单元解读 /072

第四章 试讲与教学设计 /086

    一、设定教学目标 /086

    二、确立教学重难点 /088

三、关注教学过程　/094

四、精练板书设计　/106

第五章　试讲与教学研究　/112

一、试讲和上课　/112

二、试讲和评课　/113

三、试讲与说课　/116

四、试讲和校本培训　/117

五、试讲与教研活动　/119

实践篇

让识字和写字教学落地生根　/124

——一年级上册《秋天》试讲稿

读好童话故事,积累丰富语言　/129

——一年级下册《棉花姑娘》试讲稿

比读书信,体会情感表达　/135

——二年级上册《一封信》试讲稿

探寻太空生活,读懂课文有方法　/141

——二年级下册《太空生活趣事多》试讲稿

留心观察事物,习得写作方法　/146

——三年级上册《搭船的鸟》试讲稿

聆听美妙的声音,展开想象的翅膀　/150

——三年级上册《大自然的声音》试讲稿

品读人物故事,感受人物品质　/155

——三年级上册《手术台就是阵地》试讲稿

徜徉在诗画中的古诗教学　/161

——三年级下册《惠崇春江晚景》试讲稿

讲好寓言故事,明辨事理　/166

　　——三年级下册《鹿角和鹿腿》试讲稿

揣摩重点词句,感受人物形象　/170

　　——四年级上册《普罗米修斯》试讲稿

写好一件事的有效方法　/174

　　——四年级上册《麻雀》试讲稿

基于语用促进思维发展　/180

　　——四年级下册《琥珀》试讲稿

多重比较下的阅读教学　/185

　　——四年级下册《母鸡》试讲稿

提阅读速度,赏搭石之美　/189

　　——五年级上册《搭石》试讲稿

读"辉煌"与"毁灭",凝聚爱国情感　/194

　　——五年级上册《圆明园的毁灭》试讲稿

寻月迹之美,悟人间真情　/199

　　——五年级上册《月迹》试讲稿

燃思想火花,促情感表达　/204

　　——五年级下册《青山处处埋忠骨》试讲稿

智慧的语言,丰富的表达　/210

　　——五年级下册《杨氏之子》试讲稿

读意料之外,明情理之中　/216

　　——六年级上册《桥》试讲稿

品读诗意,感受长征精神　/221

　　——六年级上册《七律·长征》试讲稿

详略得当描写下的腊八粥　/226

　　——六年级下册《腊八粥》试讲稿

理 论 篇

第一章 认识试讲

近年来,无论是考教师资格证还是考编入职,面试时都会有试讲环节。对于毕业生来说,这无疑是陌生的。没有教学经历就要进行学科试讲是有难度的,如果想在面试时脱颖而出,试讲就更为重要了。很多人会选择报各种培训班,希望在短时间内达到语文学科"入门级"教学范式。于是,参训人会被模式化、结构化的方式牵着走,形成一种公式化的教学样态,这对入职后的教学会产生极大的影响。另外,试讲对于在职教师来说也是一项必备的教学技能。学科研讨时,通过试讲能较好地体现教师的教学理念、教学水平及综合素养,它的实效性是显而易见的。职称晋升时,有的地区也会采取试讲方式考核教师的专业水平与相关学科素养。试讲在现代教学中应用得越来越广泛,究其原因是这一方式节约时间成本,能在较短的时间内检测面试者对教学理念、方法、学情、技能、教材等方面的能力水平,同时发挥试讲优势对教学教研产生的积极作用。

一、试讲及原则

什么是试讲? 试讲是在规定的时间内,面试者(教师)通过口语、肢体语言,运用各种教学技能与组织形式进行的一种教学活动。它主要考查面试者(教师)综合能力与素养,在有限时间内完成快速准备和组织一节浓缩的课堂教学或教学片段,用时一般在 20 分钟以内。试讲者要把听课的人,也就是评委们当成学生来看待。试讲的过程中,面试者(教师)不能对这些"学生"发问,而是要采用情景模拟的方式自问自答,在讲授过程中要把教学内容讲得通俗易懂、生动有条理。总的来说,试讲也可以称为"无生上课"。它与课堂教学不同的就是时间短,没有真实授课对象,创设虚拟化的教学情境。

根据试讲目的与需求的不同,试讲主要有以下类型:入职试讲、教学研究型试讲、等级评价型试讲、典型示范型试讲。入职试讲是一种适用范围广、检测效果较好的评价方式,是入职教师在课堂教学、教材把握、方法运用、学情了解等方面综合能力的体现,能较全面反映教师的基本素养,对新教师的选拔提供了较好的路径。教学研究型试讲是学校专项教研常用的一种方法,针对某一种课型、单元、主题进行研讨,方向明确,节省教学时间,能针对专项研究课题提出有效建议,让教研真实发生。等级评价型试讲一般是在教师职称晋级、学校考核中运用。这项评价是以考核检验为目的,是对在职教师教学能力的综合测评。典型示范型试讲可以是优秀教师试讲展示,也可以是专门"试讲比赛",不论优秀案例展示还是比赛都能发挥试讲高效性,促进教师教学能力提升。无论哪一种形式的试讲,其基本模式和方法是相同的。不同的是试讲者对教材的把握与分析、教学技能与方法的运用及个人素养的整体表现。也就是说,试讲者不同,试讲的效果也是不同的,所以提高试讲者的综合能力显得相当重要。

试讲是一种单向、简洁的教学活动过程,缺少真实课堂发生的教学现象,是在试讲者的预设下完成的一次教学体验。试讲虽与课堂教学不同,但是试讲的过程与课堂教学过程是一致的。在试讲过程中,需要遵循相关教学原则:

一是科学性原则。科学性原则是教学应遵循的基本原则,也是试讲应该遵循的原则。试讲前要充分研读课程标准和教材,依据教学目标深入分析,按照教学要求设定教学过程。具体来说就是正确分析教材,了解教材特点,准确把握本节课教学所处的学段目标、单元目标、课时目标来确定"教什么";遵循学生认知规律和已有知识经验,按照学段客观、准确地分析情况,应用适当的教学策略完成教学过程,落实"怎么教"。

二是理论与实际相结合原则。试讲是实现理论与实践相结合的一次教学过程。试讲的每一个环节都是在教学理论建构下达成的。课程标准与语文核心素养是教学目标的理论基础。教学过程中要基于理论指导,依据学情、教学目标选用适当的教学方法,促进教学的发展。教学理论对课堂教学、试讲具有学术的指导意义。

三是实效性原则。试讲可以说是课堂教学的微缩版,目的是选拔、考核、检测教师教学的基本能力,它具备省时、高效、可操作等特性,应用范围广。依据试讲的特点,发挥其自身优势达到选拔、检测的目的,突显实效性,这是针对试讲本身的特质来分析的。此外,在试讲过程中,我们需要重视教学过程的效果,如教学目标达成、重难点的突破、学生能力培养和提升等。

四是创新性原则。试讲主要用于选拔、考核,要想在试讲过程中脱颖而出,一定要在设计过程中有所突破和创新。试讲者可结合当前统编教材教学理念,进行单元整体教学,落实单元语文要素,提高教学效果;形成大单元教学意识,对同一主题或相同文体进行梯度教学,实现教学功能化;可进行任务驱动性教学,项目化教学方式,促进学生自主学习能力提升。试讲者要依托教材,改变教学方式,强化教学技能,做到"从教到学的转变"。

二、试讲形式和策略

试讲是口语表达的一种方式,是试讲者教学思路、教学能力的体现。试讲基本环节分为试讲前的引言、试讲的教学过程、试讲后的结束语。试讲前的引言为:"尊敬的评委,大家好,我是____号考生,今天我试讲的题目是_____。"试讲的教学过程主要分为导课、新授、小结、板书等。试讲后的结束语为:"我的试讲到此结束,感谢大家的耐心聆听,谢谢!"试讲前、试讲后的语言只要经过练习就可以完成,试讲的教学过程才是重点。这个过程体现了面试者对学科特点的把握、对教材重难点的分析、对学情的了解、对教学方法的灵活运用等。这是一项比较复杂的教学能力,是需要长期培养和不断训练得的,所以对于不同阶段的教师要求并不相同。

入职试讲使用率非常高,能在较短的时间内考核面试者是否具备一名教师的基本素养和能力,达到所需人才的基本标准。入职教师面试时一般会提前半小时抽取题目进行备课。在半小时内要完成一节课的备课是有难度的,尤其是对刚准备入职的教师来说,他们没有教学经验,不能准确把握教材重难点,下手困难,因此,前期的准备和训练就显得尤为重要了。面试者首先要了解学科课程标准,明确学科特点,通读教材了解年段目标;然后要确定授课内容的重难点,针对该年段学生能力目标进行教学设计,完成后再开始"无生上课",整个环节与一般课堂差别不大,面试者要习惯这种模拟情景式授课法,角色代入,与"学生"互动、评价;要注意语言生动,不呆板;肢体语言不能幅度太大,不要在现场来回走动,只需要做适当的手势动作体现出与"学生"在互动和交流;板书简明扼要,体现教学重难点,书写工整漂亮。

在职教师试讲主要是在学科教研、评价考核等方面运用。试讲教师需要缩短教学时长,适应新的教学情境,以"自言自语"方式投入教学中。这里的"自言自语"是指教师要把授课时提出的问题自我解答,同时要做出评价。这一形式的试讲主要服务于学科研讨,解决教学中出现的问题、现象。从研讨的目标和重点出发,可以进行一个教学环节试讲,也可以对某一课题进行系列试讲,比照分析发现异同,分析背后原因,研究新的教法。学科研讨型试讲的教师有较长的准备时间,可根据研讨的课题进行选择,以教研组的方式进行磨课试讲,事先可以制作课件,反复练习,以追求最好的效果。等级评价型试讲的形式与入职教师的基本相同,要在有限时间内完成学科内容讲授,只是要求会更高,主要考核教师研读教材的能力,突破教学重难点,有效提高教学水平。

试讲是体现教师专业水平和专业技能的一种有效方式,试讲过程中需要注重方法的运用和策略的掌握。

(1)备课充分

备课充分与否直接影响试讲效果的优劣。试讲者在备课前要充分研读教材,掌握课程标准了解该年段的学情,设定教学目标,围绕目标展开教学设计,教学板块清晰,设计合理。语文教学根据学段、课时的不同,板块会有变化。低年级识字教学设计了三个板块:激趣导课、读文识字、指导书写。阅读教学一般分为四个板块:情境导课、初读感知、重点品读、拓展延伸。如果阅读教学需要分课时进行,那么第一课时可以按四个板块设计,第二课时需要将板块调整为:复习旧知、研读感悟、读写训练。

(2)环节清晰

试讲时,每一个环节要清楚,时间分配要合理,切忌头重脚轻。导课环节简洁明了,避免拖沓累赘;初读环节扫清字词障碍,整体感知文本;重点品读部分从设计的问题出发,环环相扣,具体翔实;拓展延伸要做到情感升华,有序组织读写训练;结课时回顾板书,小结重点。

(3)重点突出

教学设计时遵循"一课一得"原则,切勿贪多顾全。低年级教学以识字和写字教学为主,可以从文本重点段落入手,提出关键问题,品析词句获得感受。试讲者在讲授过程中要注意语速及语调的变化,吸引评委的注意力,以获得好感。

(4)互动交流

试讲虽是"无生上课",但是互动交流不可少,有问就要有答。试讲者要注意角色转换和语气变化,讲授过程中要注意及时反馈和评价,真实自然。

(5)板书适切

板书是一份微型教案,它能体现教学的重难点。板书要随着讲授同时进行,做到精练、美观。

第二章　试讲与语文统编教材

　　小学语文试讲主要使用的是现行小学语文统编教材,这套教材是教育部审核后全国通用的小学语文教材。试讲与统编教材有密不可分的关系,只有把握统编教材的特点才能更好地完成试讲。

一、语文统编教材的特点

　　统编教材站位高。《义务教育语文课程标准(2022年版)》指出:"语文课程致力于全体学生核心素养的形成与发展,为学生学好其他课程打下基础;为学生形成正确的世界观、人生观、价值观,形成良好个性和健全人格打下基础;为培养学生求真创新的精神、实践能力和合作交流能力,促进德智体美劳全面发展及学生的终身发展打下基础。"①现行小学语文统编教材的编写以马克思主义为指导,全面贯彻党的教育方针,落实立德树人根本任务,价值导向正确,紧密结合语文学科特点,做到了"整体规划,有机渗透"。"整体规划"是指统编教材在编排过程中采用的是整体设计、集中编排;"有机渗透"是逐步渗透,分层渗透,达到润物无声之境。教材是学习的载体,学生在语言文字学习过程中受到思想熏陶,逐步树立正确的人生观和价值观,再把这种内化了的思想和情感逐步外显为自觉行为,达到育人的目标。统编教材将核心价值观化为"血肉",契合时代发展需求,具有鲜明的特征。

　　突出"双线组织单元结构"特点。小学语文统编教材的编排体现了人文主题和语文要素双线并行的特点,突显语文要素。人文主题是把内容大致相关的文本组成一个单元,形成一条贯穿全套教材的、显性的线索。全套教材突出六大教育主题——社会主义核心价值观、海洋与国家主权、中华优秀传统文化、革命文化、民族团结、法制教育,做到"整体规划,有机渗透、自然融合"。语文要素是将语文素养的各种基本因素分成若干个点,由浅入深,由易及难,分布在各单

---

　　① 中华人民共和国教育部. 义务教育语文课程标准(2022年版)[M].北京:北京师范大学出版社,2022.

元的导语、课后练习或语文园地之中，有梯度地螺旋式上升，突出四大语文要素——基本的语文知识、必需的语文能力、适当的学习策略、学习习惯。语文要素具备科学性、系统性、准确性、适宜性等特点。课堂教学中，落实语文要素是教学重点。

建构"三位一体"教学体系。小学语文统编教材建构"三位一体"的教学体系，"三位"指的是"精读""略读""课外阅读"；"一体"是指融合在一起，形成一个整体。"三位一体"也就是把"精读""略读""课外阅读"融合在一起共同构建阅读体系。精读课文主要是给范例、教方法，教师需要精讲、细品，培养学生阅读的兴趣。略读课文主要是泛读、自主性阅读，让学生自己读，把精读课文学到的方法运用到阅读实践中。课外阅读可以同读一本书，指导学生运用阅读方法体会阅读的快乐，也可以指向"海量阅读"，让学生运用所学阅读策略——猜读、跳读、浏览等保证阅读兴趣，允许学生"连滚带爬"地读，拓宽学生阅读面，激活学生读书的兴趣和能力。

注重单元整体教学。本套教材注重单元整体教学，从单元性质来看，可以分为普通单元和特殊单元。普通单元教材结构分为：导语、阅读、表达、语文园地。导语是单元人文主题和语文要素的体现，阅读分为精读和略读，表达是口语交际和单元习作，语文园地主要是交流平台、词句段训练、日积月累、书写提示。特殊单元分为策略单元、习作单元、综合性学习单元。策略单元是对学生阅读方法的指导，学生依据年段不同掌握相关的阅读方法，推动阅读整体发展。它们被编排在三至六年级单册，学生主要从中学习预测、提问、有速度阅读、有目的阅读等相关阅读策略。习作单元的编排改变了传统的完全以阅读为中心的编排体系，在重视培养阅读理解能力同时，引导语文教学更加关注表达，改变了多年来语文教学实践中重阅读轻习作的状况。从三年级开始，每册第五单元安排了专项习作训练：三年级锻炼观察、想象；四年级要求把事情写清楚，按一定顺序写景物；五年级学习说明方法，学习人物描写方法；六年级要求围绕中心意思写，表达真情实感。综合性学习是具有综合性质的语文学习方式，是语文知识的综合运用，是听说读写能力的整体发展，也是语文课程和其他课程的沟通、书本学习与实践活动紧密结合。四至六年级下册分别安排了"轻叩诗歌大门""遨游汉字王国""难忘小学生活"等综合性学习单元。

小学语文统编教材特点鲜明，充分体现了文化自信，重视中国优秀传统文化、革命文化的继承和发扬,选文更加贴近学生实际生活,体现时代发展特征,为新时代人才培养打下了扎实的基础。

二、语文统编教材解读

教学离不开教材。在教学设计最初,就要对教材进行解读,它是教师教学工作的重要内容,与课程设计、组织和实施有着密切的关系,也对教学目标达成起到关键作用。什么是教材解读?教材解读是把文本放入课程标准的相关年段,以及教材单元设想中来判断它的教学价值。由此,教材解读首先要对《义务教育语文课程标准(2022 年版)》进行研读。课程标准提出了"立足学生核心素养发展,充分发挥语文课程育人功能;构建语文学习任务群,注重课程的阶段性与发展性;突出课程内容的时代性和典范性,加强课程内容整合;增强课程实施的情境性和实践性,促进学习方式变革;倡导课程评价的过程性和整体性,重视评价的导向作用"的理念。

课程标准从五个维度进行课程发展建构。第一是确定语文课程的核心素养,充分发挥其育人功能。我们要理解什么是核心素养,什么是语文课程核心素养。课程标准提出:"核心素养是学生通过课程学习逐步形成的正确价值观、必备品格和关键能力,是课程育人价值的集中体现。"核心素养是育人价值的充分体现,同时又是时代发展的需求,是所有学科建设的基础。语文课程核心素养是学生在积极的语文实践活动中积累、建构并在真实的语言运用情境中表现出来的,体现在"文化自信""语言运用""思维能力""审美创造"四个方面。它是在《普通高中语文课程标准(2017 年版)》语文学科核心素养(语言建构与运用、思维发展与提升、审美鉴赏与创造、文化传承与理解)基础上结合了未来十年语文课程发展的方向而提出的目标。"语文课程核心素养"是语文课程理论体系的核心理念,它涵盖的不是一般意义上的语文知识和语文能力,而是学生在课程学习中思想情感的熏陶、审美情趣的陶冶、人生价值观的形成等。"语文课程核心素养"是建构在语文课程基础上的综合素养。

第二是构建学习任务群,整体规划,分层发展。语文学习任务群是"以生活为基础,以语文实践活动为主线,以学习主题为引领,以学习任务为载体,整合学习内容、情境、方法和资源等要素"而建立的整体规划。它反映的是不同学段学生核心素养发展的需求,体现任务群构建的整体性、层级性、连贯性等特点。

基于此,语文课程分三个层面设置学习任务群,其中第一层设"语言文字积累与梳理"一个基础任务群,第二层设"实用性阅读与交流""文学阅读与创意表达""思辨性阅读与表达"三个发展学习任务群,第三层设"整本书阅读""跨学科学习"两个拓展性任务群。学习任务群是基于学生能力发展的进阶式语文学习活动,旨在发挥学生自主学习合作探究能力,引导学生在生活情境中主动学习,获取知识与能力。另外,学习任务群与学段要求的识字、阅读、表达等方面纵向融合。基础任务群是在识字与写字教学完成的基础上,创设适宜学生的学习活动;发展任务群则关注阅读和表达,在教学实施过程中合理设计相关的学习主题活动;拓展性任务群则关注课外阅读指导与学习,把整本书阅读作为学习活动项目。总之,学习任务群的构建改变了现有学习方式,把课堂传统学习转换为现实生活情境下的语文学习活动。

第三是整合课程,强调内容时代性和典型性。语文课程是所有学科的基础,课程内容编排要突出时代特征,反映当下社会生活变化,在发展过程中注重与现实生活、其他学科的关联,整合学科资源促进语文学科发展。语文学科要重视与其他学科整合,它是其他学科的基础,不是孤立的、自成一体的,与其他学科有着密切联系。同时,其他学科也为语文学习提供实践的场域,它们相辅相成,相互渗透,共同发展。除此之外,语文学科肩负着民族文化的传承与弘扬。于漪曾说:"语文(这里当然指母语)是民族之根。它无声地记载着本民族的物质文明和精神文明,记载着民族文化的地质层,母语教学必须与民族文化紧密相连。"[①]语文是母语教学,具有鲜明的民族属性。要学习社会主义先进文化、革命文化,继承和弘扬中华优秀传统文化,理解和借鉴不同民族文化和区域文化,拓宽文化视野,增强文化自信,就要培养学生热爱母语、热爱中华文化的精神。

第四是改变学习方式,注重实践性和情境性。学语文就是"用"语文,发挥语文实践功能,把语文学习放在生活情境中,设计具有挑战性的学习任务,让学生主动学习,运用已有知识与能力在情境中学习掌握相关知识与能力。语文学习任务群的构建改变了传统学习方式,注重通过实践获取、理解与运用知识,倡导在实践中构建、巩固、创新语文知识和能力。语文学习实践要充分发挥学生自主学习意识。在生活实践中,学生要运用合作探究发现问题、解决问题,并在

---

① 于漪.于漪文集:第1卷 教育教学论[M].济南:山东教育出版社,2001.

共同学习和交流中获得知识和能力,推动探究能力和创新精神的发展。学习方式变革重在实践,要在原有探究学习方式的基础上进一步深化与发展。正如崔允漷教授所说:"学科实践超越了传统知识传授的学习方式和探究学习,代表学习方式变革的新方向。"①因此,学科实践是当下课程改革全新的学习方式,是把学习方式落在实践中,为了实践而发生的真实学习。

第五是重视评价导向性,发挥评价作用。一般来说,学科评价指挥学科教学方向。在传统的教学中,遵循的教学规律是"考什么"就"教什么",评价最终指向学习结果。新课程标准重视评价的过程性和整体性,提出评价要准确反映学生的语文"学习水平""学习状态",要从学段出发选用恰当的"评价方式",重视发挥"多元评价"的作用。基于此,新课程标准倡导评价与教学深度融合,发挥过程性评价作用,促进教学方式变革,从教师的"教"为中心转变为学生的"学"为中心,且把"学"放在生活情境当中,让学生在实践中学习。为促进学习的发展,要激发学生"学"的积极性,倡导"学有评价"。如课堂教学要运用"教—学—评"一体化的教学方式开展教学,及时关注学生在学习过程中知识与能力、情感态度、思维品质的提升。作业评价则要在有质量、富有挑战性的作业基础上配合适度的、准确的评价促进教学发展。阶段性评价是对学生阶段学习后做出的一个及时反馈和学习指导,是过程性评价的一个重要组成部分。过程性评价指导教学发展,及时准确反馈学生学习变化的过程,为教师教学指明方向,同时也为终结性评价提供了依据。

新课程标准指导语文学科发展,为语文学习搭建完整的知识体系和能力目标,对每一个学段的基础目标、能力目标、情感目标都提出了具体要求。小学语文分为三个学段,分别从识字与写字、阅读与鉴赏、表达与交流、梳理与探究这四个方面制定每一个学段具体要求。如:识字是从数量和方法方面提出了不同要求,而写字则从书写姿势、要求、速度等方面提出不同目标;阅读则要求掌握多种阅读方法,培养独立阅读能力,具有初步鉴赏文学作品的能力;表达与交流,要求学生学会倾听与表达,能运用书面语言表达所见、所闻、所想;梳理与探究则要求组织学生梳理和探究学习与生活的关联,让学生学会在生活情境中运用所学语文知识培养语文能力。新课程标准对语文每一项能力提出教学建议,

---

① 杨雷.新方案、新课标,新在哪里:专访华东师范大学课程与教学研究所所长崔允漷[N].教育时报,2022 – 05 – 10(01).

也按每一学段的目标制定了相应的要求,层级清晰,要求具体完整,能力要求呈螺旋式上升,促进学生语文素养全面提高,为学生终身发展奠定基础。

《义务教育语文课程标准(2022 年版)》学段目标归纳总结

内容＼学段	第一学段	第二学段	第三学段
识字与写字	识字:学会汉语拼音;喜欢学习汉字,有主动识字、写字的愿望;学会独立识字,认识常用汉字1600 个左右。	识字:对学习汉字具有浓厚兴趣,能主动识字;会使用字典、词典,有初步的独立识字能力;认识常用汉字2500 个左右。	识字:较强的独立识字能力;认识常用汉字3000 个左右。
	写字:掌握汉字基本笔画和常用的偏旁部首;会写 800 个字左右。	写字:写字姿势正确;能用硬笔熟练地书写正楷字;用毛笔临摹正楷字帖;会写1600 个字左右。	写字:能用毛笔、硬笔书写楷书;书写有速度,感受汉字美;会写 2500 个字左右。
阅读与鉴赏	朗读:学习用普通话正确、流利、有感情地朗读课文;学习默读。	朗读:用普通话正确、流利、有感情地朗读课文;初步学会默读。	朗读:默读有速度(每分钟不少于 300 字);学习浏览,根据需要搜集信息。
	阅读:结合上下文和生活实际了解课文中词句的意思,在阅读中积累词语;阅读浅近的童话、寓言、故事,表达自己感受,乐于交流;诵读儿歌、儿童诗和浅近的古诗,获得初步的情感体验,感受语言美;尝试阅读整本书,用自己喜欢的方式介绍读过的书;积累自己喜欢的成语和格言警句,背诵优秀诗文 50 篇,课外阅读总量不少于 5 万字。	阅读:学习略读,粗知文章大意;能联系上下文,理解词句的意思,体会关键词句在表情达意方面的作用;在语境中理解句号与逗号的不同用法,了解冒号、引号的一般用法;能初步把握文章的主要内容,体会文章情感;学习圈点、批注等阅读方法;能提出问题,乐于交流;能复述叙事性作品的大意,有阅读感受;诵读优秀诗文,体验情感,领悟诗文大意;阅读整本书,初步理解主要内容,主动分享阅读感受;积累课内外语句,背诵诗文 50 篇;养成读书看报的习惯,乐于交流;课外阅读总量不少于 40 万字。	阅读:联系上下文和自己的积累,推想词句的内涵,体会表达效果;在理解课文的过程中体会顿号与逗号、分号与句号的不同用法;在阅读中了解文章的表达顺序,体会作者的思想感情,初步领悟文章基本的表达方法;在交流和讨论中,提出自己的看法,做出自己的判断;阅读叙事性作品,了解事件梗概,简述印象深刻的场景、人物、细节,表达自己的感受;阅读诗歌,大体把握诗意,想象诗歌的情境,体会作品的情感;阅读说明性文章,抓住要点,了解文章的基本说明方法;阅读整本书,把握主要内容,会推荐;背诵优秀诗文 60 篇;课外阅读总量不少于100 万字。

续表

内容＼学段	第一学段	第二学段	第三学段
表达与交流	口语交流：学说普通话，有表达交流的自信心；能认真听别人讲话，了解讲话的主要内容；听故事、看影视作品，能复述大意和自己感兴趣的情节；能较完整地讲述小故事，简述自己感兴趣的见闻；与他人交谈，自然大方，有礼貌；积极参加讨论，敢于发表自己的意见。	口语交流：能用普通话与人交谈；学会认真倾听，领会要点做简要转述，并能就不理解的地方向对方请教，就不同的意见与人商讨；能清楚明白地讲述见闻，并说出自己的感受和想法；讲述故事力求生动具体；主动参与日常文化活动，在不同场合与人有礼貌地交流。	口语交流：认真倾听，抓要点，能转述；与人交流能尊重、理解对方，注意语言美；表达要有条理，语气、语调适当；乐于参与讨论，敢于发表自己的意见。
	书面表达：对写话有兴趣，留心周围事物，写自己想说的话；学会使用逗号、句号、问号、感叹号。	书面表达：观察周围世界，不拘形式地写自己的见闻、感受和想象，注意写清楚；能用便条、简短书信进行交流；尝试在习作中运用平时积累的语言材料；学习修改习作，根据表达的需要，正确使用冒号、引号等标点符号；课内习作每年 16 次左右。	书面表达：明确写作意图，养成观察周围事物的习惯，有意识地丰富自己的见闻与感受，积累习作素材；能写简单的记实作文、想象作文，内容具体，感情真实；会分段表述；会写读书笔记、应用文；会互换修改习作，做到语句通顺，行款正确；会正确使用常用的标点符号；习作有速度，课内习作每年 16 次左右。
梳理与探究	知识梳理：能观察字形，感知汉字与生活的联系；能用口头或图文等方式整理表达见闻和想法。	知识梳理：尝试分类整理学过的字词；尝试发现汉字特点，帮助识字、写字。	知识梳理：分类整理学过的字词；尝试发现汉字特点，发展独立识字和写字能力；感受不同媒介的表达效果，学习跨媒介阅读与运用，初步运用多种方法整理和呈现信息；初步了解查找资料、运用资料的基本方法。
	生活探究：观察大自然，参与活动，积累体验；对周围事物感兴趣，会提问，能交流，尝试提出自己的想法。	生活探究：学习有趣味的语文实践活动，能在活动中积极思考；运用表格、图像、音频等媒介，呈现观察、探究所得；能提出生活中的问题，有目的地搜集资料，讨论解决。	生活探究：能用资料解决学习和生活中的问题，会写简单的研究报告；策划简单的校园活动和社会活动；对生活中关注的问题、影视作品中的故事和形象等开展专题探究活动。

解读课程标准后能准确把握各学段教学目标,在此基础上指导落实单元目标。统编教材编排以"双线组织单元结构",用人文主题和语文要素双线并行指导单元教学,每个单元目标都落实在单元导读中。如四年级上第四单元导读中写道:"神话,永久的魅力,人类童年时代飞腾的幻想。"这句话指出了本单元的人文线索是"神话故事"。"了解故事的起因、经过、结果,学习把握文章主要内容。感受神话中神奇的想象和鲜明的人物形象。展开想象,写一个故事。"这三点语文要素就是单元目标,是教师进行单元整体设计的教学目标,也是每一篇选文的课时目标之一。教材解读首先要抓好年段目标和单元目标,然后从各个目标出发制定课时目标,围绕目标展开教学设计。

落实统编教材单元目标,清晰教学方向。统编教材从人文主题和语文要素两条线指导语文教学,每一册教材从基础训练要素、阅读训练要素、表达训练要素、综合训练要素等方面提出具体要求。低段的基础训练是重点,主要围绕字、词、句的学习和训练展开,要求掌握多种识字方法,训练大量识字能力,掌握写字要领,能正确书写、积累词语,掌握标点符号用法,了解基本句式,仿写句子等;阅读训练明确了正确、流利地朗读课文这一要求,要求学生学习初步理解课文的方法,能简单地复述;表达训练要求学生学会听,掌握对话交流的方法,能讲故事等;综合训练主要是培养学生在语文实践活动中的能力,如课外阅读、综合实践活动等,引导学生从课内学习走向课外,体会阅读的快乐,激活学生的阅读兴趣。中段的基础训练目标为识字和词、句、段的运用,如通过形声字比较学习、归类识字、词语积累、句型训练等夯实语基;阅读训练主要是学会把握课文的重要内容,掌握预测、提问等相关阅读策略,学习复述方法等;表达训练以练笔与习作相结合的方式提高学生写的能力,口语表达注重说清楚、有重点,认真听能提出建议等;综合训练指导推荐阅读民间故事、神话故事、科普读物,学习诗歌创作,探究与生活相关联的传统风俗。高段基础训练主要是运用多种修辞方法写句子,掌握开头、结尾的写法等;阅读训练通过描写和叙述,体会文章思想和情感,掌握不同文体的写作方法,掌握提高阅读速度和带着问题阅读的方法;表达训练主要训练学生能发表自己的观点和建议,做到有理有据,注重写作方法的指导;综合训练指导阅读中外名著,学习收集、整理资料,形成相关研究报告等。

单元目标指导课时目标,课时目标在单元目标基础上再结合每一篇选文解读制定具体教学目标,组织课堂教学。教材分析不是单项的,而是多维统一的,要遵循整体到部分的原则,在新课程标准统领下,明确统编教材编排意图,依据教材特点、学段目标做好教材整体解读,领会单元编排特点及相关目标,做好单元解读,在充分理解的基础上再进行文本解读。一年级到六年级每一个单元目标主要从两个方面设定,一是人文主题,二是单元语文要素。单元语文要素又可以分为四个方面,一是基础训练要素,二是阅读训练要素,三是表达训练要素,四是综合训练要素。厘清单元目标既为单元整体教学提供教学方向,也为课时目标提供依据。

一年级上册单元目标

单元	人文主题	基础训练要素	阅读训练要素	表达训练要素	综合训练要素
入学教育	我上学了		认识"我是中国人""我是小学生""我爱学语文"。		
一	识字单元	1.借助听读,联系生活识字。 2.字词句训练:形近字比较;汉字笔顺"从上到下,先横后竖",认识"田字格"。	学习朗读课文,背诵。	口语交际:1.大声说,让别人听得见;2.注意听别人说话。	快乐读书吧:课外阅读方式和途径;体会阅读的快乐。
二	拼音单元(一)	1.正确认读声母、韵母、音节等。 2.认识四线格,正确书写。 3.字词句训练:借助课程表认字;复习拼音;比较分析形近字母;复习音节拼读。	借助拼音和教师范读朗读儿歌。		
三	拼音单元(二)	1.正确认读声母、韵母、音节等。 2.用四线格正确书写。 3.字词句训练:比较读音相近的音节;区分、读准形近复韵母;使用拼音读准音节;记字母表,区分声母、韵母、音节等;用"车"组词,说句子。	借助拼音和教师范读朗读儿歌。	口语交际:说话的时候看着别人的眼睛。	
四	美丽自然	1.认识生字、偏旁、多音字,会写生字和笔画。 2.字词句训练:认字、写字、认识笔画、反义词;做姓名卡认字。	正确、流利地朗读课文,读准字音;背诵。		

续表

单元	人文主题	基础训练要素	阅读训练要素	表达训练要素	综合训练要素
五	识字单元	1.渗透对比识字、会意识字、归类识字、反义词识字。 2.字词句训练:归类认识表时间的词语;学习草字头和木字旁的表义特点;了解"从左到右,先撇后捺"的笔顺。	正确朗读课文,背诵。	口语交际:1.有时候要大声说话;2.有时候要小声说话。	
六	丰富想象	1.认识生字、偏旁、多音字;会写字,认识笔顺和逗号。 2.字词句训练:了解汉字结构;学会方位词能说句子;交流识字方法。	学习分角色朗读。		
七	儿童生活	1.认生字、偏旁;写字。 2.字词句训练:认识表亲属称谓的词语;学习日字旁、女字旁的表义;学习"的"字词语搭配;区分相近笔画;看读写词,说句子;背成语,了解道理。	正确、流利地朗读课文,尝试找出课文中的明显信息;联系生活实际理解课文内容。		

一年级下册单元目标

单元	人文主题	基础训练要素	阅读训练要素	表达训练要素	综合训练要素
一	识字单元	1.认识生字、偏旁、写字、笔画。 2.了解形声字的规律,利用已有生活经验识字:看图识字、韵语识字、字族文识字、字谜识字。 3.字词句训练:学习天气词语,识字;背诵音序表;复习前后鼻韵母;学习全包围结构"先外后内再封口"。		口语交际:1.听故事的时候,可以借助图画记住故事内容;2.讲故事的时候,声音要大一些,让别人听清楚。	快乐读书吧:读童谣和儿歌。
二	美好心愿	1.认识生字、偏旁、多音字,写字、笔画。 2.字词句训练:学习数量词短语;学习《字母表》;"日、寸"加部件成新字。	1.正确朗读,读好带感叹号的句子。 2.提取信息,读懂课文,交流感受。		
三	友好伙伴	1.认识生字、偏旁、多音字,写字。 2.字词句训练:学习查字典,使用音序查字法;学习独立识字。	1.正确、流利地朗读课文,读好"不"。 2.联系上下文了解词语意思,积累词语。 3.读好对话,读出不同语气。	口语交际:使用礼貌用语,如请、请问、您、您好、谢谢、不客气。	

续表

单元	人文主题	基础训练要素	阅读训练要素	表达训练要素	综合训练要素
四	亲近家人	1.认识生字、偏旁、多音字，写字。 2.理解词语，归类积累。 3.字词句训练:积累与身体相关的词语;读好轻声词;学写"点"字,了解写法。	正确、流利地朗读课文,读好长句子及问句,读懂意思。		
五	识字单元	1.认识生字、偏旁、多音字，写字。 2.依据形声字规律,自主识字。 3.字词句训练:阅读"包"字族文;了解形声字规律;语境辨析形近字和同音字;掌握音序查字法;积累歇后语。	正确、流利地朗读课文,学习用不同节奏诵读。	口语交际:1.给别人打电话时,要先说自己是谁。 2.没听清时,可以请对方重复。	
六	美好夏日	1.认识生字、偏旁、多音字，写字。 2.联系生活、结合图片,理解词语。 3.字词句训练:联系生活,学习夏天词串;扩写句子;能正确使用逗号、句号、问号、感叹号;包装识字;积累气象谚语。	1.正确、流利地朗读课文,读好问句和感叹句。 2.读出古诗节奏和儿童诗;分角色读好文中对话;背诵课文。		
七	良好习惯	1.认识生字、偏旁、多音字，写字;书写半包围结构字。 2.联系上下文和生活经验理解词语,积累词语。 3.字词句训练:掌握"加一加、减一减"识字方式;学习分辨形近字;用词说几句话;学习"先外后内"笔顺规则;积累学习名言。	1.正确、流利地朗读课文,分角色朗读课文,读好对话。 2.借助插图、故事情节特点,反复读懂长课文。	口语交际:一边说,一边做动作,这样别人更容易明白。	
八	产生问号	1.认识生字、偏旁、多音字，写字。 2.联系上下文、生活经验理解词语;积累短语。 3.字词句训练:生活识字;了解形声字表意规律;结合生活情境进行说、写话;背古诗。	1.正确、流利地朗读课文,读好祈使句。 2.带着问题边读边思考,训练根据简单信息做简单推断。 3.借助连环画理解课文内容,说故事主要情节。		

二年级上册单元目标

单元	人文主题	基础训练要素	阅读训练要素	表达训练要素	综合训练要素
一	大自然的秘密	1.认识生字、多音字、写字、学词。 2.字词句训练:联系生活,学习词语;演一演,体会动词不同意思;仿照例句说句子;写好左右结构的字。	借助图片或关键词了解课文内容,能提取信息交流。	口语交际:1.吐字要清楚;2.有不明白的地方,要有礼貌地提问。	快乐读书吧:读书名猜故事。
二	识字单元	1.认识生字、多音字、写字、学词。 2.了解数量词的用法;背诵。 3.使用部首查字法,积累美德名言。			
三	儿童生活	1.认识生字、多音字、写字、学词。 2.了解关键词句的意思,用词写句子。 3.字词句训练:正确辨析与运用同音字;学习"一边……一边"说句子;写出自己喜欢的玩具,学习书写格式;制作积累卡,做积累,背古诗。	借助词句,讲故事;针对问题说出感受。	口语交际:1.按照顺序说;2.注意听,记住主要信息。	
四	美丽家乡	1.认识生字、多音字、写字、学词。 2.联系上下文和生活经验,理解词句意思。 3.字词句训练:火车票识字;用"像"说句子;学写留言条;积累颜色词语。	展开想象,说诗的大意;仿写句子。		
五	思维方法	1.认识生字、多音字、写字、学词。 2.字词句训练:凭字义猜偏旁;积累词语,猜测意思;仿照例句写具体;"左短右长、右短左长"书写;背古诗。	分角色朗读课文;能联系生活实际,初步体会课文讲述的道理。	口语交际:1.要用商量的语气;2.把自己的想法说清楚。	
六	名人故事	1.认识生字、多音字、写字、学词。 2.字词句训练:学习多音字据义定音方法;加标点;了解形声字声旁表音。	借助词句,了解课文内容;借助关键词句练习表达。	口语交际:1.按顺序讲清楚图意;2.认真听,知道别人讲的是哪幅图的内容。	
七	丰富想象	1.认识生字、多音字、写字、学词。 2.字词句训练:学习拟人句;看图写话;改正错别字;积累民谣。	学习默读;图文对照,想象诗的大意;句子朗读对比。		

续表

单元	人文主题	基础训练要素	阅读训练要素	表达训练要素	综合训练要素
八	与人相处	1.认识生字、多音字,写字,学词。 2.综合运用多种方法自主识字、自主阅读、读懂课文。 3.字词句训练:猜读、运用拟声词;了解左右结构字形特点;积累成语。	借助提示,复述课文。学习默读。		

二年级下册单元目标

单元	人文主题	基础训练要素	阅读训练要素	表达训练要素	综合训练要素
一	美好春天	1.认识生字、多音字,写字,学词。 2.字词句训练:导览图识字;仿造句子;写好左上包围、左下包围字;背古诗。	朗读课文,注意语气和重音。	口语交际:1.说话的语气不要太生硬;2.避免使用命令的语气。	快乐读书吧:读儿童故事书。
二	关爱他人	1.认识生字、多音字,写字,学词。 2.多种方法猜测词语意思。 3.字词句训练:仿照例句,写景物;积累谚语。	读句子想画面、说内容。		
三	识字单元	1.认识生字、多音字,写字,学词。 2.利用韵语、形旁与字义联系识字;借助图片识字。 3.字词句训练:联系生活说词语;借形旁猜字义;背十二生肖。		口语交际:1.清楚地表达想法,简单说明理由;2.对感兴趣的内容多问一问。	
四	美好童心	1.认识生字、多音字,写字,学词。 2.字词句训练:认识表示玩具的词语;写表示心情的词语;仿写"一会儿";看图按时间顺序写话;写三包围、全包围字;积累诚信名言。	运用学到的词语把想象的内容写下来;用词语编故事。		
五	多种办法	1.认识生字、多音字,写字,学词。 2.字词句训练:了解形近字规律;积累词语;根据提示语读句子;发现词语特点、意思;背诵。	根据课文内容,简单说出自己的看法;复述故事;比较句子的不同。	口语交际:1.主动发表意见;2.一个人说完,另一个再说。	

续表

单元	人文主题	基础训练要素	阅读训练要素	表达训练要素	综合训练要素
六	自然秘密	1.认识生字、多音字，写字，学词。 2.字词句训练：利用场所名称识字；正确书写；联系语境猜词语；仿造句子；建立读书角；背古诗。	能说出诗句描写的画面；提取主要信息，了解课文。		
七	不断改变	1.认识生字、多音字，写字，学词。 2.字词句训练：认读与清洁相关的词语；用多种方法猜字音、意思；学习比喻句；写清养小动物的理由；注意书写时字的偏旁变化。	读好问句，分角色表演；借提示讲故事；根据课文内容展开想象。		
八	世界之初	1.认识生字、多音字，写字，学词。 2.字词句训练：借形声字规律识字；积累近义词说句子；根据想象仿写；了解部首的意义。	根据课文内容展开想象，表达内容。	口语交际：1.注意说话的速度，让别人听清楚；2.认真听，了解别人讲的内容。	

三年级上册单元目标

单元	人文主题	基础训练要素	阅读训练要素	表达训练要素	综合训练要素
一	校园生活	词句段训练：仿写拟人句，指导恰当朗读。	关注有新鲜感的词语、句子。	小练笔：学校场景。 习作：体会习作乐趣。 口语交际：1.选择别人可能感兴趣的内容讲；2.借助图片或实物讲。	
二	美丽秋天	词句段训练：仿写比喻句。	运用多种方法理解难懂的词语。	小练笔：上学或放学看到的景色。 习作：学习写日记。	
三	童话王国	1.识字加油站：形声字。 2.词句段训练：学习分角色朗读，读出心情变化；学习使用修改符号。	感受童话丰富的想象空间。	小练习：学习讲故事。 习作：试着自己编、写童话。	快乐读书吧：读奇妙王国里的童话故事。

续表

单元	人文主题	基础训练要素	阅读训练要素	表达训练要素	综合训练要素
四	策略单元（预测）	1. 识字加油站：查字典识字。 2. 词句段训练：学习引号的用法（提示语在前、中、后）。	1. 一边读一边预测，顺着故事情节去猜想。 2. 学习预测方法：①预测要有依据（题目、插图、文章内容、线索等）；②预测内容可以和实际内容不一样。 3. 学习批注式阅读方法。	口语交际：1. 把了解到的信息讲清楚；2. 听别人讲话的时候要礼貌回应。	
五	习作单元（观察生活）		体会作者是怎样留心观察周围事物的。	习作：仔细观察，把观察所得写下来。	
六	热爱祖国	1. 识字加油站：看图识形声字。 2. 词句段训练：看词想象画面写句子；读句子续写。	借助关键语句，理解一段话的意思。	小练笔：仿照写景；围绕一个意思续写。 习作：围绕一个意思写。	
七	大自然的发现	词句段训练：学习"得"的用法及句子；学习排比句。	感受课文生动的语言，积累喜欢的语句；学习摘抄的方法。	口语交际：1. 清楚表达自己的看法；2. 汇总小组意见，尽可能反映每个人的想法。 习作：留心生活，把自己的想法记录下来。	
八	美好品质	1. 识字加油站：学习和"目"相关的字。 2. 词句段训练：学习近义词的用法；学习分类整理方法。	学习带问题默读，理解课文。	口语交际：1. 有礼貌地向别人请教；2. 不清楚的地方及时追问。 习作：学写一件简单的事。	

三年级下册单元目标

单元	人文主题	基础训练要素	阅读训练要素	表达训练要素	综合训练要素
一	大自然的生物	1. 识字加油站：认识相同偏旁的字。 2. 词句段运用：选择合适的词语；照样子写一种小动物的外形。	一边读，一边想象画面；体会优美生动的语句；学会做备忘录、记录卡。	口语交际：1. 说清楚想法和理由；2. 耐心听别人讲完，尽量不打断别人的话。 习作：试着把观察到的事物写清楚。	

续表

单元	人文主题	基础训练要素	阅读训练要素	表达训练要素	综合训练要素
二	寓言故事	词句段训练:写"AABC""ABAC"式词语;学习动作神态词语的运用;学写通知。	读寓言故事,明白其中的道理;学习观点辩论。	口语交际:1.一边听一边思考,想想别人所讲是否有道理;2.尊重不同的想法。习作:把图画的意思写清楚。	
三	传统文化	1.识字加油站:认标牌识字。2.词句段训练:介绍手工活动的过程。	了解课文是怎样围绕一个意思把一段话写清楚的。		综合性学习:了解中国传统节日风俗;收集传统节日资料,写清过节过程。
四	观察自然	词句段训练:继续仿写拟人句;运用图表完成实验小报告;学习提问的方法;继续学习使用修改符号。	借助关键语概括一段话的大意。	习作:观察事物的变化,把实验过程写清楚。	
五	习作单元(童话故事)		学习想象,感受想象。	习作:发挥想象写故事。	
六	快乐童年	识字加油站:读词想象画面。词句段训练:理解一词多义;围绕一个意思写片段。	运用多种方法理解难懂的句子。	习作:写一个身边的人,尝试写出他的特点。	
七	大自然的秘密	词句段训练:以问句开头写一种事物;学习"寻物启事"。	了解课文是从哪几个方面把事物写清楚的。	小练笔:写大自然中平凡而美的事物。口语交际:1.注意说话的语气,不要用指责的口吻;2.多从别人的角度着想,这样别人更容易接受。习作:初步学习整合信息,介绍一种事物。	
八	有趣的故事	识字加油站:学习形旁表义的词语。词句段训练:学习描写动作的句子;学习有趣的命题;学习转述句。	了解故事的主要内容;复述故事。复述方法:借助表格;从故事"意想不到";画出示意图并找出关键词;以地点变化;以角色变化。	口语交际:1.运用合适的方法,把故事讲得更吸引人;2.认真听别人讲故事,记住主要内容。习作:根据提示,展开想象,尝试编写童话。	

四年级上册单元目标

单元	人文主题	基础训练要素	阅读训练要素	表达训练要素	综合训练要素
一	自然景观	词句段训练:读表示声音的词想象画面;选一个事物,用上词语描写它。	边读边想象画面,感受自然之美。	小练笔:写月下小景。 口语交际:1.围绕话题发表看法,不跑题;2.判断别人的发言是否与话题有关。 习作:推荐一个好地方,写清楚推荐的理由。	
二	策略单元（提出问题）	词句段训练:了解排比句的好处;学习设问句。	阅读时尝试从不同角度去思考,提出自己的问题。 提问题策略:根据内容提问题、列清单;从课题、内容、写法,联系实际提问题;学习筛选问题理解课文;学习问题分类,选出最值得思考的再加以解决。	习作:写一个人,注意把他(她)给人印象最深的地方写出来。	
三	观察事物	词句段训练:认识动物的家;比较句子的不同。	体会文章准确生动的表达,感受作者连续细致的观察。 观察记录:图文结合、表格式。 观察方法:细致准确,连续观察,看、听、想。	口语交际:1.小组讨论,注意说话的音量,避免干扰其他小组;2.不重复别人说过的话。如果想法接近,可以先表示认同,再继续补充。 习作:进行连续观察,学写观察日记。	快乐读书吧:读中国神话故事、外国神话故事。
四	神话故事	识字加油站:认识关于"花"的词语。 词句段训练:通过词语联想人物或故事;读句子感受神奇。	了解故事的起因、经过、结果,学习把握文章主要内容。 感受神话中神奇的想象和鲜明的人物形象。 讲神话故事策略:按故事顺序;文言文转白话文;略写处详说。	习作:展开想象,写一个故事。	
五	多彩生活（习作单元）		了解作者是怎样把事情写清楚的。	习作:写一件事,把事情写清楚。	

续表

单元	人文主题	基础训练要素	阅读训练要素	表达训练要素	综合训练要素
六	童年生活	识字加油站:认识关于蔬菜的词语。词句段训练:学习三字俗语;运用动作描写来写心理感受。	学习用批注的方法阅读;通过人物动作、语言、神态,体会人物心情。批注策略:写得好(赏析式、评价式批注)、有疑问的(质疑式)、有启发的(联想式、补充式)、从写法剖析写法。	口语交际:1. 选择合适的方式进行安慰;2. 借助语调、手势等恰当地表达自己的情感。习作:记一次游戏,把游戏过程写清楚。	
七	爱国励志	词句段训练:学习关于人的品质的成语;比较反问与陈述句。	关注主要人物和事件,学习把握文章主要内容。把握主要内容的方法:抓题目;理清事情的起因、经过、结果;弄清每一件事,再把几件事连起来。	小练笔:你为何而读书?习作:学习写书信。	
八	历史人物	识字加油站:形声字比较学习。词句段训练:学习易写错的字;比较句子表达的不同。	了解故事情节,简要复述课文。复述故事策略:文言文转白话文;依据小标题;按故事发展先后顺序。	口语交际:1. 用卡片提示讲述内容;2. 使用恰当的语气和肢体语言,可以让讲述更生动。习作:写一件事,能写出自己的感受。	

四年级下册单元目标

单元	人文主题	基础训练要素	阅读训练要素	表达训练要素	综合训练要素
一	田园生活	词句段训练:选择词语说乡村与城市的不同;看图写景致。	抓住关键语句,初步体会课文表达的思想感情。	小练笔:写眼中乡村景致。口语交际:1. 弄清楚要点,转述时不要遗漏主要信息;2. 注意人称转换。习作:写喜爱的某个地方,表达出自己的感受。	
二	自然科技	识字加油站:学习形声字。词句段训练:学习词语引申义;运用做比较的方法写句子。	阅读时能提出不懂的问题,并试着解决。解决不懂问题的方法:联系上下文;结合生活经验;查资料。	口语交际:1. 准确传达信息;2. 清楚、连贯地讲述。习作:展开奇思妙想,写一写你自己想发明的东西。	快乐读书吧:读科普作品,了解科学知识。

续表

单元	人文主题	基础训练要素	阅读训练要素	表达训练要素	综合训练要素
三	美丽诗歌	识字加油站:认识古代名人。 词句段训练:积累描写颜色的语句;仿照写诗句。	初步了解现代诗的一些特点,体会诗歌表达的情感。	小练笔:雨后天晴景象。	根据需要收集资料,初步学习整理资料的方法;合作编小诗集;举办诗歌朗诵会。
四	可爱动物	识字加油站:形声字的比较学习。 词句段训练:学习三字俗语;学习冒号的用法;比较语气词的用法。	体会作家是如何表达对动物的感情的。	小练笔:仿写有特点的表达。 习作:写自己喜欢的动物,试着写出特点。	
五	美景奇观（习作单元）		了解课文按一定顺序写景物的方法。	习作:学习按游览顺序写景物。	
六	成长故事	词句段训练:用修改符号修改句子;运用比喻表达情感。	学习把握长文章的主要内容(方法:较快速度默读;列小标题)。	口语交际:1.根据讨论的目的,记录重要信息;2.分类整理小组意见,有条理地汇报。 习作:按一定顺序把事情的过程写清楚。	
七	人物品质	识字加油站:学习表示人物品质的词语。 词句段训练:依据成语讲故事;运用连续动作写句子。	从人物的语言、动作等描写中感受人物的品质。	口语交际:对象和目的不同,介绍的内容有所不同。 习作:学习从多个方面写出人物的特点。	
八	奇妙童话	词句段训练:近义词比较理解;仿写其他季节。	感受童话的奇妙,体会人物真善美的形象。	小练笔:创编故事;想象孩子们在巨人的花园玩耍的情景。 习作:按自己的想法新编故事。	

五年级上册单元目标

单元	人文主题	基础训练要素	阅读训练要素	表达训练要素	综合训练要素
一	万物有灵	词句段训练:体会句子描写方法的作用;一词多义写句子。	初步了解借物抒情的方法。	小练笔:学写借物喻人手法。 口语交际:1.发言时要控制时间;2.讨论后做小节,既总结大家的共同意见,也说明不同意见。 习作:写一种事物表达自己的情感。	
二	策略单元（阅读速度）	词句段训练:概括句子意思;把成语意思写具体。	学习提高阅读速度的方法:集中注意力不回读,遇到不懂的不影响理解的跳读;学会连词成句读;学会带着问题,圈画关键词句重点读;边读边想,边想边概括,快速提取文本信息。	习作:结合具体事例写出人物特点。	
三	民间故事		了解课文内容,创造性地复述故事:以不同身份讲述故事;根据故事绘制连环画;丰富故事情节;变化情节顺序;简略情节扩编故事;借助主要事件。	口语交际:1.讲故事的时候,可以适当丰富故事的细节;2.讲故事的时候,可以配上相应的动作和表情。 习作:提取故事主要信息缩写。	快乐读书吧:读中国民间故事和外国民间故事,了解民间故事的特点(没有特定时间、地点;情节内部反复;固定的故事类型;相似的主人公和结局)。
四	爱国情怀	词句段训练:辨别词语感情色彩;掌握顿号的运用。	结合资料,体会课文表达的思想感情;了解写作背景;丰富对课文的认识。	学习列提纲,分段叙述。	
五	习作单元（说明文）		阅读简单的说明性文章,了解基本的说明方法。	习作:搜集资料,用恰当的说明方法,把某一个事物介绍清楚。	
六	舐犊之情	词句段训练:学习结尾的特点(意味深长、总结全文、直抒情感),学习场景描写作用;写"成长第一次"。	体会作者描写的场景以及细节中蕴含的感情。	小练笔:写"鼻子一酸"的经历。 口语交际:1.选择恰当的材料支持自己的观点。2.尊重别人的观点,对别人的发言给予积极回应。 习作:用恰当的语言表达自己的看法和感受。	

续表

单元	人文主题	基础训练要素	阅读训练要素	表达训练要素	综合训练要素
七	自然之趣	词句段训练：制作海报、仿写句子。	初步体会课文中的静态描写和动态描写。	小练笔：写印象最深的景致；动静结合写景色。 习作：学习描写景物变化。	
八	读书之味	词句段训练：写"书"的比喻句；语句排序。	梳理信息，把握内容要点。	小练笔：论读书方法。 口语交际：1.分条讲述，把理由说清楚；2.听别人说话能抓住重点。 习作：根据表达的需要分段表述，突出重点。	

五年级下册单元目标

单元	人文主题	基础训练要素	阅读训练要素	表达训练要素	综合训练要素
一	童年生活	词句段训练：用关键字写排比句；运用对比写句子。	体会课文表达的思想感情。	小练笔：写眼中的"月亮"。 口语交际：1.认真倾听，交流时边听边记录；2.根据整理记录有条理地表达。 习作：把一件事的重点部分写具体。	
二	古典名著	词句段训练：学习古今称呼；理解带点词语的意思；读句子猜人物。	初步学习阅读古典名著的方法：联系上下文猜测语句意思；难理解的语句，只需知大意；借助资料理解文本；结合影视剧理解课文。	口语交际：1.主持讨论时，要引导每个人发表意见；2.尊重大家的共同决定。 习作：学习写读后感。	快乐读书吧：读古典名著，了解章回体小说的特点。
三	汉字王国（综合性学习）		感受汉字的趣味，了解汉字文化。		学习搜集资料的基本方法；学写简单的研究报告（问题提出、研究方法、资料整理、研究结论）。
四	爱国精神	词句段训练：体会人物内心，仿写句子；理解人物描写中对比的作用。	通过课文中动作、语言、神态的描写，体会人物内心。	习作：尝试运用动作、语言、神态描写，表现人物的内心。	

续表

单元	人文主题	基础训练要素	阅读训练要素	表达训练要素	综合训练要素
五	人物描写（习作单元）		学习描写人物的基本方法：典型事例写具体；正面描写、侧面描写。	小练笔：学会列提纲。习作：初步运用描写人物的基本方法，具体地表现一个人的特点。	
六	思维火花	词句段训练：一字多义；用表示时间的词语表达长短变化；运用修改符号。	了解人物的思维过程，加深对课文内容的理解（推理、判断、分析）。	习作：根据情景编故事，把事情发展变化的过程写具体。	
七	景物变化	词句段训练：学习动静描写句式；情景描写感受表达特点。	体会静态描写和动态描写的表达效果。	小练笔：用静态描写和动态描写描写景致。口语交际：1. 列提纲，按照一定的顺序讲述；2. 根据听众的反应，对讲解的内容做调整。习作：搜集资料，介绍一个地方。	
八	风趣语言	词句段训练：根据语境运用比喻手法；运用"总分"的结构方式写一段话。	感受课文风趣的语言（飞白、自我调侃）。	小练笔：仿照表达，写五官。口语交际：1. 避免不良的口语习惯；2. 用心倾听，做一个好的听众。习作：看漫画，写出自己的想法。	

六年级上册单元目标

单元	人文主题	基础训练要素	阅读训练要素	表达训练要素	综合训练要素
一	山川湖海	词句段训练：排比的好处（增强语势、节奏鲜明、长于抒情）；分号的用法；用拼音认识地名。	阅读时能从所读的内容想开去（联系生活经验，从课文内容联想；情景交融；象征）。	习作：习作时发挥想象，把重点部分写得详细些。	
二	革命岁月	词句段训练：词语反复的作用；不用"说"字来表达说。	了解文章是怎样点面结合写场面的。	口语交际：1. 语气、语调适当，姿态大方；2. 利用停顿、重复或者辅以动作强调要点，增强表现力。习作：尝试运用点面结合的方法记一次活动。	

续表

单元	人文主题	基础训练要素	阅读训练要素	表达训练要素	综合训练要素
三	阅读策略	词句段训练:刻画人物入迷的样子;有条理地表达观点。	根据阅读目的,选用恰当的阅读方法(任务、目标多角度,问题有针对性)。阅读方法:浏览内容法,过滤无关内容,勾画中心句,迅速把握主要内容;概括段意法,概括段意把握内容,提取关键信息,解决问题;对比筛选法,信息准确;查找资料法,进行判断。		任务驱动:一日游路线图、景点导游。
四	阅读小说	词句段训练:读片段感受情节对人物塑造的作用;读片段感受人物复杂的内心,仿写忐忑不安、犹豫不决的心理活动。	读小说,关注情节、环境,感受人物形象。	口语交际:1.先说想法,再把具体的理由讲清楚;2.设想对方可能的反应,恰当应对。习作:发挥想象,创编生活故事。	快乐读书吧:读介绍人物成长故事的名著,了解小说特点(人物、情节、环境)。
五	习作单元		体会文章是怎样围绕中心意思来写的;从阅读中学习写作方法;精读课文,教学围绕学生表达能力提升进行,语言积累不做过多要求。	习作:从不同方面或选取不同示例,表达中心意思。	
六	保护地球	词句段训练:抓关键句,把握一段话的主要观点;阅读非连续性文本,提取有价值信息。	抓住关键句,把握文章的主要观点。	口语交际:1.准确把握别人的观点,不歪曲,不断章取义;2.尊重不同意见,讨论问题时,态度要平和,以理服人。习作:学写倡议书。	
七	艺术之美	词句段训练:学习和戏曲有关的词语并造句;修改说明书。	借助语言文字展开想象,体会艺术之美。做笔记的方法:记录重要内容;有疑问,多思考,查资料;记录想法。	口语交际:1.有条理地表达,加分点说明;2.对感兴趣的话题深入交谈。习作:写自己拿手好戏,把重点部分写具体。	
八	走近鲁迅	词句段训练:学习给文章拟题目、从词语展开想象写话。	借助相关资料,理解课文内容。	小练笔:仿写人物。习作:通过事情写一个人,表达出自己的情感。	

六年级下册单元目标

单元	人文主题	基础训练要素	阅读训练要素	表达训练要素	综合训练要素
一	传统风俗	词句段训练:理解不同词语表达同一意思的用法;了解习俗寓意。	分清内容的主次,体会作者是如何详写主要部分(根据表达需要决定主次、详略)。	小练笔:仿照写喜爱的食物。 习作:习作时注意抓住重点,写出特点。	
二	世界名著	词句段训练:学习用夸张的手法仿写句子;体会不同译者的语言特点。	借助作品梗概,了解名著的主要内容。就印象深刻的人物和情节交流感受(从多角度进行评析)。	小练笔:罗列好处与坏处,写清作用。 口语交际:1.引用原文说明观点,使观点更有说服力;2.分辨别人的观点是否有道理,讲的理由是否充分。 习作:学习写作品梗概。	快乐读书吧:读世界名著,先了解写作背景,再做读书笔记。
三	习作单元		体会文章是怎样表达情感的。(直抒胸臆、寓情于景)	习作:选择合适的内容写出真情实感。	
四	人物品质	词句段训练:读诗悟品格;体会外貌、神态描写的作用及表达效果。	关注外貌、神态、言行的描写,体会人物品质;查阅相关资料,加深对课文的理解。	口语交际:1.提前打腹稿,想清楚先说什么,后说什么,重点说什么;2.注意说话的场合和对象。 习作:习作时选择合适的方法进行表达。	
五	科学思考	词句段训练:理解字义;了解引用名言的好处,学会引用。	体会文章是怎样用具体事例说明观点的。	小练笔:用具体事例说明观点。 口语交际:1.听出别人讲话中的矛盾和漏洞;2.抓住漏洞进行反驳,注意用语文明。 习作:展开想象,写科幻故事。	
六	回忆校园				运用学过的方法整理资料(时间轴、分享回忆、制作成长纪念册、写信、演讲、毕业赠言)。 策划简单的校园活动,学写策划书。
七	古诗词诵读	积累古诗词。	学古诗方法:借注释理解;带想象读有画面感的诗句;多了解传统文化知识;借助资料理解。		

第三章　试讲与文本解读

试讲与上课一样,在教学设计前需要对执教文本做研读与分析。这个分析不是简单的过程,它需要试讲者结合课程标准、教材、文本等做整体而深入的分析研究,找到文本解读路径、方法,准确把握和落实统编教材语文要素。只有这样,才能为试讲前的教学设计在理论和方法上提供支持。

一、文本解读路径

把握文本最好的方式是正确地解读。这是一线教师应该具备的能力,但事实上,许多教师即使经历了多年教学实践,解读文本的能力依然没有提高。那么,应该如何正确解读文本呢？解读文本要找准路径,只有走在正确的道路上,文本的研读才能准确、充分。我们可以从四个角度建立研读对象:与作者对话、与编者对话、与读者对话、与文本对话。

与作者对话。理解作者的写作意图,体会作者表达的思想情感,明确作者为什么写,是在什么情况下写的？充分了解作者的心意后,方能读懂教材。五年级上册《搭石》作者刘章曾在其作品中介绍写《搭石》的原因:"当我见到人们抢着挤公共汽车的时候,见人们无序地横穿马路的时候,心里便幽幽地想到家乡的潺潺小溪.想到山里人走搭石的情景:一个人跟着一个人,动作协调有序,足音踏踏,水声淙淙,人影绰绰。两个人对面来到溪边,微笑止步,示意让对方先行。还有,年轻人背老人,大人抱娃娃,在记忆里,他们如留在水中的倒影。当我见马路上有砖头或树枝,人们宁可绕着走也不肯弯腰拾起的时候,我又想到山里人在雨水过后,自觉摆搭石的情景,想到有人发现搭石不稳,马上退回岸上,找块好石头搭上的情景……"了解作者写作的原因后就能更好地理解作者为何对一块普通的搭石寄予丰富情感。一般来说,对于名家作品,在阅读后,我们一定要查找相关资料了解作者写这篇作品的时间及相关的历史背景,这样对文本理解才会更加准确和深入。如古诗文教学一定要了解作者的写作背景,才能更好地体悟作者表达的情感。六年级上册《书湖阴先生壁》这首题壁诗,是王安石在被罢免宰相后晚年退隐在南京生活的写照。诗的前两句写了湖阴先生的生活环境,洁净清幽,体现了主人生活情趣高雅;后两句转到院外,用山水表达对湖阴先生的深情,用典喻人,表达人的高洁品性。整首诗既赞美主人高雅的生活,也表达自己晚年生活恬适的心境。除此之外,我们还可以研读作者的其他作品,以便更好地了解作者,读懂文本。

与编者对话。与编者建立对话,才能理解编者的编写意图。明确编者的编写意图,才能确定课文所处的"地位",明确教学目标。统编教材从整体入手编排普通单元和特殊单元,普通单元以人文主题与语文要素双线并行编排相关课文,特殊单元以阅读策略单元和习作单元为主,解决学生阅读和写作问题。除此之外,仍需关注每一篇文章在编者的视野里的特殊地位和作用,读懂这些就能有效地把握教材。五年级上册第三单元的单元目标是讲好民间故事,安排了两篇民间故事《猎人海力布》和《牛郎织女》。第一篇要求学生根据故事主要事件复述故事后,再学习以不同角色讲述主要故事情节。第二篇分成两课,要求学生根据故事情节创编故事,体会民间故事的神奇,然后学习通过配图来讲述故事。整个单元完成了小学阶段从讲故事到讲好故事的学习和小结,要求学生掌握创编民间故事的方法。统编教材习作单元一般安排两篇范文,这两篇文章都是围绕习作专项来服务的,旨在让学生通过对文章的学习,掌握相关写作方法并运用到习作中,编者选文时侧重习作的考量。编排阅读策略单元主要是指导学生运用适当的阅读方法提高阅读理解能力,教学重点是阅读方法的学习。教师要从教材中读懂编者的意图,对教学方向的把握起到积极作用。

与读者对话。"一千个读者就有一千个哈姆莱特。"同一篇课文,不同的人就有不同的解读。如果读者是教师,因教学背景、教学资历、教学能力不同,对文本的解读就会不同。我们要尊重教师对教材的不同解读,但需遵循课程标准、核心素养的目标性原则。统编教材五年级上册《落花生》,不同的教师解读不同。一位教师在研读教材时发现许地山先生写这篇文章的背景,教学时重点放在讨论文中父亲的话,运用辩论的方式组织学生进行了一场思辨,让学生结合相关背景讨论和思考作者笔名的由来。另一位教师关注文章的写作方法,通过比较重点段落与一般段落,发现写法的侧重点,明确如何进行详略描写。第一位教师是从作者出发去品读作品,是由读作者到读文章再到读懂作者的过程。第二位教师从写法上研究,了解名家写作的特点。两人解读角度虽不同,但都依托教材的重点段落学习有相关发现和思考。如果读者是学生,教师就要站在学生的角度去考虑学生读了课文哪些地方能读懂,哪些地方有疑虑,并对疑问点进行分析解读,帮助学生解决难点。统编教材三年级上册《灰雀》中写道:"这时,列宁看见一个小男孩,就问:'孩子,你看见过一只深红色胸脯的灰雀吗?'男孩说:'没……我没看见。'"读到这一段对话,学生产生疑问:男孩为什么说话吞吞吐吐,他是真的没看见吗? 从学生的疑问处设计教学,根据这段话猜测"灰雀到底去哪了,是不是小男孩抓的",引导学生结合课文内容做出分析判断。"学贵有疑",发现学生的困惑并组织教学,可以起到事半功倍的作用。

与文本对话。文本是学习对象,认真研读文本可以建立良好的对话空间服务于教学。统编教材从文本性质上分为普通单元和特殊单元。普通单元教学遵循教学目标"三原则":一是体现本单元的重点目标,落实单元语文要素;二是体现本课特点的个性化学习目标,基于文本的特殊性,挖掘有教学价值的学习内容;三是落实学段常规目标,完成本学段每篇课文都要完成的基本任务。特殊单元侧重于策略和方法的学习指导与运用。文本的体裁可以分为小说、散文、记叙文、童话、神话故事、民间故事等,不同的文体,教学侧重点不同。文本类型分为识字、写字、阅读、表达训练、综合实践等,不同类型的文本需要运用多种方法去解读和架构。了解文本的特性,多方面、多角度构建文本学习路径,对文本解读具有重要的意义和价值。

二、文本解读方法

有人说文本解读最能体现教师的专业能力。的确,解读文本、读懂文本是教学的第一步,也是关键点,它能确定教学"教什么"的问题。正如王荣生所说,教什么比怎么教更重要。什么是文本解读? 文本解读是尽可能整体而深入地理解文本本身,从语言文字、写作方法及文本结构入手探究文本的主要内容、思想情感、写作意图等方面的价值。有人把文本解读叫作"深度语文",强调优质的教学是从感性阅读到知性阅读,也就是对文本有深切的理解。这种理解对于文本蕴藏的内容有很好的挖掘作用,为深度学习提供了路径。干国祥说:"无论多完美多详尽的教材和教学参考书,都不能替代教师的解读能力。"①文本解读

---

① 干国祥.理想课堂的三重境界:新教育实验构筑理想课堂项目用书[M].桂林:漓江出版社,2019.

能力,是教师专业能力的体现,也是阅读教学所指向的核心目标。也有人提出文本解读的方法是"进得去""出得来"。"进得去"是正确阅读文本的方式,"出得来"是对文本形式和主题进行适度分析,与"出乎其外,入乎其内"的说法一致。赖瑞云提出,老师的任务要放在读者"见不到处""容易忽略处""需要参证比较处",也就是指导学生"领悟那表层内容之下深藏的意蕴、秘藏的形式,并由此养成独自领悟的解读能力"①。无论哪一种文本解读方法,都突出文本解读的重要性。

(一)站在文化层面解读文本

语文的学习是文化传承。新课程标准中的语文核心素养把"文化自信"作为学科的一个重要目标,明确提出语文学习要建立对中华文化的热爱,具备"开阔的文化视野"和"一定的文化底蕴"。基于素养目标,在文本解读时,文化可以解读成为一个指向性的目标。什么是文化解读呢?从宏观角度分析,文化解读主要是对中国优秀传统文化、革命文化、社会主义先进文化、当代文化的关注与了解。统编教材中编排了"热爱祖国""传统风俗""革命岁月""爱国精神"等人文主题单元,站在单元人文主题基础上去解读文本,单元目标是具体明确的。如统编教材四年级上册第七单元的单元主题为"爱国励志",在单元学习中突出人文精神,凝聚学生爱国情感,激发学生努力学习的动力,帮助学生树立为国家做出贡献的决心。

从微观角度来看,文化解读是对文本背后隐藏的知识材料的分析、研究和摄取,如单元主题、作者、写作背景以及与作品相关联的故事、人物线索等。统编教材五年级上册第四单元以"爱国情怀"为人文主题,编排《古诗三首》《少年中国说》《圆明园的毁灭》《小岛》四篇课文。研读分析后,发现这些课文呈现了中国千年的家国情怀史,从南宋故土流失、收复无望的怅然与悲痛,到痛斥南宋当权者的昏庸无度;从清朝政府没落无能,到唤醒仁人志士报国之志;从"少年中国"的雄起,到"中国少年"宏图壮志;从小岛将士们戍守边疆的爱国情怀,到展现新时代的国家实力:这一系列的情感脉络凸显了重要历史事件背后的家国统一思想。读懂教材,要从文本背后隐藏的地方去发现,发现置身于文化背后的深层含义。因此本单元语文要素设计落实"结合资料,体会课文表达的思想

---

① 赖瑞云.文本解读与语文教学新论[M].北京:北京师范大学出版社,2013.

感情",引导教师和学生建立在文化背后的学习,为文本深入学习提供方法。统编教材加大了古诗文的学习和积累,这类文本的学习,更需要从文化的角度去解读。如《惠崇春江晚景》最初的教学想法是通过诗的学习教会学生读好诗的节奏,了解诗意,体会情感,但在研读过程中发现它是一首题画诗。这种诗的精妙之处就在于它不仅和中国画相结合,还具有中国画的意象,诗画相生,意境悠远。学生若学好这首诗,不但读懂了诗,而且读懂了中国画的意象。文化解读是放在一定历史背景下对文本自身所蕴含的情感与精神的深入理解与分析。

(二)站在文体角度解读文本

何谓文体? 文体就是文章的体裁,是文章在结构形式和语言表达上所呈现的具体样式或类别。文体涉及文章的写作意图、表达结构、表达语境、表达手法等多样语文实用性知识,这些都是语文教学必不可少的元素。《文心雕龙》记载:"夫情致异区,文变殊术,莫不因情立体,即体成势也。"[1]也就是说"文无体不立",强调了文章体裁的重要性。文章有哪些体裁呢? 宋代秦观在《韩愈论》中写道:"夫所谓文者,有论理之文,有论事之文,有叙事之文,有托词之文,有成体之文。"秦观之言强调了体裁的多样性。文体是文本的一个基本特点,依体而教既体现了文本的丰富性,也给教学提出了更高的要求。《义务教育语文课程标准(2022 年版)》对文本体裁做了如下阐释:第一学段阅读浅近的童话、寓言、故事,诵读儿歌、儿童诗和浅近的古诗;第二学段复述叙事性作品的大意,诵读优秀诗文;第三学段阅读叙事性作品、诗歌、说明性文章、简单的非连续性文本。统编教材加强了文体教学意识,依据文体的审美特点、教学价值、教学取向安排相关的单元教学。

统编教材文体单元编排

册次(单元)	文体	语文要素
三年级上册(第三单元)	童话	感受童话丰富的想象。
三年级下册(第二单元)	寓言	读寓言故事,明白其中的道理。
四年级上册(第四单元)	神话	感受神话中神奇的想象和鲜明的人物形象。
四年级上册(第八单元)	历史故事	了解故事情节,简要复述课文。
四年级下册(第三单元)	现代诗	初步了解现代诗的一些特点,体会诗歌表达的情感。

---

① 刘勰. 文心雕龙[M]. 王志彬,译注. 北京:中华书局,2012.

续表

册次（单元）	文体	语文要素
四年级下册（第八单元）	童话	感受童话的奇妙，体会人物真善美的形象。
五年级上册（第三单元）	民间故事	了解课文内容，创造性地复述故事。
五年级下册（第二单元）	古典小说	初步学习阅读古典名著的方法。
六年级上册（第四单元）	现代小说	读小说，关注情节、环境，感受人物形象。
六年级下册（第二单元）	世界名著	借助故事梗概，了解名著的主要内容。就印象深刻的人物和情节交流感受。

　　童话是小学语文中最常见的一种文体。它主要分为拟人体童话、常人体童话、超人体童话。童话以其故事的丰富奇幻、语言的生动绮丽引人注目。童话涵盖文学的所有母体，具有幻想文化的特质，为学生提供想象的路径和多元的空间。童话的语言富有艺术的美感，具有幽默有趣、奇幻瑰丽、庄严雅致等特点，以丰富的想象直击学生的内心世界。小学低段的童话教学，学生需要的是浸润式童话，浸润于童话的语言，以感性的方式进行语言积累，促进其语言的"自动化"运用。统编教材二年级下册《我是一只小虫子》以第一人称的方式讲故事，较强的代入感拉近了与学生的距离，学生以自己就是"一只虫子"的角度来体会其中的奇妙与快乐，这种愉悦的阅读过程是童话所独有的。中高年级学习童话的目标是感受童话丰富的想象和奇妙的语言，体会人物真善美的特点。教师要指导学生从理性的角度认识童话、解读童话、分析童话的语言。统编教材四年级下册《巨人的花园》的作者为了让读者真切感受巨人内心的变化，体会巨人真诚善良的美德，着重抓住人物语言来描写："我自己的花园就是我自己的花园。""我不懂为什么春天来得这样迟。""我多么自私啊！现在我明白为什么春天不肯到这儿来了。""我有许多美丽的花，可孩子们却是最美丽的花。"语言的比较让读者在品读中感受巨人在自我狭隘中觉察到与人分享的快乐，学生在语言变化中比较人物情感的变化，体会到童话语言的魅力。

　　神话具有鲜明的特点，它是远古时代的人们所创造的反映自然界、人与自然关系和社会形态的具有高度幻想性的故事，是当时人们对客观世界的认识，对周围的世界赋予神化的力量创造。神话显性的特点是神奇而充满幻想，因此，感受神话的神奇想象和鲜明的人物特点是教学重点。教学时可以让学生从故事情节感受人物形象，抓重点语句感受神奇特点。统编教材四年级上册《普罗米修斯》主要讲述古希腊神话中普罗米修斯"盗"取火种的故事。故事的神奇之处在于,普罗米修斯为人类"盗"取火种后被锁在高加索山上经受惩罚,他承受了人类所有不可想象的痛苦——"锁之痛""啄之悲",依然不屈服于宙斯的权威。教学时要着重品读普罗米修斯遭受痛苦的语句,感受他大无畏的精神,从而树立一位伟大英雄的形象,把神话"神"与"奇"的特点凸显出来。

民间故事是人们口头创作的在民间广泛流传的故事。它的主要特点是语言繁复,富于想象,适宜讲述。教学时倡导以复述、讲故事为主并尊重民间故事语言的独特性。统编教材根据年段提出不同要求,低中年级讲述故事借助关键词、中心句、人物关系图等,高年级按人物角色、叙述者的不同复述故事,也可以进行故事创编等方法。统编教材三年级下册《枣核》指导学生根据表示时间的词语"古时候""一年又一年""到了晚上"来讲述,也可以按照人物关系图、事件顺序进行复述。五年级上册《牛郎织女》一文分为两课来学:第一课先要求学生将故事中略写的部分进行加工创编,再抓住故事的神奇部分说好故事;第二课在前文的基础上指导学生根据故事情节、标题来讲好故事,再依据标题绘制连环画,最后指导学生运用表演技巧生动讲述故事。民间故事重在口口相传,因此指导学生学习掌握讲述和复述能力也就尤为重要了。

诗歌是语言的艺术。现代诗人何其芳曾说:"诗是一种最集中地反映社会生活的文学样式,它饱含着丰富的想象和感情,常常以直接抒情的方式来表现,而且在精炼与和谐的程度上,特别是在节奏的鲜明上,它的语言有别于散文的语言。"①可见现代诗主要的特点是运用丰富的想象表达真挚的情感,充满韵律和节奏感。学习现代诗歌对于儿童来说既能丰富他们的情感体验,又可以培养语言的鉴赏力,提升审美能力。诗歌好似一颗美好的种子播种在儿童心底。不得不赞叹诗人艾青的《绿》,他用"绿"表现大自然的景象,跳跃、美好的语言展现绿意盎然的一幅幅画卷。诗人以"绿"字为诗眼,写出了生命的蓬勃与希望。教师在教学时应指导学生在品读中感受"绿"的生命,在"绿"的景象中体会生命的快乐,由"绿"引发对生命的思考。诗歌是语言的艺术,它用丰富的语言和深刻的哲思表达情感,丰富学生的情感世界,抵达精神的彼岸。

小说是高于生活的艺术创作,它运用艺术化手法和典型性特点反映社会生

---

① 何其芳.关于写诗和读诗[M].北京:作家出版社,1956.

活。小学阶段初步涉猎小说是为了引发学生阅读的兴趣,引导学生走向整本书的深度阅读。统编教材安排了古典小说、现代小说、世界名著的学习,激发学生主动阅读的兴趣,因此在小学阶段学习小说是有积极意义的。如五年级下册第二单元的主题是阅读古典小说。本单元选取了中国四大名著中的片段作为教学内容,目的是利用精彩片段让学生初步学习阅读古典名著的方法。四大名著都是章回小说,指导学生读回目就能快速掌握这一章节小说主要内容,如《草船借箭》节选自《三国演义》第四十六回《用奇谋孔明借箭　献密计黄盖受刑》;《景阳冈》节选自《水浒传》第二十三回《横海郡柴进留宾　景阳冈武松打虎》。学文前先读回目,清楚文章大意。《猴王出世》语言接近文言,抓短句品读节奏感受鲜活的人物形象;《红楼春趣》先理人物关系,再通过放风筝这件事品析人物性格特征。学习现代小说要抓住小说的特点来学习。六年级上册第四单元《桥》是一篇小小说,确定其教学价值如下:其一,了解小说三要素,学会把握故事情节,感受环境描写,认识人物形象;其二,根据微型小说的表达特色,学会鉴赏本文的表达特色——以精练的词句突显危急情境,巧设悬念激发阅读趣味,借助侧面描写、环境描写衬托主要人物。

事实证明,文体划分越明晰,教学处理反而越容易。六年级下册第二单元的课文选自外国文学名著,这个单元最重要的目标是激发学生阅读整本书的兴趣,运用多种方法完成阅读体验。《鲁滨逊漂流记(节选)》运用小标题梳理小说内容,把握故事梗概,绘制鲁滨逊心理历程图,让学生感受人物性格特点。《骑鹅旅行记(节选)》通过对话体会细节,罗列人物性格特点。《汤姆·索亚历险记》赏读夸张语言,品析离奇的情节,激发学生阅读原著的兴趣。教学时倡导教一篇延伸教一类的学习,抓文体特点,分析文体相关线索,获得学习体验。

(三)站在语言文字运用角度解读文本

语文学习的一个核心目标是"语言运用",掌握语言的奥秘,掌握运用语言的能力是重要目标。教师要针对文本中的语言运用做好充分解读。文本中有大量含义深刻、情感浓厚的语言材料,它们体现了作者驾驭语言的艺术技巧,解读好文本语言就能触及语言背后所蕴含的情感。"一枝一叶总关情",一词一句皆有意。引导学生掌握语言奥秘,品读语言文字背后深刻的意蕴及思想情感成为教学重难点。作为教师,要对语言文字形式有高度敏感性,通过具体语言分析文本内涵。在文本语言解读过程中,教师要有对非字面性意思有所察觉,对含义深刻的句子进行意义上的索解,从表层语义深入文本肌理,与作者进行深入的对话,逐步探寻语言的奥秘。

(1)前后关联,引发情感。根据阅读整体性原则,字词句离开文章就失去存在的价值。理解文本中关键词句的意思,需在原文语境中上下联系、前后关联、分析研读,引发学生产生与作者或文章人物同样的情感。《桥》一文中写道:"他不说话,盯着乱哄哄的人们。"从这个"盯"字读出了什么?他在想些什么?读者联系前文对洪水的描写及人们惊慌失措的表现,体会人物内心,对老汉沉着、镇定的敬佩之情油然而生。

(2)联系背景,以景激情。文本学习时联系背景,激发阅读主体情感,有助于理解文字的含义。《圆明园的毁灭》重点描写圆明园昔日的辉煌以体现对其毁灭的无限叹息与悲愤,运用对比的手法表达了强烈的爱国情感。在教"昔日的辉煌"部分时,可补充圆明园修建的相关资料,让学生体会修建耗时长、规模宏大。为激发学生的爱国情感,教学时还可以出示圆明园珍宝遗落他国的图片资料,使学生感叹痛失园林的强烈情感,激起学生对祖国的热爱以及建设美丽中国的美好愿景。借助背景资料生发情感是学习语言的一种方式。

(3)联旧悟新,以情启情。通过勾连学过的与当前所读材料相似的语言文字,使学生产生渐悟,借语言蕴含的秘密,以他人之情引发此文之情。五年级上册《慈母情深》中多处描写用了省略号,如:"褐色的口罩上方,一双眼神疲惫的眼睛吃惊地望着我,我的母亲的眼睛……"这里省略的是对母亲如此辛劳的无限感叹,更是情感的升华。"母亲说完,立刻又坐了下去,立刻又弯曲了背,立刻又将头俯在缝纫机板上了,立刻又陷入手脚并用的机械忙碌状态……"这里是语义的省略,说明母亲完全陷入忙碌而沉重的劳作中。要读懂作者表达的情感,可以从文本省略了什么去研读,一定能发现语言的秘密。《父爱之舟》中,"虽然姑爹小船上盖的只是破旧的篷,远比不上绍兴的乌篷船精致,但姑爹的小渔船仍然是那么亲切,那么难忘……"这一段同样是情感省略,联系前文所学,学生就能发现这句话饱含了对浓浓父爱的无限深情。与旧知相联系,能够更好地体会作者要表达的情感。

(4)入情入境,感悟觉察。品析语言活动是学习作者运用语言的技巧,是一次情感体验和审美熏陶。在文本中,有许多语言需要在情境中理解。六年级上册《盼》的作者因为妈妈送了一件新雨衣非常高兴,一心盼望能穿上它。学习这篇文章,体会作者几次盼望后落空的心情变化是难点。教学时要创设情境让学生体会,如果你得到一份心仪的礼物你会怎样做? 让学生走进当时的情境体会语言,与文中人物共同体会觉察。就像王崧舟老师在执教《爸爸的花落了》时,就是让学生学会把自己"摆进去",与作品人物共呼吸,与作家内心齐共鸣。《触摸春天》(已被剔出统编教材)第二段描写盲童安静在花丛中流连,没有磕磕绊绊。学生读完句子能知道句子的意思,但是很难真正领悟到安静的这些动作是她对生活热爱,她每天流连在此,用心觉察花园的每处变化。于是,教师可以设计让一个学生演示安静的行动,其余的学生观察她的表演,分别交流感受。这样去体会人物,才能利于文本的理解,才能理解安静拢住蝴蝶是个奇迹。

(5)情境还原,体会情感。文本解读不仅要看作品本身,更要与现实生活相关联,把作品放在生活中去分析比照,只有这样才能发现文本特有的价值。正如孙绍振教授提出"还原法","把被描述的对象的客观原状还原出来,与作品世界比较,看看客观原状进入作品后发生了什么改变,由此发现作品思想倾向、情感特征、表达重点和特点"①。将作品中的情境与现实生活比较,突显作品特点,表达作者情感意义。《在柏林》的作者、美国作家奥莱尔仅用 386 个字便完成了一篇关于战争的小小说,而一般战争题材的小说都是场面宏大、人物众多、情节曲折的长篇小说。作家运用了怎样的手法打动读者,他又是基于怎样的思考来完成这篇小小说的呢? 读懂作者的想法,必须要还原当时的社会情境。小说创作背景是第二次世界大战,当时以纳粹德国为首的法西斯国家蓄意挑起全球规模的战争,战争范围从欧洲到亚洲,从大西洋到太平洋,先后有 60 多个国家和地区、20 多亿人民被卷入战争。把这场战争放到作品当中去,你会发现成百上千的故事都在发生,作家只选取了开往柏林的火车上一位后备役老兵和发疯的老妇人在众人眼中的小插曲。这个插曲与当时的现状相比是完全可被忽略的,不值一提的。作家不着一字写战争,只用平实冷静的语言叙述了火车上两个小姑娘对发疯老妇人取笑,后备役老兵揭开夫人发疯原因后,车厢寂静得可怕。在看似平静的背后是战争纷乱下人们无法掩饰的伤痛。作者用冷静的笔法来写战争残酷,这样能直击读者的内心,使其产生共鸣。一个小故事放在大的社会背景下会更加突显作者表达的思想情感。

---

① 赖瑞云. 文本解读与语文教学新论[M]. 北京:北京师范大学出版社,2013.

（6）发现省略，了解意图。文本解读过程中除了关注语言，还要发现文本省略了什么，哪些内容没有写，哪些内容简单写，其中的原因是什么。从文本省略之处能体会到作者写作意图，拓宽文本理解的角度，呈现文本解读的多样性。课文《少年闰土》中写道："阿！闰土心里有无穷无尽的希奇的事，都是我往常的朋友所不知道的。""无穷无尽"一词写出了闰土和作者熟识后讲了许多稀奇的事情，那作者为什么就只写了"雪地捕鸟、看跳鱼儿、看瓜刺猹、海边拾贝"，还有哪些有趣的事情没有写呢？从省略处我们发现作者选择四件事的原因：作者成年之后回忆起闰土小时候和他谈起的事情充满童年趣味，作者没有去过农村，更没去过海边，闰土所讲的都是海边农村生活的事情，这些有趣的事情成为作者深刻的记忆。文本省略了闰土给作者讲的其他事，教师可以引导学生按这个角度去思考，拓宽学生的思维路径，训练学生发挥想象进行练笔。

文本中常有详写和略写，作者的写作意图往往可以从文本略写的地方去发现。《腊八粥》主要写了"八儿"等粥、喝粥的事。按一般写作思路来分析，"喝粥"会详写，但本文把重点放在"等粥"，略写"喝粥"，这样写有什么好处？研读"等粥"，发现作者以"等而不得"的心理写出了腊八粥对"八儿"的诱惑，更能写出"八儿"对腊八粥喜爱之情。通过这个问题的研讨，继续发现作者的写作意图。文中为何写"八儿"等粥，不写少年、老人、青年人呢？难道其他人不爱腊八粥吗？深入文本了解作者以半大的小孩"八儿"为对象，抓住他的性格特点：天真、可爱、好奇、贪吃，和好吃的腊八粥正好契合，把腊八粥写得有滋有味。与其说"八儿"爱喝腊八粥，还不如说作者深深喜爱腊八粥，或许"八儿"就是作者。

（7）语境换词，明确用法。语境指的是语言环境，是语言中各级单位在语言体系中出现的影响语言使用的各种因素。在一定语言环境下，词句的准确表达和运用影响文本的语言风格。有人说，文本解读其实是语言的解读。这种说法是强调语言文字在文本中的重要作用，因此文本研读首先是对重点词句进行品析。分析发现：许多词语在不同的语言环境下，其作用和含义是不同的。用词准确突显文本语言特点，关注文中重点词语，会成文本解读的密码。《富饶的西沙群岛》一文写道："西沙群岛一带海水五光十色，瑰丽无比：有深蓝的，淡青的，浅绿的，杏黄的。"品析这句话发现，文中为什么用"五光十色"而不用"五颜六色"？首先比较两个词的意思："五光十色"形容色彩鲜艳，花样繁多；"五颜六色"形容色彩复杂或花样繁多。词语意思相同，两个词语是否可以替换？把词语还原到语句中品读发现:海水颜色多富有光泽,用"五光十色"能更加准确地表达西沙群岛海水色彩艳丽。教师指导学生利用相近词语比较,还原到语境中品读分析获得语感。通过语境换词,学生能够明确词语的准确用法,提高理解词语、运用词语的能力。

(8)比较阅读,训练思维。比较分析主要是将两个或两个以上事物加以比较,分析事物的异同,获得对事物特点和本质认识的方法,它是深度思维训练的一种有效方法。阅读教学中,常用比较分析法感知文本、作者、编者之间的关系,通过比照、分析、探究等方式进入文本深层次的学习,让思维获得训练及发展。

①情境比较。情境比较是通过情境创设激发学生学习兴趣,引发学生深入思考线索和路径。《卖火柴的小女孩》创设问题情境:"在大年夜里,你在街头会买小女孩手中的火柴吗?"让学生角色代入,做出自己的选择,之后与文中人们的表现进行比较分析:为什么街上的人们没有一个人愿意买小女孩的火柴? 用问题引向文本的深处,感受当时社会的黑暗与无情,体会小女孩悲惨的生活与境遇。运用情境转化角色,学生可以成为故事中的某一个人物,置身其中就能触摸到故事中潜藏的信息,能较准确地把握人物的命运和情感变化,有利于文本深入理解。

②言语比较。阅读教学中,理解关键词句意思是教学的重难点。常用的方法是进行言语比较,如《杨氏之子》中,"未闻孔雀是夫子家禽"是教学难点,不仅要引导学生理解这句话的意思,更要明白它的表达作用。教学时可设计"孔雀是君家禽""未闻孔雀是夫子家禽"进行对比阅读,让学生在分析比较中发现两句话意思相同,但表达方式不同,其中所蕴含的深意也就不同。利用言语比较突破教学难点,学生分析、探究能力就能相应获得提升。

除此之外,统编教材中的课后习题也有相关言语比较训练。《白鹅》课后习题:"鸭的步调急速,有局促不安之相;鹅的步调从容,大模大样的,颇像京剧里的净角出场。(把鹅和鸭的步调进行比较,这样写有什么好处?)"文本教学时,适当地运用言语比较的方法能够化解教学难点,发现文本的意蕴。

③写法比较。统编教材在落实语文要素时,注重写作方法的指导。这些方法来源于教材,能够从教材中习得并加以运用,实现读、思、写三位一体的思维过程。单元整体教学时,可以提取单篇与单篇,一个语段和另一个语段关于写

作方法比照与分析。统编教材四年级下册第四单元以"可爱的动物"为主题,三篇课文有两篇是老舍先生的,课后习题巧妙安排:"《猫》和《母鸡》都是老舍先生的作品。比一比,说说两篇课文在表达上哪些相同和不同之处。"针对两篇作品在写作方法的异同比较,"不同比较"发现同一主题事物描写可以运用不同方法表达不同情感;"相同比较"发现作者独特的写作风格。运用比较分析后,较全面地梳理本单元的写作方法,为习作练习提供了支架。有比较才有区别,才能挖掘文本奥秘。从不同角度比较分析后,学生习得了方法,收获了对文本的深层次理解,提高了阅读和审美能力,实现了思维深度发展。

④原文比较。统编教材中有许多选文因为教学的要求进行了一些删改,文本解读时可以利用文本与原文比较阅读,感受作者的写作风格,体会作者的写作意图,了解编者的编排要点,发现文本中被忽略的地方,这可以成为解读文本的切入点。老舍先生写的《北京的春节》选编进统编教材六年级下册第一单元,这个单元的主题是民族风俗,落实语文要素是分清内容主次,体会作者是如何详写主要部分的。课文按照时间顺序叙述了老北京春节的风俗,叙述过程中着重对腊八、小年、除夕等进行详写,但是体会地道的老北京春节的风俗是难点。文本解读时可与原文比照阅读,课文删减的部分呈现了旧社会老北京春节风貌,与课文相比较更具时代的典型特征。阅读中还原当时老北京春节习俗来源和讲究,同时也能发现作者的写作意图。原文中最后一段话这样写道:"也许,现在过年没有以前那么热闹了,可是多么清醒健康呢。以前,人们过年是托神鬼的庇佑,现在是大家劳动终岁,大家也应当快乐地过年。"这段话不仅点明了春节习俗来源,更强调了春节的意义。老舍先生擅长发现社会生活风貌传承与变革关系,看似矛盾实则指向社会生活过程中不断更迭、继承的相互关系。神话故事《夸父追日》描写了夸父追赶太阳的神奇和最后倒下幻化成山川河流的壮景。文本运用了丰富的想象刻画出夸父的伟大形象。本课教学重点是引导学生发挥丰富想象,为了突破教学重点,教师可出示《山海经》中记录夸父追日的原文进行比较:"夸父与日逐走,入日。渴,欲得饮,饮于河渭,河渭不足,北饮大泽。未至,道渴而死。弃其杖。化为邓林。"引导学生研读文本与原文中相关的语句,在比较中发现文本展开想象的部分,体会想象夸父是如何饮水,身体是如何变化的,感受想象的合理与神奇。教师引导学生思考:如果让你根据原文进行创写,你会怎样写? 学生在比较中思考、想象、创编。建立与原文比较关

系,文本解读时就能发现其深藏的秘密。

三、语文要素解读

语文要素是语文训练的基本元素。它包括学习语文的基本方法、基本能力、基本内容和基本习惯。它们之间是相互依存、相互作用的关系:抓基本方法,学基本内容,养成基本习惯,形成基本能力。

统编教材把语文要素分成若干个知识点和能力训练点,由浅入深,由易到难,螺旋式上升。它们主要分布在单元导语、课后习题、交流平台、词句段运用、习作中。单元导语主要从人文主题、语文要素两个方面提出要求,主要涉及本单元应该学习和掌握的内容、方法及能力;课后习题是落实单元语文要素的路径,是指向课文教学的重点内容;交流平台是单元小结、方法提炼的场所;语文园地和习作则是指向语文要素落实的再实践。

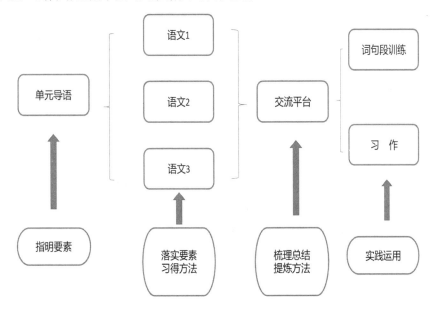

　　四年级下册第一单元的人文主题是"乡村画卷",语文要素是"抓住关键语句,初步体会课文表达的思想感情。写喜爱的某个地方,表达出自己的感受"。单元教学时需要落实语文要素:抓关键语句体会思想感情,习作时运用表达感受的方法。单元安排《古诗词三首》《乡下人家》《天窗》《三月桃花水》四篇课文,这四篇课文紧紧围绕"乡村画卷"来写,扣住了人文主题学习表达方法。《古诗词三首》课后习题中提出读重点诗句,联想画面感受乡村的美好情景。《乡下人家》课后习题从读、画、说、写四个层面设计,要求给课文配画,再给画取名字;交流文中最感兴趣的景致;仿写一段自己眼中的乡村景致。《天窗》课后练习要求理解与课文题目相关的含义,抓住文中重点词句理解含义并能表达感受。《三月桃花水》是略读课文,课前导读提出"有感情地朗读课文,体会优美的语言,读出作者对桃花水的喜爱和赞美之情"。前三篇课文是学习"抓关键语句,体会思想感情"的方法,第四篇略读课文就是方法的初步实践与运用。交流平台发挥其作用,梳理小结单元语文要素"抓关键语句,体会思想感情"。词句段运用中,词语的运用主要是学习用不同词语描写乡村和城市生活,句段训练是看乡村、城市的图画仿写语段。习作表达是写"我的乐园",可以描写乐园的样子,也可以写在乐园发生的事情及带来的快乐感受。词句段运用和习作表达是单元语文要素的综合运用。教学时,首先从单元导语和交流平台中明确单元语文要素,再依托课文落实语文要素习得方法,最后利用语文园地和习作巩固运用。

　　统编教材中的语文要素是依据学段不同进行分层渗透,每一个学段应当具备一定的语文能力和素养,主要有理解、体会、概括、提取信息、复述、想象、推理思辨、指向表达等能力训练,旨在提高学生的语文素养。

　　(一)理解

　　理解是指在已有知识经验的基础上,运用相关方法掌握新的知识经验。有人认为过去的知识经验多少对掌握新的知识经验有直接影响,也就是说理解水平高低受过去知识经验的影响,积累的知识经验越多,理解能力越高。但是对于小学生来说,他们缺少过去的知识经验,要提高对新知识的理解,方法的指导就尤为重要。提高学生理解能力是小学阶段需要重点掌握的。

年级	单元	语文要素
一年级上	七	联系生活实际理解内容。
一年级下	三	联系上下文了解词语意思,积累词语。
	四	正确、流利地朗读课文,读好长句子及问句,读懂意思。
	七	借助插图、故事情节特点,反复读懂长课文。
	八	联系上下文和生活经验理解词语,积累词语。
二年级上	四	联系上下文和生活经验理解词句意思。
二年级下	五	根据课文内容,说出自己的简单看法。
三年级上	二	运用多种方法理解难懂的词语。
三年级上	六	借助关键语句,理解一段话的意思。
三年级上	八	学习带问题默读,理解课文。
三年级下	六	运用多种方法理解难懂的句子。
六年级上	八	借助相关资料,理解课文内容。

统编教材中培养学生阅读理解能力着重在方法指导和运用,首先从理解词语开始,低年级教学侧重词语积累与理解。理解词语的方法主要有查字典、扩词法、找近义词、字形分析法、联系上下文和生活实际等。如:理解"穷尽"就可以用扩词法"山穷水尽",理解"烟云"也可说成"烟消云散",用具体事物来说明词语的状态,便于理解记忆。二年级上册《日月潭》一文中理解"隐隐约约",可以从上下文语段中去理解:"湖面上飘着薄薄的雾""天边的晨星和山上的点点灯光,隐隐约约地倒映在湖水中",你能看得清湖水中的星星和灯光吗?(看不清。)为什么?(因为湖面有雾,星星和灯光也很微弱,一会儿有一会儿无。)运用联系上下文的方法理解词语是比较适当的,关联文中语句既能理解词语的意思又能读懂这段话的大意。

三年级上册《铺满金色巴掌的水泥道》课后习题:

下面加点的词语你是用什么方法理解的?和同学交流。

啊!多么明朗的天空。

它们排列得并不规则,甚至有些凌乱。

第一个词语"明朗"可以用扩词法"明亮晴朗",也可用近义词解释为"晴朗";第二个词"凌乱"可以从句子中理解,前半句"它们排列得并不规则"就是"凌乱"的意思。

《美丽的小兴安岭》一文课后习题要求理解"抽出""浸"两个词语用得好在哪里。根据词性可以做动作来理解"抽出",也可以用词语"长出"比较后理解;理解"浸",可以联系生活实际,联想到洗衣服时把衣服浸在水里。理解词义只是第一步,更重要的是在理解词义基础上品析用词是否准确,这是基于理解的运用,说明能力有进一步提升。理解词语不是简单了解意思,更重要的是准确运用词语,学会适当表达,提高语文基本素养。

遇到难理解的词语,一般会用查字典的方法。当然,为提高学生的理解能力,可以让学生先猜一猜再查字典。随着学段提升,理解词语的方法也更加多元化,学习的过程中要尽量使用适当的方法去理解,摆脱对工具书的依赖,提高学生正确理解能力。理解意思较难的词语除了查字典,有时还需要借助相关资料。四年级上册《为中华之崛起而读书》课后习题:课文中多次出现"中华不振"这个词语,查阅资料了解当时的社会状况。理解"中华不振"这个词语的意思不难,难点是这个词有时代烙印,是那个时代特有的名词,和当下产生了距离,所以理解词语不是重点,重点是要理解这个词语背后的时代,所以需要借助相关资料查阅理解。方法的运用要根据文本需求而选择,重在指导学生在学的过程中习得方法、灵活运用,为文本理解奠定基础。词的理解与积累始终是语文学习的重要基石。

从词到句再到篇是实现文本理解的一个重要过程,理解句子可以运用朗读法,也可以借助关键词句,还可以联系上下文、查资料、结合生活实际等。三年级上册《海滨小城》课后习题:有些句子很重要,可以帮助我们理解一段话的意思,你能从课文中找出来吗?《海滨小城》这篇课文在写法上很有特点,主要从两个方面来写,先写海边景观,再写小城美景。尤其在写小城时着重写了庭院、公园、街道。"小城里每一个庭院都栽了很多树。""小城的公园更美。""小城的街道也美。"每一个段落的第一句话都是该段落的中心句,也就是说每一个段落都是用总分结构来写的,构段形式鲜明。理解第一句话的意思也就理解了整个段落的意思,这对接下来理解围绕一个意思写清楚一段话做好铺垫。三年级下册《肥皂泡》课后习题:课文中有一些句子不容易读懂,如,"五色的浮光,在那轻清透明的球面上乱转。"在课文中找一找,说说这些句子的意思。文中多处描写泡泡样子的句子生动鲜活但有些抽象,如:"这脆薄的球,会扯成长圆的形式,颤巍巍的,光影零乱。"教师可让学生多次朗读达到熟练,接着让学生玩"吹泡泡"

游戏,注意观察泡泡的样子及其变化,再交流感受:"我看到了泡泡又轻又薄,飘飘忽忽地往上升,不一会儿就没了踪影。""我看见泡泡闪着五彩的光,清清亮亮的,一串一串地飞向天空。"出示文中描写泡泡的句子,把学生的感受与原句关联在一起,突破理解难懂句子的意思。

理解句子意思不难,最难的是理解句子的深层含义。要理解句子的深层含义,需要从文本中提取重要信息,借助与其相关联的知识背景,了解作者写作的目的等。教学中,理解句子含义一直是高年级阅读教学的重点。五年级下册《草船借箭》课后习题:诸葛亮说:"怎么敢跟都督开玩笑?我愿意立下军令状,三天造不好,甘受重罚。"周瑜很高兴,叫诸葛亮当面立下军令状,又摆了酒席招待他。(三天造十万支箭这么难,诸葛亮为什么主动立下军令状?他立下军令状后,周瑜为什么很高兴?)初读这两句话就能较快了解意思:诸葛亮立下军令状,三天造十万支箭,周瑜很高兴。只读懂句面意思显然是不准确的,诸葛亮为什么这么说?周瑜为什么这么高兴?背后真正的原因才是理解探究的关键。为了引发学生思考,提高理解能力,编者用问题引导指向语句的重点,学生需要与文本关联发现诸葛亮立下军令状的真实原因,这样不仅能读懂句子的意思,也能读懂诸葛亮的真实意图,同时也能准确分析诸葛亮和周瑜的性格特点。理解句子含义可以从关键词句入手提出问题,设置疑惑产生思考,联系上下文探究问题获得理解。《青山处处埋忠骨》课后习题:在抗美援朝战争中,无数英雄儿女为了保家卫国浴血奋战,他们被称为"最可爱的人"。查找资料,结合这些人物的故事,说说你对"青山处处埋忠骨,何须马革裹尸还"的理解。《后汉书·马援列传》:"男儿要当死于野边,以马革裹尸还葬耳,何能卧床上在儿女子手中邪!"这句诗的出处便在于此,表达了为国捐躯、誓死不还的民族精神。如果简单说明诗句含义,学生是无法真正理解这种精神和情感的。要使学生产生情感共鸣,必须从一个个英雄故事、一位位英雄人物中去体会和感受,在一次次回读中,让学生发自内心感受"青山处处埋忠骨,何须马革裹尸还"的民族精神与气节。要准确理解重点语句,大量的阅读和知识信息提取是前提,基于文本之上的理解才能获得准确的知识体验。理解句子含义一直是语文教学中的重点部分,通过理解句子含义体会作者要表达的情感,为深入理解文本提供支撑。

理解的意义最终指向文本,可以借助关键语句、中心句、相关资料理解文本内容。三年级上册《在牛肚子里旅行》课后练习中提出问题:从哪里可以看出青头和红头是"非常要好的朋友"？默读全文,至少找出三处来说明。这个问题直接指向文本的关键语句:"它们是一对非常要好的朋友。"那么这句话对于理解文本有怎样的作用,与在牛肚子里旅行有什么关系呢？细读文本后发现,红头不小心被牛吞进肚子里。在这样危急的时刻,青头一直陪伴在好友身边,安慰它,帮助它脱离危险。通过这次危险之旅见证了青头与红头友谊,见证了青头的机智与勇敢,也见证了红头在困难与危险面前不放弃的精神。正是因为"它们是一对非常要好的朋友",彼此建立信任与友谊才能在危机来临的时候体现出非一般的品质与毅力。"它们是一对非常要好的朋友"作为情感线索贯穿全文,由此才完成了"在牛肚子里旅行"。理解这句话的真正含义也就突破了本文的教学难点。六年级上册《丁香结》课后习题:丁香结引发了作者对人生怎样的思考？结合生活实际,谈谈你的理解。首先理解"丁香结"寄语的含义:①丁香花的花苞如衣襟上的盘花扣;②丁香花与微雨相伴,意喻为愁怨的思绪;③生活中总有解不开的结、解不完的事。再从题眼想开去,作者以"丁香结"为题不仅仅是写丁香花,更是写丁香花给作者带来的影响和思考,从丁香花的意象之美生发出了人生哲思。教学时再让学生结合现实生活中的经历去理解"丁香结"带来的启示:每一个人都会经历一些不顺心的事,发生了就要去解决然后放下,再发生再解决再放下,这就是人生不平之处。这样一个深度思考过程就是对文本的一次深入解读,是学生与自己、文本、作者的三度对话,是一次启迪性思考的过程。如此,阅读理解逐步走向深层次也是显而易见的。

(二)体会

体会是基于理解基础上的一种感受和领悟,是更深层次的思考,是对文本整体感知后的一种深度表达。体会,是在阅读教学中指导学生运用已有知识经验对相关语段或文本分析后获得知识体验的过程。体会主要是对文本的人物内心活动、情感态度的感知和表达,也可以是对文本表达效果、作者的语言风格等方面的体悟。

年级	单元	语文要素
四年级下	一	抓住关键语句,初步体会课文表达的思想感情。
	四	体会作家是如何表达对动物的感情的。
	七	从人物的语言、动作等描写中感受人物的品质。
	八	感受童话的奇妙,体会人物真善美的形象。

续表

年级	单元	语文要素
五年级上	四	结合资料,体会课文表达的思想感情。
	六	体会作者描写的场景以及细节中蕴含的感情。
	七	初步体会课文中的静态描写和动态描写。
五年级下	一	体会课文表达的思想感情。
	七	体会静态描写和动态描写的表达效果。
	八	感受课文风趣的语言。
六年级上	四	读小说,关注情节、环境,感受人物形象。
六年级下	五	体会文章是怎样用具体事例说明观点的。

体会是高段阅读教学重点,指导学生在阅读过程中敢于把自己的感受和理解在交流中获得更深度的表达。"体会"的主要方法是抓关键语句,体会文本的思想情感。这是对文本整体感知后走向文本深度分析、触及文本思想内核的一个重要环节。四年级下册《三月桃花水》课前导读:在课文中,作者把春水叫作"桃花水"。有感情地朗读课文,体会优美的语言,读出作者对桃花水的喜爱和赞美之情。在教学中"体会"是一个比较抽象的词语,如何"体会"?方法先行。编者利用略读课文的特点,在课前导读中直接指导学生关注文中优美语句,读出喜爱和赞美之情,这就是"体会"思想情感的一种方法——抓优美语句。教学中先习得方法再运用,是解决教学难点的一个教学策略。抓关键语句还可以体会用词准确,也就是体会表达准确。《飞向蓝天的恐龙》课后习题:课文中的不少语句表达很准确,如"科学家们希望能够全面揭示这一历史进程"。找出这样的句子读一读,说说自己的体会。关注表达准确的语句,体会科普类文章科学性和准确性的特点,引导学生重视文体,了解不同文体特性,同时,再次抓文中关键语句进行"体会":它是之前学法的再次运用与迁移。又如《短诗三首》中"月明的园中,藤萝的叶下,母亲的膝上"一句唤起你怎样的感受?重点诗句品析是意象的呈现,运用想象编织成画面,那个画面是美好,是静谧,是温暖的……都是从诗句中体会出来的。诗句的品析不仅要有联想与画面感,还要有独特的感受,这就是"体会"的内涵。

文体不同,"体会"的角度不同。抒情类偏重于情感的探究,描写类侧重于方法表达,说理类着重于语言特点。五年级上册《桂花雨》的作者回忆家乡桂花盛开的时节"摇花乐"的情景,抒发对家乡热爱和对童年生活的不舍之情。情感浓郁的文章是训练学生"体会情感"的好文本,课后习题安排了从关键语句体会蕴含的感情。与此同时,在本单元的词句段训练中也设计了练习:读下面的句子,体会它们在描写事物的方法上的相似之处。练习中列举了《落花生》《白鹭》《乡下人家》三篇文章中的语句,其中不同事物的描写方法相似。如何体会?运用比较法,通过语句比较再体会。"体会"描写事物的方法可以运用"比较法"。五年级下册《手指》的作者用风趣幽默的语言讲述了五个手指的不同姿态与性格以及对人们的作用,让读者明白团结的重要性。"体会"语言风格成为教学重点。如"他永远不受外物冲撞,所以曲线优美,处处显示着养尊处优的幸福""他具有大拇指所没有的'机敏',打电话、扳枪机必须请他,打算盘、拧螺丝、解纽扣等,虽有大拇指相助,终是要他主干的",用拟人手法来叙述,就像与老友的交谈,时而调侃,时而赞赏,情感丰富,语言诙谐。"体会"既是语言表达,也是语言运用。

(三)提取信息

提取信息是指运用已有知识经验从文本中获取多元的信息,在获取的过程中经过提炼、分析、概括,达到提取的目的。提取信息一般分为直接提取和间接提取。直接提取是根据目标从文本阅读中直观获取信息资料,不需要做过多的分析与提炼,适用于低年级阅读教学。间接提取是在文本阅读中经过整合、推断,间接提取可用信息。中高年级在阅读教学中须进行相关强化训练才能达到培养学生从文本中获取多元信息能力的目的。

年级	单元	语文要素
一年级上	七	尝试找出课文中明显的信息。
一年级下	二	提取信息,读懂课文,交流感受。
二年级上	一	借助图片或关键词了解课文内容,能提取信息交流。
二年级下	六	提取主要信息,了解课文。
四年级下	三	根据需要收集资料,初步学习整理资料的方法。
五年级上	八	根据要求梳理信息,把握内容要点。
六年级下	四	查阅相关资料,加深对课文的理解。
	六	运用学过的方法整理资料。

直接提取信息是引导学生在自主阅读过程中依据目标获取相关信息。这是培养学生自主阅读的第一步。让学生根据自己的知识经验调动感官获取信息的过程，是学生主动参与学习的过程。看似简单的提取信息却具有重要的实践意义，是实现学生主动获取知识的起始。一年级上册第七单元的语文要素就明确提出"尝试找出课文中明显的信息"。这是指导学生第一次学习提取信息，因此用了两个关键词——"尝试""明显"。"尝试"是指在教师指导下学习，"明显"是根据问题利用直觉找到相关信息，不需要做太多思考与分析。对于一年级学生来说，在教师的指导下根据阅读目标提取明显信息是阅读训练的开始，是逐步培养学生在自主阅读过程中获取信息知识的重要能力。一年级上册第七单元《明天要远足》指向的问题：你有过这样的心情吗？和同学说一说。《大还是小》提出问题：你什么时候觉得自己很大？什么时候觉得自己很小？《项链》课后问题：朗读课文。说一说：大海的项链是什么？这三篇课文都提出阅读目标指向文本相关的重要信息：谈心情，说体会，发现信息。读《明天要远足》，"谈心情"是将文本中的相关信息转化为自己的感受，引发学生与文本链接的共鸣，建立自我感官意识。《大还是小》"说体会"是从文本获取信息结合自身经验表达感受，是在提取后的延展与应用。《项链》"发现信息"是在阅读过程中指向文本重要明显的信息点。三篇课文从不同角度来指导学生培养直接获取关键信息的能力。

间接提取信息是信息提炼、整合、综合地运用。阅读教学中，提取信息是一项基本能力。它是对文本整体感知后寻找关键依据，利用学生已有图式和个性化解读文本后的信息输出。在课堂教学中，教师提出问题，学生自主阅读文本找出关键语段提取信息并交流讨论，教师对学生提取信息的完整度和条理性做出评价和指导。信息提取是教学经常运用的策略与方法，无论是阅读课还是口语交际、习作、综合实践活动，都需要运用信息提取获得较为完整的知识建构。四年级下册第三单元以"美丽诗歌"为主题，设计"感受诗歌的魅力"综合性学习，指导学生通过大量阅读书籍、杂志等收集整理喜欢的现代诗歌并标注作者和出处，再进行交流。综合实践活动为信息提取能力训练提供了很好的平台，在不同综合性活动中提出不同要求，既积累了丰富的课外知识，又推动学生主动阅读养成自主学习的过程。五年级上册第八单元语文要素为"根据要求梳理信息,把握内容要点"。《古人谈读书》提出:借助注释,用自己的话说说课文的大意。这是由两组文言文组成的一篇课文,读懂文言意思最好的方法是结合注释进行猜测,查看"注释"和"猜测"的过程就是学习者在提取有效信息进行整合、分析、推断的过程,是认识、理解、应用、整合、形成主要意思的过程。《忆读书》课后问题:用较快的速度默读课文,说说作者回忆了自己读书的哪些经历,她认为什么样的书才是好书。从落实语文要素"根据要求梳理信息"入手,本课要求有三点:一是在有速度默读前提下完成;二是结合课文题目与文本内容梳理读书经历;三是关注作者读书体会,指向文本思想内核。教学时,教师应指导学生按照以上要求完成信息提取,这是方法指导,同时也明确了信息提取一定要结合具体要求才能完成,漫无目的截取是无效的、低能的。《我的"长生果"》导语提出:用较快的速度默读课文,说说作者读过哪些类型的书,从童年读书、作文中悟出了哪些道理。这是在前一篇课文的基础上进行的强化训练。快速提取有效信息的方法主要有:提高阅读速度、关注文本主要内容、触及文本主旨。在具体目标下指导完成提取信息的整个过程,是学习语文的一种有效方法,也是培养学生思维发展的重要路径,能够提高学生运用语言文字的能力。

(四)概括

概括是学习者将已有知识结构与文本信息结合后,运用分析、综合等方法提取重要信息的运用与表达。心理学研究认为:概括就是个体进行思维活动后,依据事物的相似性进行归类,并将这一归类的结果运用到其他领域中。布鲁姆指出:概括是学生学习的一项重要能力,一般体现为用简练的语言凝结主要信息的能力。《义务教育语文课程标准(2022年版)》在第二学段阅读目标中提出"能初步把握文章的主要内容,体会文章表达的思想感情",在第三学段阅读目标提出"阅读说明性文章,能抓住要点,了解文章的基本说明方法""阅读叙事性作品,了解事件梗概,能简单描述印象最深的场景、人物、细节""阅读诗歌,大体把握诗意"。教学中如何培养学生的概括能力成为教学重点,小学阶段概括能力主要体现在对文本内容分析把握,厘清文本叙述顺序,理解文本中心、思想感情,针对文本形成自我思考再表达。因此,概括是信息提取后的综合表达。

年级	单元	语文要素
三年级下	四	借助关键语句概括一段话的大意。
	八	了解故事的主要内容。
四年级上	四	了解故事的起因、经过、结果,学习把握文章的主要内容。
	七	关注主要人物和事件,学习把握文章的主要内容。
四年级下	六	学习把握长文章的主要内容。
六年级上	六	抓住关键句,把握文章的主要观点。
	八	把握主要内容方法。
六年级下	二	借助作品梗概,了解名著的主要内容。

概括是语文学习的一项基本能力,从三年级开始概括课文主要内容是阅读教学的重点。概括课文主要内容的方法主要有扩题法、关键语句法、事件归纳法、段意串联法等。

扩题法:题目是文章的眼睛,通过题目能较快捕捉住文本的主要内容和相关的人物事件信息,从题目入手扩充课文主要内容。如三年级上册《不懂就要问》导读提出要求:默读课文,想想课文讲了一件什么事,和同学交流你对这件事的看法。初学概括,运用适当方法能降低概括难度。根据这篇课文内容,教师引导学生运用扩题法:"不懂就要问"是谁说的? 是在什么情况下说的? 学生在完成这两个问题思考后,教师再指导学生用完整的语言表达,这样就能较好地把握课文主要内容。从题目入手进行概括是学生容易掌握的方法之一。此外,扩题法对指导学生有序表达也有积极的作用。对于高年级学生而言,概括不是难点,难的是概括语言繁杂无序。如《草船借箭》节选自经典名著,学生在庞大人物关系和事件背景下梳理文本内容时容易出现繁杂无序的状态。运用扩题法就能较地好把控概括内容和方向,课文题目"草船借箭"直指课文主要内容,为了能准确完整表述课文的主要内容,教师可以指导学生根据题目设疑:谁,在什么情况下用草船如何借箭,结果怎样? 围绕课文题目提出相应的问题,指向文本相关内容,最后用完整的语言表达出来。

关键语句法是指从文本中摘录中心句或是围绕文中重点语句再组织语言概括文本主要内容。找中心句概括课文主要内容是捕捉关键信息的一种能力训练。三年级上册第六单元《富饶的西沙群岛》《海滨小城》《美丽的小兴安岭》这三篇课文都是用"总分总"结构方式描写景物,鲜明的结构直接表达作者的观点,有利于学生准确运用关键语句法找到中心句。《富饶的西沙群岛》的中心句是"那里风景优美,物产丰富,是个可爱的地方"。《海滨小城》的中心句为"这座海滨小城真是又美丽又整洁"。《美丽的小兴安岭》的中心句是"小兴安岭一年四季景色诱人,是一座美丽的大花园,也是一座巨大的宝库"。三年级是学习概括的起步阶段,摘录中心句是初步掌握概括的好方法。高年级阅读文本难度加大,常"围绕重点语句"进行概括。五年级下册《刷子李》中,刷子李说:"好好学本事吧!"教师可引导学生根据这句话思考:刷子李有什么本事让曹小三学?由此结合课文的相关内容进行概括。六年级上册《草原》中有"蒙汉情深何忍别,天涯碧草话斜阳"一句。这句话是文章的重点语句,既概括了文章主要内容,也表达了作者的思想感情。学习该篇文章,可以先从这句话理清文章的主要内容,再体会作者寄予的深厚情感。抓住文章关键语句,可以突破教学重难点。

段意串联法是一种常用的概括方法,就是先归纳课文每一个自然段的意思,再把每个段落的意思连起来。这种概括法对于初学者来说是一种实用法,学生从三年级起开始学习概括,理清文章的思路、把握文章内容是有一定难度的。除了之前的扩题法,现在所使用的段意串联法也有较好的指导作用。三年级上册的《金色的草地》共有四个自然段,先提炼每一个段落的意思:1.乡下窗前的一大片草地,蒲公英盛开的时候就成了金色的;2.蒲公英给我和弟弟带来欢乐;3.我发现早上草地是绿色的,中午是金色的,傍晚又是绿色的;4.我们爱上蒲公英。教师要指导学生根据段意整合概括课文主要内容:乡下窗前的草地上,蒲公英盛开的时候是金色的,它给我们带来不少欢乐,"我"发现草地会变色的秘密,我们更爱蒲公英。运用段意串联法时篇幅不宜过长,最好段落清晰,这样概括每一个段落的意思就比较明显,运用起来也就能达到概括提炼的效果。

事件归纳法是依据事件的起因、经过、结果组织概括。四年级上册第四单元语文要素为"了解故事的起因、经过、结果,学习把握课文主要内容"。单元编排了《盘古开天地》《精卫填海》《普罗米修斯》《女娲补天》四篇神话故事,故事具备"六要素"——时间、地点、人物、起因、经过、结果,可引导学生由此梳理主要内容。小说文体的概括可以运用小说"三要素"——人物、事件、环境。根据事件来归纳课文主要内容适用于长篇课文,如《为中华之崛起而读书》课后习题:默读课文,想想课文讲了哪几件事,再连起来说说课文的主要内容。回答这一问题,可以理清长课文中几件事例,再结合事例概括主要内容。为了更好地概括,可以用小标题来理清事件,如四年级下册《小英雄雨来(节选)》,可以分列小标题,再概述主要内容;六年级上册《我的伯父鲁迅先生》也可以运用列小标题再概括主要内容的方法。

要点概括法主要针对说理类文体。这类文体观点明确,要点清晰。说明文主要把握说明事物的特点及使用说明方法。三年级下册《花钟》从两个方面来介绍花钟:1.不同的花开放的时间不同;2.植物开花的时间与温度、湿度、光照有着密切的关系。了解运用的说明方法,如举例子、列数字、做比较、打比方等。五年级上册第五单元主题为"说明文以'说明白了'为成功",落实语文要素:阅读简单的说明性文章,了解基本的说明方法。搜集资料,用恰当的说明方法,把某一种事物介绍清楚。这个单元从阅读到写作,完成说明文的学习与运用。本单元安排的两篇课文也有特点,《太阳》是科普类说明文,语言平实,说理清楚。文本从三个方面来写太阳:会发光,会发热,与人类的密切关系。抓住这三个要点,就能明白作者的写作意图。此外,文中运用了列数字、做比较、举例子等说明方法,具体介绍太阳的特点。《松鼠》是文艺性说明文,语言活泼有趣。文章主要从松鼠的外形特点、生活习性来介绍,主要运用打比方、做比较、列数字等说明方法。学习不同风格的说明文仍然是把握说明事物的要点,重点要关注说明方法。议论文则需要明确观点,了解事例论证及论证方法。六年级下册《为人民服务》课后习题:说说课文围绕"为人民服务"讲了哪几方面的意思。这篇课文观点清晰,主要围绕"全心全意为人民服务"这一观点从三个方面进行论证,论证过程中运用了引用论证、典型事例论证等,让说理更充分、更令人信服。要点概括能把握文本主要内容,了解作者要表达的观点,明确写作方法,使文本分析准确透彻。

(五)复述

复述是学生通过所学课文内容,在理解、记忆、整合、推理、表达基础上对文本内容的重现。它是口语表达训练,是语用表达的真实体现。复述教学贯穿整个小学阶段,促进口语表达能力、写作能力、记忆能力发展,提升语言思维能力。课程标准第一学段提出"听故事,看影视作品,能复述大意和自己感兴趣的情节"。第二学段提出"能复述叙事性作品的大意,初步感受作品中生动的形象和优美的语言,关心作品中人物的命运和喜怒哀乐,与他人交流自己的阅读感受"。第三学段提出"阅读叙事性作品,了解事件梗概,能简单描述印象最深的场景、人物、细节,说出自己的喜爱、憎恶、崇敬、向往、同情等感受"。复述主要针对的是叙事性作品,以人物、故事、情节为主,并能表达自己的阅读感受。复述从形式上可以分为简要复述、详细复述、创造性复述。简要复述是概括要点复述,从叙事性作品纲要、梗概等方面进行的复述;详细复述是再现性复述,能较完整地叙述整个故事内容;创造性复述是在叙事性作品的基础上加入自己的感受和理解来创编故事内容。从年段教学要求来说,低年级适合详细复述,指导学生根据图画、关键语句、信息提示等再现故事内容,一方面训练记忆能力,另一方面训练学生利用重要信息组织完整表达。中年级主要学习简要复述,可运用提纲、小标题、故事梗概完成复述练习。高年级主要是创造性复述,不仅限于讲故事,更要训练怎样把故事讲得生动有趣,可以加入自己的创编表演,也可以利用故事留白续编,还可以把故事绘制成连环画读本等。

年级	单元	语文要素
一年级下	八	借助连环画理解课文内容,说故事主要情节。
二年级上	三	借助词句,讲故事。
	八	借助提示,复述课文。
二年级下	五	复述故事。
	七	借助提示讲故事。
三年级上	七	学习围绕中心句讲故事。
三年级上	八	学习以第一人称讲故事。
三年级下	八	复述故事。
四年级上	八	了解故事情节,简要复述课文。
五年级上	三	了解课文内容,创造性地复述故事。

复述是语言文字运用训练点,能够实现口语表达与习作训练的链接。吴忠豪提出:"对于一篇课文如果找不到恰当的语用训练点,那么'复述'就是最主要的一种教学方式。"复述教学策略发挥其在课堂教学中的积极价值与作用。复述教学策略主要有关键信息提示法、留白续编法、变叙法、情境表演法等。

　　关键信息提示法是复述教学中常用的一种策略。复述不同于背诵,通常低年级学生在练习复述的时候很容易变成背诵课文。为了培养学生的复述表达能力,教师提供学生复述的重要信息,如关键词汇、课文插图、人物图表、关系导图等,学生根据关键信息能在文本基础上形成发散性思维,在复述中能体现自己的理解和感受。

　　一年级下册第八单元语文要素为"借助连环画理解故事内容,说故事主要情节"。《棉花姑娘》《咕咚》《小壁虎借尾巴》这三篇课文以连环画的形式出现在课文中,在讲述课文内容之后,教师可运用文中的连环画指导学生讲述故事。出示图画引导学生根据图画和自己的理解来讲,可以简单地讲出故事大意,也可以详细地讲,只需符合文本意思即可。在讲述过程中,教师可以让学生一幅一幅地讲,最后再连起来讲;也可以指导学生先讲好一幅图画,从学生现有的知识水平出发,不断提高学生的表达能力。

　　二年级下册《小马过河》课后习题:试着用上下面的词语,讲讲这个故事。教师根据故事发展顺序出示四组关键词,学生能在词语提示下分部分讲述,此时学生需要结合内容组织语言形成思维再表达,最后要求学生能较完整地讲述故事,语言及思维过程表达完整。

马棚	愿意	磨坊
驮	挡住	为难
突然	拦住	吃惊
难为情	动脑筋	小心

　　四年级上册的神话故事《普罗米修斯》,可让学生按照起因、经过、结果的顺序讲一讲普罗米修斯"盗"火的故事。借故事先后顺序来讲述故事,条理清楚,表达有序。

　　六年级上册《狼牙山五壮士》课后习题:

　　朗读课文。根据课文内容填一填,再讲讲这个故事。

　　接受任务→(　　　　　　)→(　　　　　　)→(　　　　　　)→英勇跳崖

　　要求用故事标题概括主要内容,在概括的基础上复述故事,实现从文本内容中提炼概括再到文本内容重现。这是在理解分析、概括提炼的基础上形成感受后对文本再现的过程。这不是课文内容的简单重复，而是在形成语言思维训练基础上进行的一次语言表达能力训练，是文本重点内容的再次学习和检测。

留白续编法是针对叙事性文本中"留白"的语段、情境等展开丰富想象进行补白续编。它是原作品下的深层解读，讲述者在创编的过程中需要渗透自己独特的理解与想法。这种训练不仅使作品呈现多元化，而且对学生思维发展的作用是可见的，基于文本的复述又高于文本的解读。续编故事精彩之处不仅能让故事更加丰满，更能升华故事的主旨。在故事的略写处进行深加工，一方面能训练学生语言组织能力、运用能力，另一方面丰富的想象能够活跃思维，引导学生关注细节、关注省略之处，引发学生思考。如，五年级上册《牛郎织女（一）》中写道："他常常把看见的、听见的事告诉牛，有时候跟它商量一些事。"这一略写部分可运用想象说具体，教师要引导学生想象牛郎看见了哪些新奇的事情，听到了哪些有趣的声音，是怎样和老牛说的。中国传统古诗文常用"留白"的方法，教学中也可以针对这类文本进行补白续编。四年级上册《精卫填海》是一篇文言文，用了两句话 35 个字讲述了一个神话故事，要求学生根据注释讲述故事。这里就需要运用"补白"把文中未讲或没有讲清楚的部分运用想象讲述具体。古诗教学中也会运用"补白"的方法想象诗意，如想象"一道残阳铺水中，半江瑟瑟半江红"的景象，用自己的话说一说。

变叙法主要指改变人称复述、改变体裁复述。"改变人称复述"指叙述者改变身份，从阅读者、文中人物等角度重新讲述内容。"改变体裁复述"是指为了更好地复述，改变文章体裁，如将古诗文改编成记叙文、故事、童话，将说明文改编为科学小品文等。五年级上册《猎人海力布》要求"试着以海力布或乡亲们的口吻，讲一讲海力布劝说乡亲们赶快搬家的部分"；五年级下册《军神》提及"从课文中找出对沃克医生动作、语言、神态的描写，体会他的内心变化，再以他的口吻讲讲这个故事"，都是运用"改变人称复述"。复述者以不同角色复述文本内容，角度发生变化，内容也会有所调整，这不仅考量复述者的语言组织和架构能力，同时也验证了复述者对文本的理解，没有理解的复述是无法完成"改变人称复述"的。"改变体裁的复述"在教学中经常应用，如四年级下册《飞向蓝天的恐龙》是一篇科学性小品文，课后习题是："假如你是一个解说员，会怎样简明扼要地介绍恐龙飞向蓝天,演化成鸟类的过程。"教师指导学生运用简洁科学的语言讲述恐龙飞向蓝天的过程,训练学生快速提取有用信息并能准确表达的能力,体现说明文"说明白"的特点。六年级上册《故宫博物院》属于非连续性文本,教学时可设计根据所提供的材料以导游身份介绍几处景点,让学生从四则材料中提取有效信息,组织复述讲解。把一篇非连续性文本变成一篇游记或导游词,文体有了改变,叙述者语言也发生了变化,叙述顺序及重点也有调整。基于文本提供的材料信息,通过语言文字加工后变成新的内容和文体,在这样的学习过程中,学生获得语言能力、思维能力及创新能力。

　　创编法是在叙述性文本基础上进行的再次创作,是对文本内容的延伸与拓展,丰富了故事内容,活跃了语言和思维。"创编"基础来源于文本自身,运用合理想象展开故事编写。三年级上册《胡萝卜先生的长胡子》一文,故事不完整,教师可以引导学生创编故事,如:"胡萝卜先生还会发生哪些有趣的故事?""胡萝卜先生的长胡子会遭遇哪些变故?""胡萝卜先生的胡子最后去哪了?"教师引导学生围绕故事想开去,呈现多种可能性,增强故事的趣味性与可读性,使学生创编能力逐步提升。除了创编有趣的故事,还可以创编故事的结局。如《小狗学叫》一文设计了开放性的结尾,教师可以指导学生创编多种可能的故事结局,激活学生思维呈多元化发展,充分发挥复述功能和作用。大部分创编故事是正向思维,顺着故事进行编写,指向内容的新、奇、异。但真正"创编"重在形式上有创意、求不同。五年级上册《牛郎织女(二)》在导读部分提出:联系上一篇课文,给《牛郎织女》绘制连环画。长篇幅的民间故事转换成连环画故事,可以把故事情节绘制成一幅幅连续的图画,用图画和简短的图注讲述故事。这个过程没有讲述,没有表达,把故事转化成图文形式,其实就是完成了一次"心里复述"。创编故事是在文本复述基础上的创新,无论在内容还是形式上都要求新求异。

　　情景表演法是在复述内容基础上加上动作、表情、语气等,在一定语言情境下进行文本演绎。复述侧重于表达,但表达最好的方式是"演",是在文本背景下人物故事通过肢体语言和人物对话、神情的再现。"表演"是复述的高级形式,它在鲜活语言、丰富情感的渲染下演绎故事内容,讲述者可以成为故事中的人物,以"沉浸式"的表演体会故事内容,比起"复述"更胜一筹。如四年级上册《西门豹治邺》一文,可根据文本故事改写成剧本,让学生进行剧本表演。

西门豹治邺

时间:战国时期

地点:魏国邺县,漳河河边

人物:西门豹(邺县县令)

　　　巫婆(河神娶亲的主要负责人)

　　　新娘(准备送给河神做媳妇的漂亮姑娘)

　　　官绅、小巫若干、卫士、围观群众若干(河神娶亲的参与者)

【这天是给河神送亲的日子,漳河边上站满了围观的老百姓。老巫带着手下的小巫布置好婚礼现场,等待着官绅的到来。西门豹从左边上,后面跟着几个卫士。官绅从右边上,见到西门豹打躬作揖。西门豹上台后坐在左边的椅子上。】

西门豹:什么时候送新娘子啊?

巫婆:……

　　…………

　　情景表演改变了复述故事的形式,在文本基础上将故事创写成小剧本,依托剧本组织人物表演,布置情境,分配角色,入情入境表演故事。从说到写再到演,情景表演法充分调动了学生的认知、感受、理解、表达、创新等能力,在语言情境中与文本对话,与人物交流,与作者共鸣。统编教材中有许多经典的故事,如《景阳冈》《草船借箭》《猴王出世》《红楼春趣》等,故事性强,情节生动,不仅适合复述更适合剧本表演,利用好这些故事可以提高学生的语用能力和素养。

(六)想象

　　想象是思维的高级形式,是在记忆表象的基础上创造出新形象的心理活动。爱因斯坦曾说:"想象力比知识更重要,因为知识是有限的,而想象力概括着世界上的一切,推动着进步,并且是知识进化的源泉。"这突显了想象在知识领域中的重要作用。语文学习是获取知识与能力的重要过程,学生不仅要发展语言能力,还要发展思维能力,激发想象力和创造潜能。通过语言文字学习培养学生想象力成为语文学习目标之一。新课程标准针对想象能力培养,要求第一学段"诵读儿歌、儿童诗和浅近的古诗,展开想象,获得初步的情感体验""写想象中的事物";第二学段"能不拘形式地写下自己的见闻、感受和想象";第三学段"想象诗歌描述的情境,体会作品的情感""能写简单的记实作文和想象作文"等。在新课程标准指导下,想象能力在统编教材中逐步落实,主要的形式有图文想象、诵读想象、创造想象。

年级	单元	语文要素
二年级上	四	展开想象,说诗意。
	七	图文对照,想象诗意。
二年级下	七	根据课文内容展开想象。
	八	根据课文内容展开想象,表达内容。
三年级上	三	感受童话丰富的想象。
三年级下	一	一边读,一边想象画面,体会优美生动的语句。
	五	学习想象,感受想象。
四年级上	一	边读边想象画面,感受自然之美。
六年级上	一	阅读时能从所读的内容想开去。
	七	借助语言文字展开想象,体会艺术之美。

图文想象是根据图片、符号、影像资料等描绘或者语言文字表述,在头脑里形成相关联事物形象的想象,它属于再造想象。再造想象与一个人的知识经验有关,正如康德所说:"再造想象依赖于已有的知识经验,知识经验越丰富,再造想象能力越丰富。"①想象的基础是观察和积累,只有夯实知识储备,才能发挥想象的能动性。教学中常借助图片、文字等相关信息触发想象的动能。低年级古诗教学时要让学生读懂诗的意思,需要借助诗句和配图展开想象猜测大意。故事续编、诗歌仿写也是在原有的内容基础上展开想象,当然习作教学更离不开想象,如训练学生从一串词语、几幅图画展开想象写一个故事、一处景物、一个人物等。二年级上册《雾在哪里》一文中写道:"他把大海藏了起来。无论是海水、船只,还是蓝色的远方,都看不见了。"读句子引导学生想象:雾还会把什么藏起来,藏起来之后的景色是什么样的?学生品读语言文字展开想象,与现实生活联系起来丰富了语言表达,思维也活跃起来。图文想象是再造想象,离开了再造想象,学生便只能理解到文本的表层意思,不能理解其深层内容,也无

---

① 康德. 判断力批判[M].邓晓芒,译. 北京:人民出版社,2002.

法体悟到作者的思想感情。

诵读想象是在反复朗读、吟诵中体会语言、诗句的魅力并展开丰富想象,感受语言文字之外意蕴。叶圣陶曾说过:"说理的文章大概只需论理地读,叙事叙情的文章最好还要'美读'。所谓美读,就是把作者的情感在读的时候传达出来。这无非如孟子所说的'以意逆志',设身处地,激昂处还他个激昂,委婉处还他个委婉。"诵读想象首先重在"读",有声地朗读,入情入境地读,在一遍又一遍的朗读中品味语言,在品味和咀嚼中,感受语言,产生画面,引发联想。在"读"中想象开去,是对语言文字深入分析后与文本产生共鸣。三年级下册《燕子》一文教学时,着重抓住文中重点语段"读中想象"。如:"小燕子带了它的剪刀似的尾巴,在阳光满地时,斜飞于旷亮无比的天空,叽的一声,已由这里的稻田上,飞到那边的高柳下了。"朗读时想象小燕子斜飞动作轻盈快速,一只轻巧、可爱的小燕子映入眼帘。《荷花》一课朗读"白荷花在这些大圆盘之间冒出来。有的才展开两三片花瓣儿。有的花瓣儿全展开了,露出嫩黄色的小莲蓬。有的还是花骨朵儿,看起来饱胀得马上要破裂似的"一段,要边读边想象白荷花各种姿态美,才展开的仿佛是娇羞的小姑娘,全展开的是落落大方的女子,没有展开的像是一个可爱的胖娃娃……

诵读想象也适用于古诗词教学,要"读中想象,读中感悟",从诗词意境中体会诗人的丰富情感。"读"是基础,先按节奏诵读诗句,感受诗句的韵律美;再回环反复诵读,想象诗意;最后在想象中吟咏诗句。教学北宋文豪苏轼的《惠崇春江晚景》时,教师要先指导学生按诗句节奏,使用平长仄短、韵脚拖长音的方法朗读(下图中,"丨"读短音,"—"读长音):

丨 丨 — — 丨 丨 —　— — — 丨 丨 — —　— — 丨 丨 —　丨 丨 — 丨 丨 —
竹 外 桃 花 三 两 枝 ，春 江 水 暖 鸭 先 知 。蒌 蒿 满 地 芦 芽 短 ，正 是 河 豚 欲 上 时 。

在有节奏诵读中引导学生想象诗句中的画面:

师:你的眼前仿佛出现了哪些美丽景色?

生:我看到竹林外一朵两朵桃花探出了头。

生:一群鸭子扑通跳到江水里快活地游来游去。

生:江边上长满了蒌蒿,芦苇也冒出了嫩芽。

生:现在正是河豚洄游的时候。

最后教师创设语言情境引导学生诵读诗句:

师：你们看，春天来了，竹林外开出了两三枝粉红的桃花。

生：竹外桃花三两枝。

师：春天江水涨起来了，一群鸭子在水中游来游去。

生：春江水暖鸭先知。

师：江岸边到处长满青青的蒌蒿，芦芽才刚刚冒出头来。

生：蒌蒿满地芦芽短。

师：江水中的河豚正是洄游到此的时候了。

生：正是河豚欲上时。

诗意与诵读的结合，想象在持续，画面越来越清晰，诗句中的美景也就铺展开来。

创造想象是根据以往积累的记忆表象，在一定目的、任务前提下，运用想象独立创造出新形象的过程。学生的想象天马行空，善用自己独特的语言解读审美对象，要发挥学生想象力创造出富有个性且独特的形象。三年级上册编写童话单元，教师可以让学生创造一个个鲜活有趣的童话故事，如"失去智慧的猩猩""哈里国王历险记""豆荚哥哥的传奇"等，用童话形式引发学生奇思妙想，激活思维能量，形成创新意识。想象类型习作能够刺激学生感官，把自己独特的想象铺展开来。四年级下册第二单元习作"我的奇思妙想"可以激活学生的思维，如有个同学想到一种使用纳米技术制成的"魔法塑身衣"，它具有变身功能，穿上后能变身游鱼入海探寻，变身猎豹勇闯非洲大草原……想象越奇特、越夸张，故事就越有趣味。

（七）推理

推理是在已有知识、经验、信息的基础上，按照一定逻辑顺序获得新的论断或新的知识过程。推理是理性思维运用，结合所提供的信息和知识经验进行推断形成高阶思维。推理主要有两种形式，一种是归纳推理，一种是类比推理。归纳推理是从对个别事物的认识推出一般性结论的过程。类比推理是将两个事物或两个工具之间同时存在的或者是类似的特征，运用联想和想象推断两个事物之间是否有其他相关联特征的推理过程。推理是理性的思考，是指导学生从事物本身出发，利用相关信息做出合理推论，形成一个较为完整的思维过程，促进学生思维发展。小学阶段，学生以形象思维为主，逐步向抽象思维发展。教学中要有意识地培养学生理性思维能力，让他们能做出分析、判断、推理等思维活动。

年级	单元	语文要素
一年级下	八	带着问题边读边思考,训练根据简单信息做简单推断。
三年级上	七	学习推理判断。
三年级下	二	学习观点辩论。
五年级下	六	了解人物的思维过程,加深对课文内容的理解。

推理过程往往与判断分析紧密联系在一起,在判断基础上进行分析推论。二年级上册《一封信》课后习题:露西前后写的两封信,你更喜欢哪一封?为什么?这道题旨在让学生建立文本相关内容比较分析,做出判断,并能分析原因。这是简单的分析推理,是引导学生从相关联的信息中分析推论出其中道理,这样的过程是一次完整的思维过程,从问题出发找到相关事物进行分析判断得出结论。学生得到这样的训练,能提高思维的逻辑性和完整性,分析推论的过程显然比结论更重要。统编教材中常设计这种根据文本内容做出判断并说明理由的分析推论。如二年级下册《小马过河》课后习题:你同意下面的说法吗?说说你的理由。①河水既不像老牛说的那样浅,也不像松鼠说的那样深,所以老牛和松鼠对小马撒谎了。②小马向很多人请教,是对的。③别人的经验不一定可靠,得自己去尝试。④什么事都要自己尝试,别人的话不可信。在思维整合训练中,学生能依托文本理解,并结合自己的认知获得自我判断,综合分析,推断相关的缘由。

推理是思维活动的过程。小学生的思维特点具象直观,要让学生完成推理训练过程,需要把推理的思维活动显性化,这样更符合学生的认知特点。教学中常运用思维导图来完成推理的思维训练。五年级下册第六单元语文要素为"了解人物的思维过程,加深对课文内容理解"。本单元三篇课文《自相矛盾》《田忌赛马》《跳水》就可以运用思维导图帮助学生梳理文本人物的思维过程。《自相矛盾》中,卖矛和盾的人夸耀自己的盾坚固无比,世上没有一样东西能攻陷;之后他又夸赞自己的矛锋利无比,没有一样东西不会被刺破。路人听了反问他,用你的矛刺你的盾会怎样?路人听了卖者的话是怎样想的,为何会反问卖者?这是教学关键点,理清路人的思维是重点。此时用思维导图梳理路人的思维就会变得清晰:用锋利无比的矛去刺坚固无比的盾,如果是矛断了,"无不陷的矛"的说法就不成立;可若盾被刺破了,"莫能陷的盾"的说法就不成立。由此得出:"无不陷的矛"和"莫能陷的盾"两种矛盾的事物不可能同时出现。

盾坚 ⟷ 矛利

物莫能陷　物无不陷

　　《田忌赛马》中,孙膑能为田忌赢得赛马的胜利主要原因是目标明确(赢得比赛)、制订计划(对阵出场)、计划实施(达成目标)。制订计划是取得比赛胜利的关键,安排马的出场顺序是制胜的要领。要清楚了解孙膑布局的过程,可以选择画齐威王和田忌赛马的对阵图,通过连接马的出场顺序会发现:比赛中谁先出马,出的是哪一级别的马很关键。齐威王先出上等马,田忌出下等马,齐威王先胜一局。先手的齐威王之后无论出下等马还是中等马,田忌都稳操胜券。在势均力敌的比赛中,了解对方的出马顺序成为制胜点,也可以说谁先出马,谁就可能先败下阵来。一张看似普通的"对阵图"其实是双方实力的较量,是后发制人的奇胜。导图呈现对阵出场的全过程,同时要学生思考:从这张图中你还发现了田忌取胜最关键的原因是什么? 充分了解对方马的出场顺序情况下做出合理布局,所以了解齐威王是怎样想的是关键。导图不仅是梳理人物思维的过程,还是促进学生与文本、人物深入思考对话的过程,它能激活学生的求异思维。

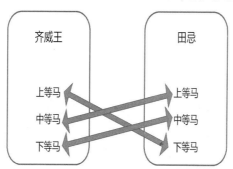

齐威王　　　　　　田忌

上等马　　　　　　上等马

中等马　　　　　　中等马

下等马　　　　　　下等马

　　《跳水》一文是列夫·托尔斯泰写的短篇小说,主要讲了水手们逗弄猴子,被惹恼的猴子去捉弄船长的儿子,船长的儿子为了追回被猴子抢走的帽子,爬上桅杆的顶端。在千钧一发之际,船长拿出枪逼迫孩子跳海,最后化险为夷。在危急关头,船长做出明智的抉择,与他的分析推理是分不开的。让学生明白船长的思维过程是本课教学的难点,教师可以利用思维导图比较分析事情可能发生的结果:孩子站在桅杆顶端横木上,随时都会发生危险,如果从桅杆上掉下来摔在甲板上,会有性命之忧;如果直接跳进大海,水手们可以入海营救能幸免于难。在权衡利弊后,船长做出了正确的选择。要梳理船长的思维过程,可以借助思维导图说清其思维推理过程,"复盘"船长在危急时刻做出选择的全过程,同时体会和感受船长沉着冷静的品质。因此,推理就是建立思维冲突与矛盾,在对比分析中寻找解决问题的办法。构建思维模式,其目的是形成良好的思维品质,促进学生思维的发展。

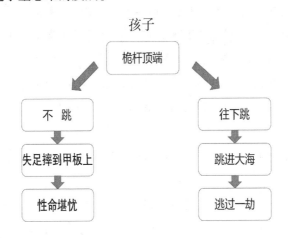

(八)表达

表达是将思维所得的成果用语言等方式反映出来的一种行为,是指向思维活动的最终形式。表达分为口语、书面两种形式。口语表达指的是日常的口语交际,书面表达指的是小练笔、习作等。《义务教育语文课程标准(2022年版)》提出,学生要"学会倾听与表达,初步学会用口头语言文明地进行人际沟通和社会交往"。统编教材针对口语交际进行分层级的训练:低年级从听、说两个方面提出训练要求,"说"注意说话语气能说清楚,"听"要听清楚别人说的话;中年级注重"说"的交际互动能力,在交流互动中表达想法,"听"要能听懂别人说的话;高年级关注"说"的表达能力,根据观点发表见解,"听"要能分辨别人说的观点。

年级	单元	交际内容	交际要求
一年级上	一	我说你做	1.大声说,让别人听得见。 2.注意听别人说话。
	三	我们做朋友	1.说话的时候,看着对方的眼睛。
	五	用多大的声音	1.有时候要大声说话。 2.有时候要小声说话。

续表

年级	单元	交际内容	交际要求
一年级下	一	听故事,讲故事	1.听故事的时候,可以借助图画记住故事内容。 2.讲故事的时候,声音要大一些,让别人听清楚。
	三	请你帮个忙	1.礼貌用语:请,请问,您,您好,谢谢,不客气。
	五	打电话	1.给别人打电话时,要先说自己是谁。 2.没听清时,可以请对方重复。
	七	一起做游戏	1.一边说,一边做动作,这样别人更容易明白。
二年级上	一	有趣的动物	1.熟悉要讲的内容。 2.对感兴趣或有疑问的地方有礼貌地提问。
	三	做手工	1.按照顺序说。 2.注意听,记住主要信息。
	五	商量	1.要用商量的语气。 2.把自己的想法说清楚。
	六	看图讲故事	1.按顺序讲清楚图意。 2.认真听,知道别人讲的是哪幅图的内容。
二年级下	一	注意说话的语气	1.说话的语气不要太生硬。 2.避免使用命令的语气。
	三	长大以后做什么	1.清楚地表达想法,简单说明理由。 2.对感兴趣的内容多问一问。
	五	图书借阅公约	1.主动发表意见。 2.一个人说完,另一个人再说。
	八	推荐一部动画片	1.注意说话的速度,让人听清楚。 2.认真听,了解别人讲的内容。
三年级上	一	我的暑假生活	1.选择别人可能感兴趣的内容讲。 2.借助图片或实物讲。
	四	名字里的故事	1.把了解到的信息讲清楚。 2.听别人讲话的时候,要礼貌地回应。
	七	身边的"小事"	1.清楚地表达自己的看法。 2.汇总小组意见时,尽可能反映每个人的想法。
	八	请教	1.有礼貌地向别人请教。 2.不清楚的地方及时追问。

续表

年级	单元	交际内容	交际要求
三年级下	一	春游去哪儿玩	1.说清楚想法和理由。 2.耐心听别人讲完,尽量不打断别人的话。
	二	该不该实行班干部轮流制	1.一边听一边思考,想想别人讲的是否有道理。 2.尊重不同的想法。
	七	劝告	1.注意说话的语气,不要用指责的口吻。 2.多从别人的角度着想,这样别人更容易接受。
	八	趣味故事会	1.运用合适的方法,把故事讲得更吸引人。 2.认真听别人讲故事,记住主要内容。
四年级上	一	我们与环境	1.判断别人的发言是否与话题有关。 2.围绕话题发表看法,不跑题。
	三	爱护眼睛,保护视力	1.小组讨论时,注意说话的音量,避免干扰其他小组。 2.不重复别人说过的话。如果想法接近,可以先表示认同,再继续补充。
	六	安慰	1.选择合适的方式进行安慰。 2.借助语调、手势等恰当地表达自己的情感。
	八	讲历史人物故事	1.用卡片提示讲述内容。 2.使用恰当的语气和肢体语言,可以让讲述更生动。
四年级下	一	转述	1.弄清要点,转述时不要遗漏主要信息。 2.注意人称的转换。
	二	说新闻	1.准确传达信息。 2.清楚、连贯地讲述。
	六	朋友相处的秘诀	1.根据讨论的目的,记录重要信息。 2.分类整理小组意见,有条理地汇报。
	七	自我介绍	1.对象和目的不同,介绍的内容有所不同。
五年级上	一	制定班级公约	1.发言时要控制时间。 2.讨论后做小节,既总结大家的共同意见,也说明不同意见。
	三	讲民间故事	1.讲故事的时候,可以适当丰富故事的细节。 2.讲故事的时候,可以配上相应的动作和表情。
	六	父母之爱	1.选择恰当的材料支持自己的观点。 2.尊重别人的观点,对别人的发言给予积极回应。
	八	我最喜欢的人物形象	1.分条讲述,把理由说清楚。 2.听别人说话能抓住重点。

续表

年级	单元	交际内容	交际要求
五年级下	一	走进他们的童年岁月	1. 认真倾听,交流时边听边记录。 2. 根据整理的记录有条理地表达。
	二	怎样表演课本剧	1. 主持讨论时,要引导每个人发表意见。 2. 尊重大家的共同决定。
	七	我是小小讲解员	1. 列提纲,按照一定的顺序讲述。 2. 根据听众的反应,对讲解的内容做调整。
	八	我们都来讲笑话	1. 避免不良的口语习惯。 2. 用心倾听,做一个好的听众。
六年级上	二	演讲	1. 语气、语调适当,姿态大方。 2. 利用停顿、重复或者辅以动作强调要点,增强表现力。
	四	请你支持我	1. 先说想法,再把具体的理由讲清楚。 2. 设想对方可能的反应,恰当应对。
	六	意见不同怎么办	1. 准确把握别人的观点,不歪曲,不断章取义。 2. 尊重不同意见,讨论问题时,态度要平和,以理服人。
	七	聊聊书法	1. 有条理地表达,如分点说明。 2. 对感兴趣的话题深入交谈。
六年级下	一	即兴发言	1. 提前打腹稿,想清楚先说什么,后说什么,重点说什么。 2. 注意说话的场合和对象。
	二	同读一本书	1. 引用原文说明观点,使观点更有说服力。 2. 分辨别人的观点是否有道理,讲的理由是否充分。
	五	辩论	1. 听出别人讲话中的矛盾和漏洞。 2. 抓住漏洞进行反驳,注意用语文明。

　　口语交际教学就是在教师的引领下,借助交际环境的创设以及交际活动的展开,学生伴随着听说过程,自觉分析语言材料,综合各类信息,重组表达内容,输出个性语言,有效应对,是不断提高口语交际能力的过程。[①] 口语交际是双向互动式动态语言表达,强调口语交际能力。交际过程中主要培养"倾听能力""言语表达能力""交际态度"[②],每一项能力根据学段不同,要求也不同。根据

---

① 王升.教学策略与教学艺术[M].北京:高等教育出版社,2007.
② 江玉安.小学语文课程与教学导论[M].长沙:湖南师范大学出版社,2018.

统编教材口语交际能力训练要求,口语交际可以分为介绍、讲述、交往、应对、表述、倾听等。

介绍是运用适当的语言和语调向他人说明情况,使得双方相识或发生联系。介绍是口语练习的最基本形式,是进行自我表达的一种方式。低年级学生要求能用一两句话向别人说清人、事、物;中年级学生要求能根据对象不同进行介绍,如自我介绍;高年级学生要求在生活情境中做好书籍推荐或是景点介绍,如推荐一本好书、做小小讲解员等。介绍就是要把相关事物说清楚、说明白,并能在现实生活中得以运用。

讲述指运用语言讲解、叙述。日常运用最广泛的就是讲述,如边做游戏边讲故事,能根据图片讲好一个故事,讲好身边的小事,会讲一个笑话,说一则新闻等。讲述的要求就是能用较准确的语言叙述相关事物,这些事物都是生活中经常见到的。随着年级提升,讲述的要求也会发生变化,从简单叙述到生动的讲解,以能引起他人的兴趣为目的。

语言的最大功能就是"交际",运用语言能实现人与人之间的交流与互动。而"交往"是你来我往的语言和思维交流,是建立良好人际关系的开始。低年级学生要实现与人交往,学会使用正确语言,如"请你帮个忙",恰当使用礼貌用语,为建立人际关系奠定基础;学打电话,学会与陌生人交流与对话,做到说得清楚,听得明白,正确表达自己的想法;商量则是站在双方的角度考虑,尤其要学习使用与他人商量的语气和口吻。中高年级学生则要学习建立良好的人际关系的方法,虚心向他人请教,注意请教的态度、语气;当双方意见不同的时候,要学会站在他人的角度考虑问题,经过双方商量达成共识。

应对是发生情况后采取措施和对策,它考量的是学生的反应能力、语言组织和运用能力。现实生活中经常遇到不文明现象如何去劝告,同学遇到伤心难过的事情如何去安慰,想得到同学的支持如何应对他们可能提出的问题等,这些日常发生的问题需要用适当的方法去处理解决。劝告他人要站在他人的角度去劝说,说清其中的危害和影响,让当事人乐于接受。安慰是产生同理心帮助他人,用适当的语言和手势动作安慰当事人,语气要缓慢平和。应对中最难的是辩论,双方持有对立观点进行现场辩论时,要善于从对方的观点和论据中发现破绽和矛盾加以反驳,以达到所持观点的说理充分,获得听众的支持。辩论具有现场感,辩手要在对方辩手论述观点的过程中积极组织语言加以反驳论述,较好地考量辩手的现场应对能力。

表述是指恰当地使用语言说明、述说,也是自我观点、见解的陈述。表述清楚,能正确发表自己的意见是口语交际训练的重点。利用学生关注的话题讨论发表自己的观点,贴近生活结合实际,有很好的指导意义。如,讨论"我们与环境""爱护眼睛,保护视力"等话题,学生能从所见、所闻、所感来陈述自己的想法与观点;讨论"该不该实行班干部轮流制""长大以后做什么""怎样表演课本剧"等问题,学生可从问题出发阐述自己的观点和想法,然后和同学交流获得较全面的建议和观点。即兴发言和演讲能检测学生的语言表达能力和水平,短时间内要完成观点陈述和论证,并且要获得他人的支持和认可。

倾听是口语交际中的一项重要能力。有人认为"听比说更重要",倾听是交际的基础。教学中,从低年级开始就明确提出,注意听别人说话,没有听清可以要求重复。听清别人说的话是交际的前提,双方在交际过程中只有听清对方说什么才可以进行正常交流。从听清到听懂是一个能力提升的过程,中年级要求学生学会耐心倾听,能听懂主要内容;高年级则要求学生能根据别人所说的内容做好记录,为交流做准备,还需要从别人提出观点和论述中做出判断与分析,表达自己的意见。倾听是一种能力,更是一种习惯的养成。

语文主要培养"听说读写"的能力,"写"是表达的最有效形式,能写、会写是提升语文能力的主要方法。统编教材重视写作,单元习作与习作单元相结合的形式强化了学生"写"的水平。此外,单元语文要素还需要着重落实阅读教学中的写法指导。从文体上看,单元语文要素关注记叙类和说理类文体。记叙类的叙述对象分为人、事、景、物,说理类主要是针对具体事例说明观点,着重落实写好一件事。训练"写"的能力,可以先要求学生围绕一个意思写,再运用详略方法把事情写清楚,最后指导学生掌握写好事情的方法。要将人物写得生动,要从细节入手刻画人物的形象和特点,体现人物品质;写景要学会寄情于景,从静态和动态两个方面来写景物变化之美;写物则可以从多角度来写,恰当地表达自己的情感。"写"的训练要一直贯穿于日常教学中,重视写法的指导能更好地提升学生的写作技巧,为写好习作奠定基础。

年级	单元	语文要素	对象
三年级下	三	了解课文是怎样围绕一个意思把一段话写清楚的。	写事
四年级上	五	了解作者是怎样把事情写清楚的。	
六年级上	一	分清内容的主次,体会作者是如何详写主要部分的。	
四年级下	七	从人物的语言、动作等描写中感受人物的品质。	写人
五年级下	四	通过课文中动作、语言、神态的描写,体会人物的内心。	
六年级下	四	关注外貌、神态、言行的描写,体会人物的品质。	
五年级上	六	体会作者描写的场景以及细节中蕴含的感情。	写景
	七	初步体会课文中的静态描写和动态描写。	
五年级下	七	体会静态描写和动态描写的表达效果。	
六年级上	二	了解文章是怎样点面结合写场面的。	
三年级下	七	了解课文是从哪几个方面把事物写清楚的。	写物
四年级下	一	初步了解借物抒情的方法。	
四年级下	四	体会作家是如何表达对动物的感情的。	
六年级下	五	体会文章是怎样用具体事例说明观点的。	说理

除了在阅读教学中落实写作方法指导和训练,单元习作也是学习表达的重要平台。从三年级开始,每个单元都有一次习作练习,分别从写景、记事、写人等方面进行训练,从写一个人物的特点到多角度描写人物,从围绕一句话写到围绕一个意思写,从观察一个事物的变化到用情感表达对事物的喜爱,从按一定顺序写清一件事到真情流露表达,写作方法渗透促进习作表达,学生在一次次练习中提高写的能力,培养良好的习作素养。

四、特殊单元解读

统编教材为了提高学生阅读能力与写作能力,安排了阅读策略单元与习作单元,这些单元被称为特殊单元。之所以"特殊",是因为这些单元改变了以往教材编排的特点,把阅读策略直接作为单元教学目标和教学重点,突显阅读策略对语文学习的重要意义和作用。因此,统编教材阅读策略单元重在指导学生运用相适应的策略完成阅读任务,提升阅读水平。依据学生认知能力,小学阶段主要涉及预测、提问、批注、有速度地阅读等阅读策略。

(一)预测

预测就是猜测,是一次有线索地猜。它是对文本主动前置的一次思维活动过程,即阅读前激活现有知识和经验,阅读时根据预测的线索提出预测内容,在阅读中不断修正。阅读教学中运用预测,可以采取阅读前"先猜再读",阅读中"边读边猜,边读边回",阅读后"读后推论"的思维方式。阅读前的"先猜再读"主要利用文本的标题、图画、作者等信息猜测可能写的内容。如,《总也倒不了的老屋》可从题目进行猜测——老屋可能年纪大了,不得不倒下,但是一定发生了意外让它不能倒下;可利用图画进行预测——小猫和蜘蛛的到来,看来是让老屋不能倒下的原因。又如,《小狗学叫》的作者是意大利作家贾尼•罗大里,从作者角度预测——罗大里是国际安徒生奖的获得者,他写的这个故事肯定会与众不同。"先猜再读"就是利用现有知识和经验与文本的一丝线索进行预测,激活阅读细胞,阅读者主动地与文本链接,保持探索文本的兴趣,形成阅读期待。

阅读中"边读边猜,边读边回"是指在阅读过程中对文本进行多角度猜测,一边猜测一边验证是否和猜测一致,不断修正自己的想法。此时的猜测应该站在文本角度,可以从人物之间的关系去猜测,可以从故事情节去预测,也可从作者的写作角度和手法去猜测,还可以从文本的主要内容去预测。读到"'好了,我到了倒下的时候了!'它自言自语着,准备往旁边倒去"时,读者猜测老屋自己是想倒下的,可是从"准备"这个词就可以猜到老屋可能倒不下去,这是从故事情节中发现隐藏线索,猜测故事发展的走向。同时,关注文本写法的特点也能为猜测做好准备。《总也倒不了的老屋》中反复提到老屋说的话:"再见!好了,我到了倒下的时候了!"在不同情境下重复人物语言,这是童话故事的特点,但在重复背后是推动故事情节发展的线索。《小狗学叫》中,不会叫的小狗向不同的小动物学习本领,按照童话故事写作规律来说,小狗可能一无所成甚至在学习过程中会遭遇各种困难,在不断克服的过程中小狗长大了,有一天它会叫了。这个预测是结合现有的知识经验推论出故事发展的整个过程。一边猜测一边读故事,验证故事的发展是否与预测一致,如果不同就修正调整,继续猜测,这就是"边读边回"的过程。

"读后推论"是在阅读完成后与之前的预测进行比照分析,再次将之前的预测推论经过文本阅读后进行修正。读《总也不倒的老屋》预测:老屋因为太老了想倒下,但是总有不得已的原因让它不能倒下。当故事读完,发现老屋第一次因为收留小猫,所以不能倒下;第二次是因为等待母鸡孵出小鸡,所以不能倒下;而最后一次竟然是小蜘蛛的故事吸引了老屋,他不舍得倒下。故事的结局与之前的预测是不同的,前两次老屋想倒下却不能倒下可以说是不得已,但是最后老屋不倒下是老屋被小蜘蛛吸引不想倒下,故事从老屋想倒下到不想倒下的转变是预测时没有想到的。读完就要把之前的预测进行修正:老屋因为太老了想倒下,开始是有不得已的原因让它不能倒下,最后是老屋改变了想法自己不想倒下。这样修正之后,我们发现童话故事创作过程中最重要的是故事的转折点让人意想不到,这就是读者与作者的距离,也是故事精彩之处。在这个过程中,学生经历了一次阅读的"头脑风暴",拓宽了思维路径,在读与思的交叉、融合中获得思维增长,语用能力得到提升。

统编教材三年级上册第四单元的语文要素是"预测",意在引导学生在阅读中运用学习支架,达到自主阅读的能力,成为一个独立而成熟的阅读者。本单元围绕"预测"编排了《总也倒不了的老屋》《胡萝卜先生的长胡子》《不会叫的狗》这三篇童话故事,编者从不同角度让学生掌握"预测"的基本方法。《总也倒不了的老屋》用旁批的方式示范了预测的过程,指导学生根据课文题目、图画、情节预测之后发生的故事或结局。《胡萝卜先生的长胡子》省略了结尾,学生既可以对故事进行多种猜测,也可以进行续写。本课旨在指导学生从文本的内容出发,找到预测的依据。《小狗学叫》呈现了三种不完整的结局,可以让学生根据自己的预测与原文比照:可以让学生进行预测验证,检测其合理性和多样性;还可以将原文的三个结局进行对比,感受童话故事不同结局的不同用意,体悟多元含义。"预测不仅是一种行之有效的阅读手段,也是一种基本的阅读能力。"①

（二）提问

提问是基于阅读者在阅读文本标题、内容时,针对不解、困惑之处提出可思考的问题。有人认为"提问比解决问题更重要"。为发展学生思维,语文课程标准要求学生"能对课文中不理解的地方提出疑问",再次强调提问的重要性。王国均也表示:"没有提问的学习,是不完整的学习;没有提问的阅读,是不完整的阅读。"统编教材把提问策略作为学生应该掌握的一种阅读方法进行专项学习。

---

① 汪潮.统编教材的"阅读策略单元"[M].福州:福建教育出版社,2020.

如何提问,提出哪些具有思考价值的问题需要在教学中渗透指导。四年级上册第二单元安排提问阅读策略,主要从敢于提出问题、从不同角度提问、筛选有价值的问题、尝试解决问题等方面入手,层层推进,形成阶梯式提问策略。

敢于提出问题是鼓励学生大胆质疑,敢于质疑。提问没有对错,只有提问角度和方式的不同。学习提问首先要敢于提问,教师可以指导学生运用常用的疑问词(什么、为什么、怎么样、是不是)开始提问。教师在教《一个豆荚里的五粒豆》时可以重点指导学生在阅读过程中运用疑问词提问:"豌豆怎样做才能不会变得僵硬?为什么豌豆开花像一个节日?最后一粒豌豆的命运怎样,它为小姑娘做了什么?"分小组梳理问题单,讨论交流,发现提问的不同角度。学习提问关键要掌握提问方法,从不同角度提问能够发散学生的思维,激活学生的思考能力。一般提问角度主要是从课文题目、内容、写法、启示、生活经验等方面。《夜间飞行的秘密》着重学习从多角度提问题,如从课文内容提问"夜间飞行与蝙蝠有怎样的关系",从写作方法提问"文章开头先写飞机夜航的场景,这样写有什么好处",联系生活实际提问"雷达在现实生活中有哪些作用"。多角度提问,能够引发学生从不同方面去思考,形成高阶思维能力。

学习多角度提问后要对问题进行筛选分类。敢于提问是激发质疑潜能,但不是所提出的问题都是有价值的。问题筛选就是指导学生提出有价值的问题的重要环节。问题筛选首先要列出问题清单,删减那些一望而知、重复的问题,然后进行问题分类:知识性问题,查阅相关资料即可获取;帮助理解型问题,指向文本重点语句、段落研读;引发思考型问题,将文本与实际关联,走向深入思考。以《呼风唤雨的世纪》为例,小组学习整理了一份问题清单。

《呼风唤雨的世纪》整理后的小组问题清单			
分类	知识型	理解型	思考型
问题	1."呼风唤雨"是什么意思? 2."发现"和"发明"意思有何区别?	1."忽如一夜春风来,千树万树梨花开"在文中是指什么? 2.人们利用了哪些技术让我们居住的星球变成"地球村"?	1.现代科学技术给我们带来的都是好处吗? 2.我们应该怎样利用现代科学技术?

善于提出问题更要善于解决问题。学生在阅读文本的基础上,借助学习单尝试多角度提问,自主筛选核心问题;教师指导学生从关键问题深入学习,最后解决问题,完成从质疑到释疑的整个学习过程。其中,提出问题的阅读策略发

挥了积极的作用,学生从无目的的提问到有方法、有角度的提问,再将问题分类筛选指向提问的深度与广度,在提问过程中掌握有价值、有意义的问题促进文本学习。如《蝴蝶的家》一文,可根据问题清单筛选有价值的问题,尝试解决问题。从文本内容提出问题一:蝴蝶有哪些特点? 答:蝴蝶身体轻盈,身上的彩粉素洁,柔弱无力。从写作方法提出问题二:作者用自问自答的形式来写寻找蝴蝶的家,这样写有什么好处? 答:作者运用设问这一修辞手法来写,紧紧抓住了读者的心,让读者跟随着作者一起去探寻蝴蝶的家,充满童真童趣。与现实生活关联提出问题三:蝴蝶的家到底在哪儿? 它是怎样躲避风雨的呢? 答:蝴蝶的家没有固定的场所,不飞行的时候将翅膀收拢,停留在植物、地面、墙面上休息。大雨的时候,蝴蝶容易受到雨水侵害,会选择就近的花朵、树叶,把翅膀紧贴在花叶的背面,防风防雨。提问策略指导如何提问并解决问题,循序渐进,螺旋式上升,策略指导在阅读教学中发挥重要的作用。提问是一种主动学习策略,是把学习权利交还给学生的一种学习方式。

(三)批注

批注是一种常用的阅读策略,是将阅读时产生的问题、阅读后的理解或感受写在文本空白处,帮助理解,促进思考。批注是思维的线索,引发阅读者对文本深入解读,是与文本、作者、阅读者自我的深度对话后,再将这种内隐对话用语言文字表达出来。批注,对于阅读者来说是一次自我认知与知识重构的过程,对于文本来说是鲜明特征的呈现,对于文本作者来说是超出作者本身的一种认知与解读。做批注就是写自我阅读的感受,是独立的、显性的自我表达,是尊重个体的独特感悟,也是阅读者亲历文本深入思考后的结果。

批注根据位置的不同,可以分为眉批、旁批、尾批。眉批是将批注写在文本的题头;旁批则是把批注写在词语、句子或段落旁边的空白处;尾批是将批注写在段落或全文的后面。为了批注,时常运用一些特定的符号,如:"△"标注在精当、优美的词语下方;"〇"画在不认识或不理解的词语下方;"?"是提出疑惑的地方;"﹏﹏"画出文中精辟和重要的语句;"___"标在文中需要着重理解和记忆的语句下方;"‖""/"划分段落和层次。用符号进行批注,醒目且有条理。

批注从方法和角度可分为感想式批注、质疑式批注、联想式批注、补充式批注、评价式批注、赏析语言批注。《义务教育语文课程标准(2011年版)》指出,阅读教学"要珍视学生独特的感受、体验和理解"。感想式批注是注重个体阅读感受,把对文本的理解、观点写下来。人们常说"大疑则大进,小疑则小进",质疑式批注指阅读者把阅读时产生的问题写下来,这些问题主要是针对文本重点和难点内容提出来的,具有思考价值和意义。此外,阅读者知识经验与文本内容不一致也会产生多种问题。"联想"是在一个事物基础上想到另一个真实的存在。联想式批注是阅读者在阅读过程中,文本相关内容引发对其他相关文本的链接,读者通过比较促进思考。补充式批注是读者顺着作者的思路,依着文本的写作方法,遵循作者的写作风格对文本内容进行延展和补充。评价式批注从文本内容、主旨、情感、写法、语言特点、人物塑造等方面较全面地进行分析,表达自己观点,具有个性化特点。赏析语言批注是针对文本的词语、句子及段落,以欣赏的角度去分析用法巧妙、构思表达精妙之处。

统编教材四年级上册第六单元语文要素提出:"学习用批注的方法阅读。"本单元编排三篇课文,学生可以从不同角度学习批注方法并加以运用。《牛和鹅》从多角度做了批注的范式。"事情真的是这样吗?"从文本内容中产生疑问,这是质疑式批注。"对牛和对鹅态度的对比真鲜明啊!""几个具体的动词,就把'我们'对鹅的恐惧写出来了。"对文本写作方法做出评价,这是评价式批注。"鹅之前多神气,现在多狼狈啊。"通过前后关联表达自己的感受,这就是感想式批注。《一只窝囊的大老虎》要求学生在不理解的地方做批注,先从课文题目入手做眉批:"老虎都是凶猛的,为什么成了一只窝囊的大老虎? 作者这么写有何用意?"文中读到"那个演哥哥的小朋友问我:'你会豁虎跳吗?'"旁批:"什么是'豁虎跳?'不会豁虎跳就不能扮演大老虎吗?"尾批:"作者最后有没有明白惹得大家哄堂大笑的原因呢? 作者这样写的好处是什么?"教师要指导学生从疑难处做批注,学习质疑式批注方法,同时防止学生做批注时流于形式、只做浅层思考,引导学生关注文中难点,产生怀疑,在不断质疑的过程中擦出思维火花,获得自我体验和感受。《陀螺》一文则是学习从体会比较深的地方做批注,运用感受式批注方法:"抽冰猌儿真是太有意思了,双方在较劲,一定要比出高下。""小陀螺最后战胜大陀螺是作者没想到的,通过这件事情,他明白了一个道理:看似普通的事物也许会有意想不到的能力和作用。"教师让学生阅读文本,把感受最深的部分写下来,可以逐步将思维引向深处,让学生在读与思的过程中产生思维交流与碰撞。学生要学会运用多角度、多方法进行批注,促进思维,拓宽思维广度。

（四）有速度阅读

有速度阅读是在一定时间内快速完成阅读任务,集中注意力,用眼用脑速读。快速阅读能打开临时记忆系统,大量获取阅读信息,提取有效信息,增强阅读理解。《义务教育语文课程标准(2022年版)》第三学段提出:"默读有一定的速度,默读一般读物每分钟不少于300字。"汪潮教授指出:"快速阅读大约每分钟500字左右。"统编教材按照课程标准的要求,在第三学段安排快速阅读的训练,专项训练的目的在于在有限的时间内提高阅读速度和质量。训练重点首先是改变读的方式。平时学生比较喜欢运用指读和有声读,这些读法耗时长,出现阅读障碍的时候影响阅读效果,遇到篇幅长的文章时会出现前后信息断层,导致对文本理解缺少整体性。加快阅读速度尽量摄取最大文字信息,不是一个字、一个词、一句话地读,而是对整句整段感知。快速阅读时要做到不出声,不指读,不辨读,集中眼力脑力扫读。其次是训练专注力。影响阅读速度的还有阅读者对阅读材料的专注度,要集中注意力,科学用眼和脑,建立阅读目标快速完成,其间不可三心二意,要心无旁骛,以免影响阅读速度和质量。快速阅读不仅要重速度还要重效率,在阅读过程中要捕捉阅读材料的关键信息,一读标题,二读首段和尾段,三读每段的句首,四读材料中反复出现的语段,其他内容可以扫读带过。

快速阅读训练是一个循序渐进的过程,当眼力和脑力能快速配合,就可以提升速度,达到高效阅读的效果。教学中常用的快速阅读方法主要是计时读、跳读、扫读、浏览。计时读是提高学生阅读速度的有效方法,旨在养成学生集中注意力、在有限时间内完成阅读的习惯。限时读从外部制约学生的阅读活动,提高阅读效率。限时读需要集中脑力和眼力,一般篇幅不宜过长,以免影响学生的阅读兴趣。

统编教材四年级上册第四单元《搭石》就可以采用限时阅读,全文600多字,按照快速阅读的要求是用一分多钟完成。限时阅读一定要方法前置,指导学生做到集中注意力不回读,这样才能有速度地完成阅读。在阅读过程中若遇到不懂的又不影响理解的,可跳读,还可以跳过文本无关紧要的内容,直接提取关键性内容。跳读时要关注重要信息,从阅读材料的标题关联到内容主旨,善于捕捉关键性词语进行选择性阅读,重视阅读材料的开头、结尾等。扫读是一目数行地大量获取阅读信息,不是传统意义上的一字一句地读,而是扩大视域一段一段、一页一页地扫视阅读。在扫读过程中要集中眼力扩大视域范围,用眼去扫视阅读材料。浏览不是细致地读,是大概地粗略地阅读,读标题、目录,读正文大致内容,了解基本信息,通过浏览形成对阅读材料的整体认识,选择重点部分去精读、赏读。

统编教材五年级上册第二单元以训练"有速度阅读"为语文要素,学习快速阅读的方法为阅读增力。《搭石》学习计时阅读;《将相和》学会连词成句读;《什么比猎豹的速度更快》学习借助关键语句有速度默读;《冀中的地道战》学会带着问题有速度地默读。每篇课文的教学侧重点不同,从第一篇课文到第四篇循序渐进,逐步提高阅读速度,达到有效阅读。有速度阅读除了训练学生在有限时间内完成阅读,更应该在阅读过程中注意方法的渗透指导,带着问题读,边读边想边概括,圈画关键词句重点读。学习《搭石》可以在计时基础上提出问题"什么是搭石",有目的地引导学生从文本中提取有效信息。《将相和》通过长文阅读训练学生阅读速度,让学生提炼概括三个故事标题。《什么比猎豹的速度更快》训练边有速度地阅读边圈画关键词句,了解文本写作特点。学习《冀中的地道战》则关注提出问题,如教师提问:"课文分别从哪几个方面来写地道战?"学生自主提问:"地道战有哪些特点? 作用是什么?"以此指导学生一遍又一遍在有限阅读时间内完成问题思考。

(五)有目的阅读

阅读是从语言文字中摄取信息,获得内心体验和感受的过程。阅读本身就是带有目的的,无目的阅读是低效的。正如胡适先生所说:"无目的读书是散步,而不是学习。"学习有目的阅读是提高语文素养的重要策略。首先,有目的阅读必须依从阅读者的视觉和角度,设定阅读目标进行有效阅读。每一个人都是独立的个体,在阅读作品时由于自身知识经验、内在品质不同,阅读目的和感受也不一样。其次,根据阅读目标选取合适的阅读材料。统编教材六年级上册《竹节人》提出一个阅读目标:写玩具制作指南,并教别人玩这种玩具。教师要指导学生选取文中第3—9自然段进行阅读。如果目标是讲一个有关老师的故事则是第20—29自然段。然后,选取好阅读材料后,要采用恰当的阅读策略。《竹节人》指导学生制作玩具,可以让学生画制作示意图;指导别人玩竹节人可以现场演示,也可以画成演示图,重在实践操作;讲一个关于老师的故事可以运用复述换角色形式,以学生视角讲述,也可以以老师身份讲述,还可以以第一人称的方式讲述。最后,阅读目的不同,阅读的效果也不同。非连续性文本阅读时主要是获取信息和资料,叙述类文体着重品析语言,体悟情感,分析人物品质等,说理性文体理清文本阐述的观点和例子。《竹节人》是一篇叙述类文体,指导学生有目的阅读,研读制作竹节人的方法,品析故事中的人物,交流人与物之间的情感,根据阅读兴趣选择文本相关段落解决提出的目标。

简言之,有目的阅读是在阅读目标下选择性阅读并解决阅读问题的过程。它是实现自我监控的过程,是小学阶段语文阅读方法综合运用的重要体现。有目的阅读的特征是目标明确,使用任务驱动法实现目标阅读。如《竹节人》就以任务单为目的完成阅读。

《竹节人》阅读任务单	
任务目标	从下面任务后的□中勾选自己想完成的选项。 1.写玩具制作指南,并教别人玩这种玩具。　　□ 2.体会传统玩具给人们带来的乐趣。　　□ 3.讲一个有关老师的故事。　　□
关注内容	快速阅读课文后,我发现完成任务(　　)需要阅读课文(　一　)自然段,运用(　　)方法读懂内容。
完成策略	1.我可以运用(　　)a.思维导图　b.表格　c.图文结合　d.复述　e.演示等方式完成任务目标(　　)。

这份阅读任务单遵从学生阅读兴趣,自主选择任务目标,指导学生从目的出发,采用选取重点段落细读、抓关键词、提取重要信息等方法进行有效阅读,依据任务目标选用适当的教学策略完成目标。

《宇宙生命之谜》则是建立在阅读兴趣的基础上,引导学生从问题出发思考如何把重要部分读懂。导读提出问题,学生可以运用批注对无关内容简单浏览,重要部分抓中心句、提炼关键词获取重要信息,做好总结。文本通过批注引导学生掌握有目的阅读方法,并指导学生运用方法进行文本练习。由此制作一份阅读练习单。

《宇宙生命之谜》阅读练习单
阅读练习:1.科学家是怎么判断其他星球有没有生命的?　□ 　　　　2.人类是否有可能移居火星?　　　　□　(勾选自己想完成的练习) 阅读方法:1.快速浏览课文,筛选出和任务相关的内容,在文中做好标记。 　　　　2.借助文中旁批快速了解和任务相关联的信息。

续表

关键信息:1.
2.
3.
……

　　《故宫博物院》是非连续性文本,由四篇阅读材料组成,教师可建立知识信息链为任务驱动提供素材,在教学中着重指导学生独立完成阅读任务,可根据阅读材料制定两项任务单。

《故宫博物院》阅读任务单	
阅读 任务	从下面任务后的□中勾选自己想完成的选项。 1. 为家人计划故宫一日游,画一张故宫参观路线图。□ 2. 选择一两个景点,游故宫的时候为家人做讲解。□
提取关 键信息	材料一: 材料二: 材料三: 材料四:
成果 展示	

《故宫一日游》出行单

早餐时间	
出行方式	
游览路线	
中餐时间	
游览路线	
结束时间	

《故宫一日游》路线图

神武门

乾清门

太和门

我是小导游

　　爸爸妈妈,我们现在看到的这座金碧辉煌的大殿叫太和殿,也称金銮殿。它是举行重大典礼的地方,皇帝即位、生日、婚礼和元旦等重大活动时,呈帝都在这里接受文武百官的朝贺。大殿几经重修,现在看到的是康熙三十四年(1695)重建的。它高28米,面积2380多平方米,是故宫最大的殿堂。

　　在湛蓝的天空下,那金黄色的琉璃瓦重檐屋顶,显得格外辉煌。殿檐斗拱、额枋、梁柱,装饰着青蓝点金和贴金彩画。正面是12根红色大圆柱,金琐窗,朱漆门,同台基相互衬映,色彩鲜明,雄伟壮丽。大殿正中是一个约两米高的朱漆方台,上面安放着金漆雕龙宝座,背后是雕龙屏。方台两旁有六根高大的蟠龙金柱,每根大柱上盘绕着矫健的金龙。仰望殿顶,中央藻井有一条巨大的雕金蟠龙。从龙口里垂下一颗银白色大圆珠,周围环绕着六颗小珠,龙头、宝珠正对着下面的宝座。梁枋间彩画绚丽,有双龙戏珠、单龙翔舞,有行龙、升龙、降龙,多态多姿,龙身周围还衬托着流云火焰。

任务驱动指导阅读,把阅读与现实生活联系起来,拓展延伸增强阅读功能。有目的阅读能够不断强化学生对阅读的兴趣,指向阅读的功能与作用,让学生品尝阅读成果,不断激发学生的阅读兴趣,养成终身阅读的习惯。

(六)习作单元

习作单元是特殊单元,是统编教材的一大亮点。统编教材"改变传统的完全以阅读为中心的编排体系,在重视培养阅读理解能力的同时,引导语文教学更加关注表达,改变多年来语文教学重阅读轻习作的状况"①。习作单元编排确定了习作单元的价值取向,重构了阅读与表达之间的关系,突破了习作教学多年的困境,明确了习作方法指导作用和意义。习作单元从习作主题出发,编排相关联的文本落实习作要素,从文本学习中获取写作方法并加以实践运用。整个过程以阅读和写作并重的关系而存在,学生在阅读中习得写作方法,在方法习得中提升阅读能力。

年级	习作主题	人文主题	语文要素	习作方法
三年级	我们眼中的缤纷世界(写物)	生活中不缺少美,只是缺少发现美的眼睛。——[法国]罗丹	1.体会作者是怎样留心观察周围事物的。2.仔细观察,把观察所得写下来。	1.学习"五官观察法",表达感受。2.注重事物之变,写出变化过程。
	奇妙的想象(想象)	想象力比知识更重要。——[美国]爱因斯坦	1.走进想象的世界,感受想象的神奇。2.发挥想象写故事,创造自己的想象世界。	1.童话想象,创造现实中不存在的事物和景象,及奇幻经历。2.尝试运用"反着想",想象世界的奇妙。
四年级	生活万花筒(写事)	我手写我心,彩笔绘生活。	1.了解作者是怎样把事情写清楚的。2.写一件事,把事情写清楚。	1.按事情的起因、经过、结果来写。2.按事情发生的时间顺序来写。
	游_____(写景)	妙笔写美景,巧手著奇观。	1.了解课文按一定顺序写景物的方法。2.学习按游览的顺序写景物。	1.画游览路线图,按顺序写,重点写吸引人的景物。2.抓住景物变化,写出动态之美。3.学会使用过渡句。

---

① 陈先云.课程观引领下统编小学语文教科书能力体系的构建[J]课程·教材·教法,2019(3):78-87.

续表

年级	习作主题	人文主题	语文要素	习作方法
五年级	介绍一种事物（应用文）	说明文以"说明白了"为成功。——叶圣陶	1.阅读简单的说明性文章，了解基本的说明方法。2.搜集资料，用恰当的说明方法，把某一种事物介绍清楚。	1.多方面介绍事物，说清楚事物的主要特点，并用上恰当的说明方法。2.语言选择平实型，也可运用活泼型。
五年级	形形色色的人（写人）	字里行间众生相，大千世界你我他。	1.学习描写人物的基本方法。2.初步运用描写人物的基本方法，具体地表现一个人的特点。	1.选取典型事例，运用多种方法描写表现人物特点。2.运用侧面描写表现人物特点。
六年级	围绕中心意思写（构思）	以立意为宗，不以能文为本。——［梁］萧统	1.体会文章是怎样围绕中心意思来写的。2.从不同方面或选取不同事例，表达中心意思。	1.从不同方面或选取不同事例围绕中心意思写。2.列好提纲，重点部分要详写。
六年级	让真情自然流露（表达）	让真情在笔尖流露。	1.体会文章是怎样表达情感的。2.选择合适的内容写出真情实感。	1.直接抒情打动读者。2.融情于景、物、人、事中，抒发情感。

习作单元编排相对固定，一般采用"2＋2""初试身手＋习作"的形式。"2＋2"指两篇精读加两篇例文。两篇精读是指向"写作"的阅读，与习作主题紧密联系，着重于习作知识和表达方法的学习。两篇例文则是为了巩固本单元习作知识，运用批注指导学生学习作者写作思路，把静态学习变为动态操作。"初试身手"与学生生活关联，让学生把语言转化为写的能力，通过片段练习反复实践，最终在习作表达中实现方法的灵活运用。习作单元将阅读与习作结合，实现了真正的"读写结合"，全面提高习作的表达能力。

习作单元改变了传统单一的习作教学模式。传统习作教学是建立在阅读教学基础上的习作指导，学生先读后写，在充分阅读的基础上进行习作练习。而习作单元紧紧围绕习作主题进行阅读与习作有机结合的教学模式：优化阅读策略，提高阅读能力；丰富写作知识，搭建习作平台，建立阅读与习作相生相融的关系。三年级上册第五单元习作训练"我眼中的缤纷世界"旨在指导学生掌握观察事物的方法并在习作中加以运用。便于观察的生活中常见的事物主要是动物和植物，单元在选文的时候就从这两种事物中选取相应的文本，一是学习观察动物的方法，另一个是学习观察植物的方法，对象不同，观察的重点也就不同。《搭船的鸟》重点学习观察翠鸟羽毛色彩变化和捕鱼动作变化的方法，《金色的草地》则重点观察蒲公英在不同的时间发生的形状和色彩的变化。学生之间可交流小结两种事物的观察方法，重点在于观察事物的外形特点和变化特征，把两种观察方法运用到练笔环节。例文学习则是把两种事物观察方法通过批注的形式让学生明确实际运用的意义，习作教学用"五官观察法"来观察印象最深的事物和场景，着重写出事物和场景的变化。

习作单元将写作知识明晰化。习作"要不要教"写作知识，"怎么教"写作知识一直困扰习作教学。习作单元很好地解决了这个问题。首先在单元导读就明确单元的写作知识，两篇精读课文渗透相关的写作要点，以交流平台提炼写作知识要点，将写作知识明晰化。"习作例文"以批注的方式将写作知识功能化，突显在一定语言环境中写作知识发挥的作用。"习作"中，学生可以将所学的写作知识作为写作的支架。三年级下册习作训练"奇妙的想象"是在本学段大量学习了童话故事的基础上，让学生发挥想象进行写的训练与提升。《宇宙的另一边》指导学习"反着想"，打破固有的顺向思维，训练逆向思维的想象，不仅拓宽思维空间，还让学生体会想象奇妙的特点。《我变成了一棵树》着重关注"我"与事物的联系，把"成为事物"作为想象方法，让读者自由、无拘无束地发挥想象，经历一次又一次跌宕起伏的奇妙之旅。利用交流平台小结提炼两种想象方法，例文《一支铅笔的梦想》《尾巴它有一只猫》将两种想象方法再次运用，引导学生"多角度追问"，形成自己的写作思路。"初试身手"为想象的起航找准方向，学生通过片段训练打好写作框架。习作"奇妙的想象"以新奇的题目"躲在草丛里的星星""假如人类可以冬眠""手罢工啦"等激活学生想象思维，列出想写的内容，运用"反着想""成为事物"等方法来写想象故事。

习作单元延长习作教学周期。传统教材单册习作教学只有八次，每一次间隔的时间至少在两周以上。习作单元作为专项学习单元，需要至少两周以上的学习，突出习作教学在语文教学中的比重，用学习时间打破"重阅读，轻写作"的现象。专项习作教学也推动习作教学序列化、层级化发展，弥补习作教学不足，着重在写人、记事、描景、想象、应用文等方面专项训练，要求叙述条理清楚、方法适当,能恰当表达自己情感。从三年级到六年级的习作单元,其目的在于指导学生写好人、事、景、物,注重写作能力螺旋式上升,引导学生了解"情以物迁,辞以情发",增强写作意愿,实现"写作自由"。

综上所述,试讲前需要不断深入文本,运用多种策略解读文本,掌握文本解读的密钥,方可完成文本教学的设计。对于试讲者来说,文本解读和语文要素应用适当的方法与大量的实践验证才能有所突破、有所成效。

第四章 试讲与教学设计

教学设计是依据课程标准要求和教学对象的特点,对教学相关环节进行有序安排,确定适当的教学预设方案。它主要包括教学目标、教学重难点、教学过程、板书设计等。教学设计与试讲有着密不可分的关系,完成一份好的教学设计是试讲的前提,为试讲增加亮点与新意。试讲主要以考核或比赛的形式出现,所以有时间的限定。面试者要在有限的时间内完成一份质量较高的教学设计,需要反复地打磨,更需要在平时有所积累。试讲前的教学设计主要从以下几个方面入手:

一、设定教学目标

教学目标是确定教学方向、完成教学任务的具体要求。教学中,明确教学目标是重点,是确定"教什么"的重要问题。教学目标设定一般从年段目标、单元目标、课时目标三个方面去考量。前两个目标前文已经做了具体阐释,现在主要针对课时目标进行说明。传统课时目标的制定主要依据"三维目标":知识与能力是教与学的内核,是教学的起点也是归宿;过程与方法是教学的操作系统,是在知识与能力获得基础上的体验和方法的选择;情感态度与价值观是教学的动力系统,是在知识与能力、过程与方法目标的基础上对教学目标的深度延展。课堂教学时做到多维目标整合,才能有效发挥教学目标的作用。如《富饶的西沙群岛》教学目标为:1. 认识"富、饶"等生字并能正确书写,能理解"五光十色、瑰丽无比"等词语;2. 正确、流利地朗读课文,了解西沙群岛的特点;3. 根据思维导图选择喜欢的部分介绍西沙群岛。第一个目标主要完成年段目标要求,识字写字教学仍是中年级的教学重点,夯实语言基础。第二个目标是在基础知识习得后运用方法梳理课文重点,掌握课文行文特点,为之后续写奠定基础。第三个目标是针对之前两项目标达成后,能力训练的拓展及情感态度的升华。目标的设定层层递进,螺旋式上升,但所有目标的达成都必须建立在学情之上,了解学情成为目标设定的首要任务。如何了解学情呢? 这对于有经验的教师来说不是难事,但新教师就犯难了。我们可以从新课程标准入手,研读年段目标,从这些目标中明确前一个年段的目标要求就是该年段的基本学情。举例来说,三年级学生的目标达成就是四年级学生的基本学情。基于学情了解,从"三维"角度设定教学目标也就不是难点了。如《穷人》一文是高年级精读课文,基于学情了解,该年段的学生已经掌握了多种理解词语的方法,本课教学继续强化训练理解词语的多种方法。设定的第一个目标是正确书写"魁梧、倒霉",理解"汹涌澎湃、忐忑不安"等词语。阅读教学时针对高年级学生提出具体要求:学习抓重点段落,用品析词句法理解课文。第二目标是品读课文重点段落,体会桑娜的内心活动,感受人物特点。高年级学生需具备体会作品思想感情的能力,从作品出发,结合自身的知识与经验,丰富自己情感体验,增强感受。第三个目标是续写故事,体会人物的命运。

统编教材落地实施后,针对阅读教学的目标提出三个原则:一是体现本单元的重点目标,落实单元语文要素;二是体现本课特点的个性化学习目标,基于文本的特殊性,挖掘有教学价值的学习内容;三是落实学段常规目标,完成本学段每篇课文都要完成的基本任务。三项目标分别从单元目标、个性目标、学段目标入手,关注单元语文要素,重视文体教学,落实常规目标,教学目标指向性和操作性更强,能较好地解决"教什么"的问题,让教师在教学过程中准确把握教学目标与方向。

统编教材四年级上册第四单元的主题是"创世神话",充满神奇与幻想。单元语文要素是:了解故事的起因、经过、结果,学习把握文章的主要内容;感受神话中神奇的想象和鲜明的人物形象;展开想象,写一个故事。《盘古开天地》是本单元第一篇课文,为落实单元语文要素设定的一个目标是根据思维导图复述盘古开天地过程。结合中年级要求,掌握多种概括文章主要内容的方法是训练重点,学习运用"起因、经过、结果"方式概括课文主要内容是另一个教学目标。这篇课文是一篇神话故事,具有神奇的特点,品读相关语句感受盘古的神奇之处是又一个教学目标。这篇课文是精读课文,分为两个课时:第一课时先要完成字词教学目标,再学习概括课文主要内容的方法,感受故事神奇的特点;第二课时重点放在根据思维导图复述盘古开天地过程上,感受盘古的伟大形象。

统编教材五年级上册第七单元的主题是体现"四季变化",单元语文要素是"初步体会课文中的静态描写和动态描写;学习描写景物的变化"。其中《月迹》一文是本单元中一篇略读课文,它所承担的任务是:在本课教学时,学生能自觉运用前面三篇课文所学的"静态描写和动态描写",为"写"做基础。由此可知,其中一个重要的教学目标是默读描写月亮动态和静态的语句,体会变化之美。要结合本文设定个性化目标,可以从文体考虑。《月迹》是贾平凹先生写的一篇回忆性散文,语言丰富有特点,充满童年趣味。学习积累丰富语言可以成为其中一个目标。常规性目标主要遵循年段要求和略读课文"略其所略,重其所重"的特点,继续训练学生有速度阅读亦可成为一个教学目标。

二、确立教学重难点

"教学重点"指的是在学科或教材中学生必须掌握的知识和能力。"教学难点"指的是学生难以理解和掌握的知识内容,需要在教师引导下学习而获得的;还可以是学生容易出错或混淆的知识内容。教学重难点是基于教学目标提炼出来的,是对教学目标达成的深度学习。教学中最忌讳的是对教材所有内容面面俱到,或是浅尝辄止地教学,而应研读教材,分清主次,明确教学中心,并与其相关内容紧密联系起来。教学过程紧紧围绕教学重点展开,为突破重点需要运用适当的教学方法,如情境创设、品读分析、图示教学、比较探究、任务驱动等。

1. 情境创设法

情境创设法是依据学生已有的知识经验,结合教学重难点,创设出适合学生理解运用的一种教学方法。情境创设是引导学生产生相关情感体验,自主参与课堂教学活动,获得知识与能力的教学活动。情境创设从文本出发,创设适切的场景激发学生学习兴趣,培养学生思维,常用的方法是游戏、故事、表演、与实际生活联系等。

游戏情境适合低年级教学,组织学生在游戏中获取知识,产生对学习的兴趣。例如一年级上册《画》,识字教学是重点,可以通过三组反义词"远""近","有""无","来""去"提高识字能力。在教学时设计"魔方转转"的游戏,把这三组反义词通过魔方的变化来激发学生识字的兴趣,提高识字水平。学生在游戏情境中主动识字,在言语表达中理解"远、近、来、去、有、无"的方位和动作变化。依据学生的年龄特点,设计合适的游戏教学利于教学效果提升。

故事情境是教学中最常用也是最受欢迎的创设情境的方法。教师以故事形式把知识趣味化、生动化,遵循学生对知识的理解和运用的规律,使其有效记忆,效果显著。一年级教师在教学整体认读音节时,发现对于"ye、yue、yuan、yin、yun、ying",学生总是记不清楚。于是,一位教师把六个整体认读音节运用谐音编成一句话"夜月圆,隐云影",带着孩子们一起讲故事展开想象:夜晚,一轮玉盘似的圆月挂在天空。突然,天边飘过来几朵乌云,把月亮给遮住了,原来是云朵姐姐在和月亮妹妹玩捉迷藏的游戏呢。故事让孩子们记住了"夜月圆,隐云影",以后在用的时候,只要一想起这个"云朵姐姐和月亮妹妹捉迷藏"的故事,孩子们就能回忆起这几个音节了。

角色情境就是指角色扮演,它来源于文学艺术作品表演。在教师的指导下,学生扮演文本中的人物,体验人物性格特点,增强对文本理解。三年级上册《在牛肚子里旅行》青头营救红头是教学重点,教学时可以引导学生默读相关段落,画出青头救红头的语句,绘制营救路线图并交流感受;再根据课文内容,让同桌分角色演一演青头营救红头的过程,其间教师要指导学生抓住语言、动作、神态,体会人物的特点。创设情境进行角色扮演适用于童话、民间故事、寓言、神话故事、小说等文体的教学,可以拉近学生与文本人物之间的关系,能充分感受人物情感变化和性格特点。

生活情境是将学生已有的生活经验与文本的内容相关联,引发学生学习的动机,打开学习思路,增强对文本内容的理解。联系生活展现情境,是尊重学生体验感受,能够强化学生与文本之间的密切关系,有效促进文本的深层理解与运用。如教学三年级上《海滨小城》中海滨美景片段(1—3自然段):

师:我们先来欣赏海滨美景图画。如果你是摄影师要拍一段视频,来到海滨会拍下哪些喜欢的美景片段呢?把文中找到的美景画出来,好好读一读,交流你的感受。

生:"天是蓝的,海也是蓝的。"写出了海天一色。

生:"早晨,机帆船、军舰、海鸥、云朵,都被朝阳镀上了一层金黄色。"写了清晨海滨的美丽。

……………

师:读了这些美景你有什么发现?

生:按照从远到近的顺序来写,写出了景物丰富的色彩。

师:海滨的景色真美,请把你最想拍摄的美景写一段话,可以借用文中的词句。

生:清晨,大海是最美的。机帆船、军舰、海鸥、云朵,都被朝阳镀上了一层金黄色。

…………

语言情境是教师根据文本内容,运用语言描绘出的特定情境,学生在这样的情境中去反复体验文本内容,增强理解运用。五年级上册《搭石》一文要求品读语句:"假如遇上老人来走搭石,年轻人总要俯下身子背老人过去,人们把这看成理所当然的事。"为了让学生更好地理解这句话的意思,理解"哪些是理所当然的事情",教师可以这样引导:来走搭石的还会有哪些人? 有抱着孩子的妇女,刚放学回家的孩子,挑着担的老人……可以设计这样一个句式:"假如遇上抱着孩子的妇女来走搭石,年轻人_____,人们把这看成理所当然的事。假如遇上刚放学回家的孩子来走搭石,年轻人_____,人们把这看成理所当然的事。假如遇上挑着担的老人来走搭石,年轻人_____,人们把这看成理所当然的事。"这样,学生就能在语言情境中感受到乡民们淳朴善良的民风,理解"理所当然的事"其中蕴含的深意。

2. 品读分析法

朱熹说过:"读书譬如饮食,从容咀嚼,其味必长;大嚼大咽,终不知其味也。"语文学习在于细读,细嚼慢咽后,方能品出其中的味道。品读分析对文本学习尤为重要,教师可抓文本重点语段反复研读,品析语句蕴含的意思和情感。品读分析首先从诵读开始,"读书百遍,其义自见",语言的学习重在读,在反复诵读的基础上获得情感体验。此外,语言在语音、节奏和韵律上具有丰富的美感,声音的抑扬顿挫、起伏变化表现了对文本的体悟,诵读是走进文本的重要策略。朱自清先生的《匆匆》一文,字里行间透出了旋律感和节奏感,读起来朗朗上口。如开篇写道:"燕子去了,有再来的时候;杨柳枯了,有再青的时候;桃花谢了,有再开的时候。"这组排比句错落有致,富有节奏感,而且选择的事物"燕子""杨柳""桃花"都是轻盈美好的,加上句子短促,我们读起来会有一种大珠小珠落玉盘的感受。

品读分析要从语言文字入手,扣住词语将句子读"细"。三年级上册《卖火柴的小女孩》一文中,作者写道:"这一整天,谁也没买过她一根火柴,谁也没给过她一个硬币。"一个"谁"字道出了在这寒冷的大年夜里,没有一个人施舍过、同情过这个可怜的小女孩。她的羸弱、无助,丝毫唤不醒冷漠的世人。再读

"谁"字,就能强烈地感受到原来这寒冷不仅是从头到脚的冷,还是从外到内,从身体到内心的冷。学生只有沉入文本细细体悟,方能品出字里行间包孕的丰富情味与理趣。

品读分析要注重文本结构。一篇好文章,脉络清晰且结构完整。教师在细读文本的过程中要注重分析文本结构,依据文本提出针对性问题,捕捉重要情节,找准某个句子或词语作为切入点辐射全文,然后将文本梳理整合成几个部分,转化为课堂教学结构,使课堂教学变得层次清晰、疏密有致。教学三年级上册《美丽的小兴安岭》时,理清文本写作顺序——以季节为序,分析文本"总分总"的结构特点,紧扣文本中心句"小兴安岭一年四季景色诱人,是一座美丽的大花园,也是一座巨大的宝库",从文本出发着重抓住"小兴安岭是一座美丽的大花园和巨大的宝库"这一特点进行教学。

3. 图示教学法

图示教学法也叫"图文示意法",是通过简要的符号、精简的文字,构成特有的图文式样,将思维的过程用可视的图文呈现出来。图示教学能够把抽象的思维具象化,突破教学重难点,帮助学生有效学习。在教学中,我们可以设计多种形式的图示,如流程图、鱼骨图、逻辑关系图、线索图、阶梯图等,将思考的路径和方法用图示的形式呈现。这种呈现的方式将抽象思维转为可视化,使思考清晰、准确、高效。可视化学习方式让学生在学习路径中运用学习支架,引导学生显露深层思维、外显学习方式,利于组织语言、表达语言,从而体现能力训练的梯度,使学习呈螺旋上升式发展,从而找到思维的生长点。三年级上册《手术台就是阵地》是一篇略读课文,梳理课文主要内容是教学重点,可运用鱼骨图理清事情的起因、经过、结果,体现人物的鲜明特点。图示教学法以双线并行推动故事发展,驱动学生思维力,使其感知课文主要内容,提升提炼概括、筛选和整合重要信息的阅读能力。

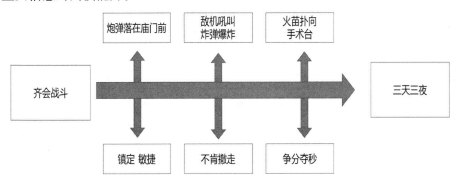

四年级下册《记金华的双龙洞》是一篇典型的游览性课文。教师可指导学生根据游览顺序画出线索图，与作者游览的过程同步，与文本语言进行交流，打开深入理解文本的路径。在教学"孔隙"时，为使学生感受孔隙狭小，理解作者是从哪几个方面写的，教师可指导学生运用分层图来厘清内容。

五年级上册《松鼠》是一篇有特点的说明文，语言轻松活泼，用叙述的方式介绍了松鼠的特点。运用流程图帮助学生梳理松鼠的特点，学生能根据图示清楚地介绍，能够提高学生表达能力，促进学生对文本理解。

五年级下册《童年的发现》一文，课前导读中提出："人为什么会在梦中飞行？人究竟是从哪里来的？为了弄清楚这些问题，'我'经历了怎样的探究过程？结果怎样？"这是教学重点也是难点。教材引导学生从问题出发来思考作者"童年发现"的过程，问题的导向作用是明显的。要让学生从繁复的问题有所认识和体会是有一定难度的，这些问题重叠交叉，根据学生现有认知水平需要借助图示，让复杂的思维可视化，降低学习难度，达到自主学习的效果。

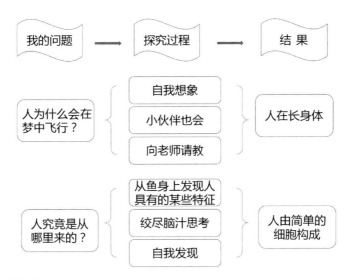

4. 比较探究法

比较探究是把文本中存在差异的语段或文章放在一起比较异同。为突破教学难点,常用的是句段与句段比较、原文比较、写作手法比较、主题情感比较等。句与句的比较,通常是文本中重点的、较难理解的语句。通过比较,学生能够较容易地发现句子与句子之间的差异,在比较辨析中发现原句的好处。如将课文《匆匆》中"在默默里算着,八千多日子已经从我手中溜去,像针尖上一滴水滴在大海里,我的日子滴在时间的流里,没有声音,也没有影子"一句与"在默默里算着,二十多年已经从我手中溜去,像针尖上一滴水滴在大海里,我的日子滴在时间的流里,没有声音,也没有影子"做比较,学生发现"八千多日子"与"二十多年"表述的时间是一样的,但"八千多日子"用大数字表述更能体现时间飞逝,与滴落在"时间的流里"形成巨大反差,令人感叹时间无情流逝。抓住关键词进行句子比较,是理解句意一种方法。原文比较和写法比较在前面章节已经阐述,在此不做具体分析。

5. 任务驱动法

任务驱动是指教师创设问题情境或者任务学习背景,驱动学生积极探究的过程。任务驱动是教师基于学情的了解,立足文本内涵设计的学习任务,意在培养学生主动学习能力和探究能力。五年级下册第七单元的《金字塔》是一篇略读课文,这篇课文是由《金字塔夕照》《不可思议的金字塔》组成,两篇短文文体不同,一篇是叙述性文体,一篇是非连续性文本。教学本课时,教师可结合本单元语文要素"体会静态描写和动态描写的表达效果;搜集资料,介绍一个地方"引导学生去发现介绍同一事物的不同方法、不同表达效果,也可设计学习任务:"两篇短文用了不同方式来写金字塔,体现了它哪些特点? 如果让你来介绍,你会选择哪种方式,为什么?"问题引发思考,激发学生学习兴趣,探究问题成因,突破教学重难点,获得较好的学习体验。

三、关注教学过程

教学过程是师生依据教学目标共同完成教与学的阶段。教学过程一般分为六个环节:引发求知欲,初步感知文本,深入理解文本,巩固知识,运用知识,检测知识、技能。薛法根老师倡导根据课型不同设计板块式教学,每一个板块相对独立又相互关联。运用板块教学既注重文本自身特性,也勾连文本之间的联系。无论是哪一种课型、哪一个课时,教学过程主要按以下板块进行教学。

1. 导课入题

有人说导课是一门艺术,是教师表达思想、传递情感、传授知识、培养学生语文能力的重要策略。好的导入能激发学生学习兴趣,激活学生的思维。导课因学段不同、课型不同、文体不同、目标不同,要选取适切的形式。无论哪种形式都需要遵循可控性、一致性、简洁性、激趣性、启发性等原则。可控性是指开课之初,教师基于学情了解,运用导语诱发学生情感、兴趣、注意力、思维等"控制"学生进入学习心理状态,预设一种与课堂教学相一致的教学氛围,引导学生快速进入学习。一致性要求教师在设计导入时要围绕教学目标,以完成教学任务为首要任务,与目标不一致的导课形式即使新颖独特也不可用。导课要重视与文本内容、情感、语言风格的适切,达到相得益彰的效果。简洁性要求教师导入语不能过长,三五句为宜,整个导课环节不宜超出五分钟。教师要用精练的语言为教学内容展开做好铺垫。激趣性以学生学习兴趣为出发点,结合学生年龄特点、认知水平,运用适当的方法引发学生学习动力。启发性是指要遵循"不愤不启,不悱不发"的教学原则,启发学生思维,引导学生深入学习。

遵循导课原则,设计导入方式。教师要关注与文本内容相关的,能激发学生学习的兴趣。教学中,常见的有游戏导入、多媒体导入、谜语导入、情境导入、回顾旧知导入、设置悬念导入、质疑问难导入等。导课形式多种多样,可以分为直接导入、间接导入。直接导入针对课题、作者、课文内容、文章主旨等,直接揭示授课内容,目的明确,简洁明了。间接导入与旧知相关联,用问题切入或创设情境导入,关注文本内容,围绕教学目标,引发学生兴趣,激活学生思维。

直接导入就是开门见山,三言两语切入主题,预设时可以从介绍作者入手。统编教材编排了不少名家作品,开课前让学生了解作者,有利于文本学习。四年级下册《短诗三首》选自冰心先生代表作诗集《繁星》,学生对现代诗学习有距离,对于名家作品也是陌生的。为了解决这些问题,教师可出示作者图片设计导入:冰心先生是我国著名儿童文学家、诗人。她热爱生活,热爱大自然,读她的诗你一定会有收获的。简洁的语言指向文本学习,有效的导课为教学赢得时间。预设可以从写作背景入手,读懂一篇作品,一定要了解这部作品写作的背景。导课可以从写作背景入手。六年级下册《匆匆》是朱自清先生写的一篇散文,感叹时间流逝和无限惋惜之情。体会这种情感是教学难点,教师要为学生阅读理解做好铺垫。开课从作者写作的时代背景入手:1922年,24岁的朱自清先生北大毕业,已发表多部作品,是一个有才学的青年,为何会对时间匆匆发出感叹呢?突出文本背后的学习,为文本深入学习提供支撑。预设可以从释题开始,题目是文章的眼睛,解读课题是文本理解的第一步。王崧舟老师在教《圆明园的毁灭》时就是从课文题目入手:同学们请举起你写字的手,我们一起来写课文题目。这里的"圆"是圆满无缺的"圆","明"是光明普照的"明","园"是皇家园林的"园"。一座圆满无缺的皇家园林,一座光明普照的皇家园林,它的名字就叫——圆明园。就是这样一座圆满无缺的皇家园林,一座光明普照的皇家园林在1860年却被两个强盗放的一把大火给毁灭了。这一导课方式关注一个字一个词的解释,让学生较好地体悟文本的情感,为难点学习埋下伏笔。预设可以从文本中人物入手,童话、民间故事、神话故事、小说等人物特点鲜活,能较好地吸引学生。三年级上册《在牛肚子里旅行》是一篇童话故事,讲述了红头和青头是好朋友,在玩捉迷藏游戏时红头被大黄牛吞进肚子里,在青头帮助下,红头终于脱险完成了一次牛肚子里的旅行。红头和青头两个童话人物是故事主角,导课时要突出两个人物,便于后文学习。导入:师:《在牛肚子里旅行》讲的是谁和谁的故事?生:青头和红头。师:它们会经历怎样的奇异旅行呢?让我们一起来学习这课。六年级上册《穷人》是一篇小说,根据小说三要素——人物、环境、情节,开课时要突出小说人物和他们之间的关系。导入:师:文中的穷人指的是哪些人?生:渔夫、桑娜以及他们的孩子,西蒙和她的孩子。师:他们之间会发生哪些事情呢?抓住故事主要人物,直接切入教学重点。预设从文章中心句入手,现行教材叙述类文体中行文结构以"总分总"为主,抓文章中心句围绕一个意思来学习是阅读教学落实语文要素的一个目标。五年级下册《梅花魂》导入:文中有这样一段描写梅花的句子,我们一起来读一读:"这梅花,是我们中国最有名的花。旁的花,大抵是春暖才开花。她却不一样,愈是寒冷,愈是风欺雪压,花开得愈精神,愈秀气。她是最有品格、最有灵魂、最有骨气的!"这就是梅花的精神,梅花的品格,梅花魂!扣住文章主旨直接入题,引发学生思考。

间接导入是通过情境创设、语言渲染或与旧知的勾连等形式导入,不涉及文本的内容。常用的是情境导入,情境创设可以依靠音乐、故事、图片、语言描述等形式营造学习场景,激发学习能量。四年级上册《精卫填海》是一篇神话故事,整个单元都让同学们感受到神话神奇的特点。设计导语从神话故事开始,可以利用图片猜故事,如:同学们,你们喜欢竞猜游戏吗?请根据所给的图片猜故事。(出示图片:女娲补天、夸父追日、盘古开天地、大禹治水)这里有些故事出自《山海经》,这是一本神奇的书,记录了许多神奇事物:九头鸟、九尾狐、人身龙首山神等。鲁迅先生很小的时候就喜欢这本书。今天我们就要学习其中的一个神话故事《精卫填海》。课前导入常用教师语言情境导入,五年级下册《青山处处埋忠骨》是一篇革命题材选文,学生需要了解历史背景才能更好地学习。教师讲述历史事件,营造当时的情境,让学生体会人物的内心情感。导课设计如下:1950年11月25日上午,四架敌机突然向朝鲜北部大榆洞袭来,毛岸英同志正在志愿军司令部紧张工作,燃烧弹铺天盖地落下来,震耳欲聋的爆炸声响起,50平方米的作战室瞬间成了一片火海,来不及撤离的毛岸英壮烈牺牲了。司令员彭德怀同志历时一个多小时才拟定了这份电报:我们今日7时已进入防空洞,毛岸英同3个参谋在房子内。11时敌机4架经过时,他们4人已出来。敌机过后,他们4人返回房子内,忽又来敌机4架,投下近百枚燃烧弹,命中房子,当时有二名参谋跑出,毛岸英及高瑞欣未及跑出被烧死。其他无损失。主席收到这份电文,他是怎样的心情?又会发生什么呢?让我们一起来学习这一课。课前导入也可运用音乐导入,六年级上册《月光曲》讲述贝多芬来到莱茵河畔听到兄妹俩谈话,为盲姑娘弹奏钢琴曲后创作《月光曲》的故事。导课时可以让学生听贝多芬钢琴曲,感受音乐的魅力。设计如下:(播放贝多芬《月光奏鸣曲》)你有怎样的感受?这首美妙钢琴曲的诞生有一个美好的传说,让我们一起来学习《月光曲》。好的情境创设为之后的"学"拓宽路径,为教学难点突破做好铺垫。设置悬念导入能有效吸引学生注意力,以"悬念"为思想导火索,激起求知欲望。这种方法适合多种文体教学,适合童话、民间故事、小说等,也适合篇幅长的文本教学。五年级上册《牛郎织女》是家喻户晓的民间故事,学生未学已知,如何能引发学生继续学习的兴趣,教师要在学生未知领域下足功夫,如:指导学生发现民间故事与其他故事的区别、掌握讲好民间故事的方法等。首先,开课就要有思考,可以把民间故事与传统佳节联系起来,读出故事背后的故事,与现实生活联系起来,又呈现故事美好的夙愿。设计如下:农历七月初七是我们传统的七夕节,这一天有哪些风俗呢?这些风俗又和谁有关呢?四年级下册《小英雄雨来(节选)》是一篇革命题材小说,故事性强,人物特点鲜明,但文章篇幅长,学生阅读有困难。为了激发学生阅读的兴趣,导课设计需要引发学生的阅读期待。设计如下:他是个淘气的孩子,妈妈常常拿不住他;他是个勇敢的孩子,掩护他人,勇斗敌人。他是谁?运用设置悬念的方法导入课文题目,能够增强学生的阅读兴趣。温故知新导入是与旧知联系进入新知识学习,勾连成为导课的关键点。注意勾连的角度和方式,勾连同类文体、同一作家作品、同一主题文本等。四年级下册第四单元安排了两篇老舍先生的作品《猫》《母鸡》,主要是通过同一作家同一类事物的作品比较阅读,感受写法上的不同之处。在教学《母鸡》时,与《猫》一文的勾连是非常有必要的,引导学生发现同一事物因作者情感的不同而写法有了变化。导课设计:在作家老舍的眼中,猫是怎样的小动物?对于母鸡,作者又会有怎样的情感呢?五年级下册《月是故乡明》是国学大师季羡林先生的一篇散文,主要通过借月思乡,回忆小时候与月亮相关的故事。体会文章寄予的浓浓思乡情是教学重点也是难点,开课之处为了降低学习难度,勾连月亮的诗句体会思乡情感。导课设计:"海上生明月,天涯共此时",这是张九龄的海上之月;"明月几时有,把酒问青天",这是苏轼的青天之月;"春风又绿江南岸,明月何时照我还",这是王安石的归乡之月;"露从今夜白,月是故乡明",这是杜甫的故乡之月。这轮明月也是季羡林先生的故乡之月。勾连与文本情感相关的内容也是导课的一种方式。

2.初读感知

初读是学生与文本自主学习的过程,除了熟读文本,还要针对文本提出自学要求。自学要求要根据年段不同、文体不同,提出相应的学习目标。低年级教学以识字写字教学为主,在初读环节主要检查学生识字能力,交流识字方法;中年级要检查学生对字词的掌握及课文大意;高年级主要提升对文本整体的感知能力。

一年级下册《棉花姑娘》初读设计:

【识字学词　整体感知】

(1)了解起因,识字学词。

①出示"病"的标准读音,组词。

②出示棉花姑娘的图片,练习用"病"说句子,了解故事的起因。

(2)自读课文,整体感知。

①出示自读要求:自由朗读课文,读准字音,读通句子。想一想棉花姑娘都请了谁给她治病? 用笔圈画出来。

②反馈交流。

a.指名分段朗读。

b.完成填空:棉花姑娘生病了,她请(燕子)(啄木鸟)(青蛙)帮忙治病,可这些动物都帮不了她。最后(七星瓢虫)治好了棉花姑娘的病。

c.相机识字教学:字源识字"燕";对比识字"瓢""飘"。

低年级阅读教学重点是识字,结合文本特点在初读环节采用随文识字方法,将识字、学词和理解课文内容结合起来,体现"字不离词,词不离句,句不离文"的阅读策略。在练习正确朗读课文基础上,了解课文大意,为后文学习做好铺垫。

三年级上册《花的学校》一文初读板块:

【初读课文　了解内容】

(1)自由读文,检查字词。出示重点词语,朗读标准读音(着重指导"假""裳"的读音)。

阵雨、狂欢、跳舞、荒野、功课、放假、衣裳

(2)朗读指导,读好长句。

(3)思考:花的学校是什么样子的? 画出相关语句。交流后能根据关键词句说说课文描写的花的学校。

字词仍是三年级教学的重点,在初读环节解决重点字词教学,指导学生正确读写,借助文中关键语句感知课文大意是初读环节中的教学要点。

根据文体不同设定、不同要求,童话、故事类主要感知故事主要人物和故事情节;诗歌以读为主,感知诗的大意;写景、记事类通过列小标题概括课文主要内容。感知是对文本的整体认知,是培养学生提炼信息、概括等能力的一个重要过程。

三年级上册《在牛肚子里旅行》是一篇童话故事,第二板块初读感知设计如下:

【初读课文　梳理旅行图】

(1)自由朗读课文,注意读准字音,正确书写"旅、算"等字。

(2)默读课文第7—19自然段,梳理红头在牛肚子里的旅行路线图。

(3)结合路线图完成课文主要内容:红头躲在草堆里,突然被牛卷到(嘴里),再被吞进(肚子),接着来到(第一个胃),又来到(第二个胃),然后回到(嘴里),最后在青头帮助下(从牛鼻子喷出来)。

根据文体特点,梳理故事情节是初读的基本要求,而年段教学目标是初步学习概括课文主要内容。为降低学习难度,教学时为学生搭好学习支架,利用"红头惊险之旅"路线图,帮助学生梳理旅行过程,然后借助关键词学习理清文章主要内容的方法,既尊重文体教学,也完成年段教学目标。

五年级下册《青山处处埋忠骨》第二板块设计:

【初读语言　感知内容】

(1)检测预学,学习词语。

①出示词语并理解:眷恋、踌躇、黯然。

②出示短语并理解:无限的眷恋、下意识地踌躇、黯然的目光。

③指名学生回答,读了这些词你发现了什么?

(对毛主席痛失爱子后的神态描写。)

(2)默读课文,根据课文内容列出小标题。

(惊闻岸英牺牲,同意安葬朝鲜。)

(3)根据小标题概括课文的主要内容。

(毛主席收到岸英牺牲的电报后无比痛心,经过多方考虑,同意将岸英安葬在朝鲜。)

关注词语的教学,指导学生理解词语,有意识地引导学生从词语学习感受人物形象,为接下来品析人物做铺垫。为培养学生整体感知文本的能力,可运用小标题概括文本两部分内容,然后借助小标题概括文本主要内容。此种学习方法明确,指导学生循序渐进,螺旋式上升学习。

3.细读体悟

细读是对文本的研读,着力在文本重点段落的品读分析上。这个环节的教学是文本重难点突破的关键,引导学生掌握品读文本的方法。年段不同、文体不同、课型不同,品读环节侧重点就不同。低年级在第三板块设计中,重点放在识字、写字、读文的基础上,着重指导文中难点字词,读好文中句子,读好一篇课文,落实字词基础,为读写做好准备。

一年级下册《棉花姑娘》第三板块设计:

【读好对话 积累语言】

(1)学习第2—4自然段,自由读文:棉花姑娘生病了,它是怎样请求的?用横线画出来。医生们又是怎样回答的?用波浪线画出来。指名学生分角色朗读棉花姑娘与燕子、啄木鸟、青蛙的对话,体会人物心情。

(2)创设情境,练习对话。一只蜻蜓飞来了,棉花姑娘会怎样请求它的帮助呢?引导学生借助句式练习:

蜻蜓飞来了。棉花姑娘说:"请你帮我捉害虫吧!"

蜻蜓说:"对不起,我只会捉苍蝇和蚊子这些空中的害虫,你还是请别人帮忙吧!"

引导学生练说其他小动物。

(3)学习第5自然段,师生配合读。随文学习词语"惊奇",找近义词,通过动作表演理解词语,指导读好"惊奇"的语气。读文思考:七星瓢虫为什么能治好棉花姑娘的病?

(4)完成课后练习,小结全文。

①连一连,说一说。

燕子——捉空中飞的害虫,啄木鸟——捉树干里的害虫,青蛙——捉田里的害虫,七星瓢虫——捉棉花叶子上的害虫。

②借助句式说话,小结全文。

棉花姑娘请燕子、啄木鸟、青蛙帮忙治病,可是燕子只会(捉空中飞的害虫),(啄木鸟)只会(捉树干里的害虫),(青蛙)只会(捉田里的害虫)。最后,

(七星瓢虫)治好了棉花姑娘的病。

低年级要重视朗读指导,读好一句话、一段话、一篇文章。根据文本特点设计合理的朗读指导,要求学生读正确,不加字,不漏字,不错读,读流利。关注字词教学与文本学习整合,随文识字有利于理解词语的意思,利于学生语言表达。积累语言也是教学中不可忽视的,学习文本语言迁移运用,促进语言图式的构建。

阅读教学第三板块是教学重点,是达成目标的重要阶段。中高年级阅读教学一般文体、课型不同,教学方法也不同,呈现的设计具有多样性。可以围绕文本关键问题,从以下几个角度设计第三板块的教学:

(1)抓关键语句,品读分析。阅读教学中,品析语段是教学的重点,从重点语句中体会意思,领悟情感或品质。教学《青山处处埋忠骨》时,要着重抓住两处描写毛泽东主席的语句,一处是"从见到这封电报起,毛主席整整一天没说一句话,只是一支接着一支地吸着烟。"品读分析,教师先让学生从主席的动作中体会人物的想法,建立初步感受,创设语言情境引导学生去思考:"那年,地下党的同志们冒着生命危险找到岸英,不是安全地送到我的身边吗?那年,岸英去苏联留学,不是平安地回国了吗?那年,岸英去农村锻炼,不是也顺利地回来了吗?可这次,岸英去了朝鲜前线,怎么就回不来了呢?"教师运用语言情境,推动学生去体会人物真实的内心活动,感受一个父亲对爱子的无限深情与不舍。第二处是指向主席说的一段话:"哪个战士的血肉之躯不是父母所生?不能因为我是主席,就要搞特殊。不是有千千万万志愿军烈士安葬在朝鲜吗?岸英是我的儿子,也是朝鲜人民的儿子,就尊重朝鲜人民的意愿吧。"这段话主席讲了两层意思:一是我是主席,不能搞特殊;二是岸英是我的儿子,更是人民的儿子。此时主席想到的是人民,是国家。为国牺牲是每一个中华儿女应该做的,无论身处何方都是民族英雄。要体会人物深刻的思想,充分的"读"是基础,通过反问句式与一般句式对比读,体会主席内心的想法。最后抓住两个反问句式引读,推动学生朝着人物思想深处去探究,去思考"主席为什么这么说,他想到的是什么?"直指核心问题,引导学生在读与思学习中领悟人物的内心想法。

(2)关注策略,重点品析。阅读策略是学习语文的重要方法。在策略指导下,学生能自主阅读,提升阅读兴趣,激活阅读思维,形成良好的阅读能力。统编教材针对阅读策略安排了四个单元的专项学习,针对策略单元提出了适当的教学方法。四年级上册编排提问策略,其中《蝙蝠和雷达》一文在教学时要指向提问策略,首先指导学生根据批注发现提问的角度。全文共有四处批注,第一处是针对课题,第二处是结合课文内容,第三处是从写作方法提出问题,第四处是结合生活提出问题。梳理文中提问角度,比较提出问题的意义,接着指导学生学习按不同身份提问:如果你是作家你会怎么提问? 你是语文老师,你是生物学家,你是雷达工程师……试着换一个身份来提出问题。学生也要学习按不同目的出发提问,身份不同,目的就不相同。如果你是外星人,来自科技发达的星球,你会针对蝙蝠和雷达之间的关系提出哪些疑问呢? 策略单元重在方法学习及运用,要善于从文本中发现、总结阅读策略,为学生后续阅读提供支撑。①

(3)问题引入,感受品质。阅读教学中编排了小说,有短篇小说和长篇小说的节选,针对小说文体教学主要是通过故事情节感受人物形象,教学时紧扣与人物相关的线索提出问题,思考分析感受人物形象,体会人物品质。六年级上册《穷人》一文教学时,在初步感受人物形象后,提出问题:"桑娜和渔夫的善良、勤劳体现在哪些地方?"画出文中关键语句交流分析。最后交流课文为什么以"穷人"为题? 从人物形象分析感受人物的可贵品质,把人物的形象树立放在整个社会背景下去分析,人物形象就更加鲜活,品质就越发可贵和高尚。除了小说,描写人物的文章也可以运用问题导入,引发学生深度思考。

三年级上册《手术台就是阵地》第三板块设计,通过问题层层深入,引发学生自主思考研读文本,感受人物的高尚品质:

①白求恩大夫是在什么样的环境下工作的,他又是怎样表现的呢? 默读课文第二至四自然段,用"___"画出描写战斗的语句,用"﹏﹏"画出描写白求恩大夫工作的语句。

②白求恩大夫为什么不肯离开,坚持在手术台前呢? 默读人物对话并思考。

③"手术台是医生的阵地。战士们没有离开他们的阵地,我怎么能离开自己的阵地呢?"从这句话中,你看到一位怎样的白求恩同志?

---

① 何捷. 从不同角度思考,提出自己的问题:统编教材四年级上册《蝙蝠和雷达》教学实录及解析[J]. 小学语文教师,2019(C1):116 – 119.

④这篇课文还有哪些地方体现白求恩大夫高尚的品质？

（4）聚焦写法,理解课文。课文无非是个例子,是写作的典范和例文。统编教材为了强化学生写作能力,在三至六年级每一册都安排一个习作单元。习作单元中两篇选文,在教学时要着重放在写作方法的学习和运用的指导上。四年级上册《麻雀》一文,结合单元语文要素"了解作者是怎样把事情写清楚的;写一件事,把事情写清楚",确定第三板块教学要以"写清楚"为重点。首先在理清文章表达顺序基础上研读猎狗行为的变化,学习作者写清楚猎狗进攻的方法:走进—嗅—张嘴—露牙。这四步能调换顺序吗? 想象一下猎狗的心理。从神态、心理、动作等角度学习写清楚猎狗退缩的方法,想象猎狗心理变化。比较猎狗进攻和退缩的不同写法。再研读描写老麻雀的语句,了解写清楚重点部分的方法。抓关键词,理解老麻雀的英勇无畏,主要从动作、声音、心理等方面描写。最后对比对老麻雀和猎狗的描写,明确文章写清楚的选择依据。思考问题:对老麻雀与猎狗行为的描写,哪个更加详细? 为什么? 通过对比发现,作者把老麻雀拯救小麻雀的经过写得更加具体,这取决于作者对事物的情感态度。因此在写一件事情时,可以根据作者表达的思想情感来选取内容,选择描写的详与略。重点板块教学明确指向语文要素,落实习作教学方法的指导和运用,完成教学目标。

（5）借助资料,体会情感。阅读资料是教学的补充,尤其是在难点教学时,借助资料能迅速突破重难点,为学生的"学"找到学习支架。教学时要充分用好资料链接,为学习忽略点、知识盲点打开路径。五年级上册《圆明园的毁灭》一文,先可以让学生整体感受文章的顺序:毁灭—辉煌—毁灭。教学时鼓励学生质疑:题目写的是毁灭为什么要花这么多笔墨来写辉煌呢? 由这一问题引入对"辉煌"部分的学习。学习时抓重点词"众星拱月",让学生发现圆明园布局的巧妙,借助圆明园布局示意图加深理解"众星拱月";抓关联词体会圆明园的宏伟,从"有……也有……""……都有……还有……""不仅有……还有……"等关联词体会景观众多;出示圆明园修建的资料让学生感受圆明园昔日的辉煌,运用师生对读,了解作者运用的"对举"修辞手法;最后聚焦"毁灭",运用师生配合读,感受侵略者的野蛮行径;出示圆明园被烧毁的视频,再次朗读体会"化为一片灰烬"的彻骨之痛。当文本与现实生活距离较远时,会给学生形成阅读障碍,降低学生阅读的兴趣点,学生很难深入理解文本。因此需要借助与文本相关的资料,让学生了解文本背后的信息,明确作者的写作目的及情感表达方向。

(6)对比阅读,领悟情感。对比是教学中常用的教学方法,对比阅读是把相关联的内容联系在一起,在比较分析中找到两者的共性和差异,从而引发阅读者自我的理解和感悟。四年级下册《母鸡》一文重点板块教学,先通过前后文比较发现作者鲜明的情感态度变化——从"一向讨厌母鸡"到"不敢再讨厌母鸡",作者的态度为什么会有这么鲜明的变化呢? 从文本中寻找语言文字的线索,设计学习单比较发现作者对母鸡成为鸡妈妈前后表现描写的对比,目的在于去发现这只母鸡前后表现的极大反差,从而寻找背后的根源,明了作者情感变化的原因,也为进一步感受鸡妈妈的伟大做铺垫。借助预习单让学生对比《猫》和《母鸡》这两篇课文在表达上的相同点与不同点,目的是指向单元语文核心要素,体会作家是如何表达对动物的感情的。比较阅读可以在横向阅读和纵向阅读中对比文本内容和形式上的相同点和不同点,感悟作者写作意图。同一作者对不同写作对象在内容和形式上也会有所不同,《猫》和《母鸡》都是老舍先生的作品,在比较中发现作家的写作奥秘。因此,善用对比有益于文本深度学习,语言的分析比较、人物形象变化分析、写法的异同分析,促进文本学习与理解,提升阅读能力。

(7)创设情境,感受诗意。统编教材重视古诗教学,增加了古诗阅读与积累。古诗教学讲究意象创设,学生在诗意中想象诗的画面,体会诗人的丰富情感。三年级下册《惠崇春江晚景》是宋朝大文豪苏轼为名僧惠崇画作《春江晚景》写的题画诗,了解题画诗,按节奏读好古诗后,创设语言情境引读诗句:竹林外三两枝桃花探出头来(竹外桃花三两枝);春天的江水暖和起来,一群鸭子在水中嬉戏(春江水暖鸭先知);江边到处是翠嫩的蒌蒿,芦芽正冒出头来(蒌蒿满地芦芽短);江中的河豚也到了洄游的时候了(正是河豚欲上时)。教师出示画作回顾诗句,让学生对画与诗进行比较:哪些是诗中有、画中无的景象,体会诗画相生、诗画留白的意蕴。无论是古诗还是现代诗,都要重视诗的"举象"。只有还原诗的情境,才能更好地体悟诗的情感。

(8)感受节奏,品味语言。文质兼美的文章一般富有节奏感、韵律美,反复诵读不仅能感受到语言的魅力,还能体察作者的思想情感。对于优美的文章,要充分发挥"读"的优势,让学生在一次次回环反复的诵读中感受语言鲜明的特点。《匆匆》是六年级下册习作单元一篇选文,这个单元主要学习用情感表达真实感受。《匆匆》长短句结合,句式回环反复,直接表达作者的情感。教学时要从"读"入手把握语句节奏,在回读中领悟作者在文中蕴含的情感。指导长短句对读:"燕子去了,有再来的时候;杨柳枯了,有再青的时候;桃花谢了,有再开的时候。""于是——洗手的时候,日子从水盆里过去;吃饭的时候,日子从饭碗里过去;默默时,便从凝然的双眼前过去。"在一问一答中,让学生感受到时间流逝与匆匆。研读作者自我追问的语段,如"聪明的,你告诉我,我们的日子为什么一去不复返呢?——是有人偷了他们吧:那是谁?""在逃去如飞的日子里,在千门万户的世界里的我能做什么呢?只有徘徊罢了,只有匆匆罢了。在八千多日的匆匆里……为什么偏要白白走这一遭啊?"体会作者内心真实感受,在一次次自我追问中体会出作者对时间逝去的无奈和惋惜之情。第三板块是教学的重点部分,运用怎样的策略方法要依据文本内容、结构、情感等选取合适的方法组织教学。

4. 拓展延伸

教学过程的第四板块一般是文本情感升华或是语用习得的迁移运用。低年级主要放在写字的指导上。一年级下册《棉花姑娘》第四板块设计:

【观察字形　写好汉字】

(1)指导半包围结构"病、医"。回顾半包围结构字形写法:先外后内。

(2)指导观察"七、干"第一笔写法的不同。"七"的第一笔横要略向右上方斜。"干"的第一笔为短横。

(3)学生观察字形,写好其他生字。

低年级阅读课在最后板块一般是写字教学,给足教学时间指导写字,重视字形观察指导、笔顺写法要点,真正做到写好汉字的教学。中高年级教学在结课部分指向学后的阅读和表达,是课内学习向课外延伸的过程,也是直接指向语用的目标。《青山处处埋忠骨》一文要求理解"青山处处埋忠骨,何须马革裹尸还"的含义。学生在一次次的品读、一次次的对话中,逐渐体悟到人物情感,最后把这种情感推向高潮,出示抗美援朝战争中牺牲的烈士视频资料。学生在情景渲染中深刻感受到"青山处处埋忠骨,何须马革裹尸还"的含义:无数革命先辈为了国家、民族抛头颅洒热血,无论身处何方,他们都是民族的英雄。情动而辞发,引导学生把这些情感写下来,写给英雄们。学生经历了语言的训练和情感的表达,实现学与用的结合。

四、精练板书设计

板书是教师课堂教学中运用精简的文字、图形、符号等向学生呈现并传递教学信息及其活动的方式。它贯穿整个教学活动,是教师进行课堂小结的一份"微型教案"。板书是教学的点睛之笔,能够呈现教学思路主体建构,启发学生思维,激活学习兴趣。学生依据板书明确学习重难点,梳理知识,形成图式。板书在设计过程中具备以下特征:

1. 双边活动。课堂教学是师生双方互动的教学活动,是促进学生认知、理解、记忆、思维、想象、创新等能力提升的过程。板书是教学活动重点内容的体现,一般通过教师讲授,学生学习提炼出重点内容,由教师边教边写,还可以以学生自主学习的方式由学生板书所学内容,最后由教师小结归纳。

2. 简洁直观。板书力求简洁明了、语言凝练、突出重难点,能体现文本的主要内容或者写作思路、框架,也可以表达学习者对文本理解的内容,同时要辅助相关的图形、符号,突出教学核心内容。

3. 构图适当。板书在设计过程中要注意造型美观、内容简练、文字精当、整体搭建图文并茂、直观鲜明突出要点,利于教师课堂小结,也有利于学生做好笔记复习巩固。

4. 依文体设计。统编教材主要的文体是叙述类、说理类、非连续性文本等。说理类以说明文、议论文为主,讲究逻辑性和语言的准确性,板书设计可围绕文体特点体现教学内容,具有概括性、层次性、逻辑性。叙述类文体以叙事、写景、状物描写为主,有小说、散文、诗歌、童话等,板书设计可以从文本主要内容、写法表达、思想情感等方面去架构。非连续性文本一般以图文结合为主,是多篇相关联的段落构成的阅读文本。它具有"短、简、快"的特点,能够快速提取文本信息,提高阅读效率。教学时主要以任务驱动为目标,板书设计围绕任务目标做出合理设计,呈现任务单、学习方法、目标达成相关内容等。文体不同、板书设计侧重点不同,呈现的形式和架构方式也不同。

板书设计是教学的艺术。它是凝练的文本内容,体现教师对文本核心内容的解读,也是引发学生围绕教学主要内容组织学习留下的学习记忆,是提升课堂教学效果的证明。教学板书主要有以下形式:

圈画抄录式板书是指导学生运用圈一圈画一画的方法,从文本中找出关键语句,再按照文本写作顺序罗列出来,既理清文本主要内容,又引导学生明确文本"写的顺序",在阅读的基础上学习表达方法。教师运用这种板书方法指导学生读文,同时也是为"写"埋下伏笔。

运用圈画抄录形式进行板书,要求条理清楚、重点突出。如三年级下册《肥皂泡》可从板书设计中理清作者的写作思路:吹泡泡—看泡泡—想泡泡。关注每个部分圈画的重点词,如:吹泡泡主要抓动词理解吹泡泡的快乐;看泡泡着重关注泡泡的形状、色彩变化之美;想泡泡则运用与"飞过"相近的词表达美好的希望。从圈画的关键词中可以体会出作者表达的情感,教师按作者写的顺序来板书,可以清晰呈现作者的写作思路,体会作者根据回忆童年生活趣事而产生的美好想象,把一件稀松平常的事情运用情感渐进的方式写得生动而富有想象。通过板书,学生不仅掌握了作者描写的方法,还了解了写好一件小事的写作路径。

【板书设计】

20.肥皂泡		
吹泡泡	放—加—和弄—蘸—吹—提—落—飘	快乐
看泡泡	五色浮光 轻清透明 玲珑娇软 光影零乱	骄傲
想泡泡	送过 渡过 飘过 飞越 落到	希望

提纲概括式板书是直接指向课文的重点内容,概括、提炼有效信息指向表达。板书设计时呈现文本线索及相关的内容,可根据课文内容概括小标题,体会情感或人物品质等。这种板书设计有利于学生复习课文,理清文章线索和相关内容。同时,提纲概括式能在板书过程中培养学生的概括、分析等能力。

在阅读教学中运用提纲指导学生梳理课文是常用的方法,这种方法能让学生较快走进文本,读懂文本内容,为深入学习打下基础。学习五年级下册《青山处处埋忠骨》时,可把课文分成两个部分,并列出小标题。运用小标题训练学生提取信息、概括要点的能力，同时也指向人物情感变化，关注主要事件体会人物内心。通过板书提炼，发现课文从事件出发了解人物体会情感，由事件——人物——情感步步深入，揭示文本密码，直抵教学的核心。这种板书不仅展现教师对文本内容的把握和教学策略，也是训练学生阅读能力的重要路径。

【板书设计】

10.青山处处埋忠骨

1.惊闻岸英牺牲——（父亲）➔无限深情
2.同意安葬朝鲜——（主席）➔伟人胸怀

勾连对比式板书是根据文本把相关的内容进行比照分析，了解其间的联系，在对比中找到文本的重点，为学生深入理解文本打好支架，为学生思考提供路径，有利于学生深度思维的训练。在对比勾连中产生的板书能让学生迅速捕捉住信息，了解文本教学重难点，呈现教师引导学生分析文本的教学思路。

勾连对比是把文本中相关联的内容连接起来分析研读产生思考，运用板书把思维过程具体化、可视化，使学生根据板书能用语言叙述整个思维的过程。五年级下册《自相矛盾》是一篇简短的文言文，从寥寥数语中，学生不仅要了解寓言人物的思维过程，还要明白寓言故事的道理。用板书建立"矛"与"盾"的对立的关系："矛"锐利无比，能刺破所有东西；"盾"坚硬无比，没有任何东西能刺破。用无比锐利的"矛"去刺坚硬无比的"盾"会有怎样的情况？有两种可能：锐利无比的矛刺破了盾，那么盾无比坚硬、"莫能陷"是不存在的；锐利无比的矛折了，坚硬无比的盾是好的，那么矛"无不陷"就不成立。因此锐利无比的"矛"和坚硬无比的"盾"是不可以同时存在的。通过对比完成板书，教学思路清晰，人物思维过程一目了然，寓言故事蕴含的道理也就明确了。运用勾连对比式板书能很好地突破教学难点，学生思维也得到训练和发展。

【板书设计】

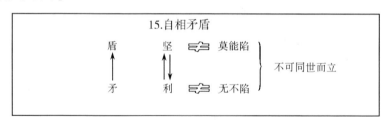

图解示意式板书是运用图形、文字、符号等形式完成教学过程的一种图文呈现。图文结合的板书灵动、富于变化,既能突出教学重难点又可以激发学生的思维。这种板书能吸引学生关注文本学习,是教学中常用的一种板书形式。图解示意变式多,教师要根据文本教学需要设计合理的板书,为教学目标达成提供支撑。

思维导图板书主要对文本主要内容、写作思路进行梳理,运用思维框架中的图形与文字把文本的重点内容呈现出来。对于学生来说,是在文本学习过程中体现较完整的思维过程,是把隐形的、潜在的思维具体化、可视化,成为学生学习的一种方法和一项工具。对于老师来说,条理清晰、过程明确、重点突出是板书的优势,能快速梳理文本找到教学重点,在思维导图的帮助下能够高效实现教学目标。三年级上册《美丽的小兴安岭》围绕"小兴安岭一年四季景色诱人,是一座美丽的大花园,也是一座巨大的宝库"来写,分别写了四个季节小兴安岭的景色变化和丰富的森林资源。从板书中发现,每一个季节描写的景物有相关联的也有不同的,既符合每一个季节的特点,也能体现中心意思表达。通过板书,能发现写作顺序和表达的特点。

【板书设计】

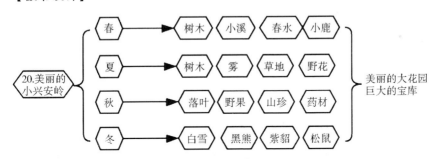

情境图文板书是图解示意的一种变式,在语言情境、生活情境下,文本与现实生活相联系,把学习过程放在生活情境中体验、感受、获得,激发学生学习兴趣,促进学生认知与理解。三年级下册《海底世界》与生活联系紧密,学生对海底世界充满好奇,教师可带领学生在海底世界进行一番游历,从探寻海底的秘密开始,发现海底生物的特点和丰富的矿产资源,在情境中了解事物特征,根据板书小结文本的写作重点。创设情境板书更具生动性与灵活性,学生更乐于沉浸其中,能够促进学与教的融合。

【板书设计】

23.海底世界

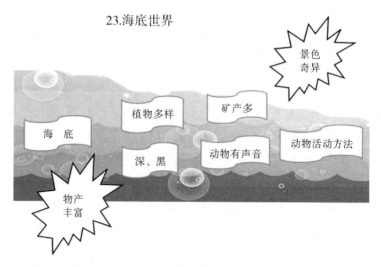

图表式板书是用表格的方式梳理文本结构和内容,板块清楚,目标明确。这类板书比较适合应用性文体的教学,符合文体特点。三年级下册《蜜蜂》是法国著名昆虫学家法布尔写的关于蜜蜂是否有辨别方向能力的观察文章,让学生掌握观察方法是教学重点,利用图表帮助学生梳理作者实验观察的方法,明确观察目的,了解观察过程和使用方法,最后得出结论。图表式板书适用范围广,可以提高教学效果。

【板书设计】

14.蜜蜂

实验目的	实验过程	实验结论
验证蜜蜂是否有辨认方向的能力。	捉一些蜜蜂放在纸袋里,让小女儿等在蜂窝旁,带上蜜蜂走了四公里做上记号后放飞,之后有十五只蜜蜂陆续飞回蜂窝。	蜜蜂能辨认方向,靠的是无法解释的本能。

游览式板书一般是以游记类文章教学为主的板书形式,它是按照游览的顺序去发现作者写作的重点,使学生在板书过程中了解游记类文章写作特点。四年级下册《记金华的双龙洞》是习作单元里的一篇典型例文,这篇课文的教学重点是掌握游记的写作方法,按一定的游览顺序抓住景物特点来写,并能写出自己的感受。通过板书,学生能够快速梳理写作顺序,读懂作者的写作方法,为深

入理解文本做好铺垫。根据文本特点进行板书设计能够增强学习趣味,使学生与文本、作者进行一次深度对话。

【板书设计】

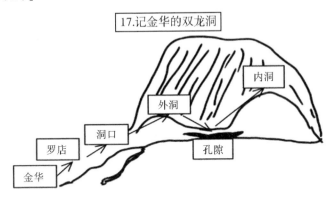

简笔画式板书主要以简单的图画呈现教学过程,这种板书设计直观形象,具有趣味性,便于学生理解文本主要内容。五年级上册《月迹》一文从月亮足迹的变化中体会不同的感受,板书时要以"月亮"图形为主,沿着月亮的足迹去发现、感受文本蕴含的深意。简笔画板书对教师提出了更高的要求,不仅在对文本解读后要与图画相关联,还需要从图形、色彩、构图等方面进行合理设计。使用简笔画式板书快捷有效,能够突出教学个性特点,较好地提升教师教学基本素养。

【板书设计】

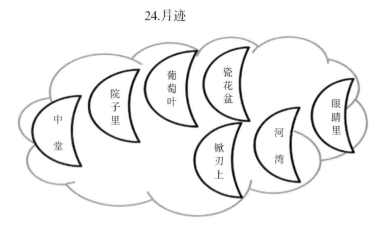

常规教学主要以多媒体为教学辅助,板书设计被弱化。但是试讲时,板书与试讲同步进行。优秀的板书体现教学思路的完整性,突出教学重点,把握文本教学核心,同时也是试讲者综合素养的体现。精当的板书能够为试讲增色。

第五章　试讲与教学研究

试讲是课堂教学研究的一种形式。它能在短时间内呈现教学思路,检测教师的教学专业素养,同时能针对课堂教学实践中的问题开展高效研讨,在提高教师教学水平中发挥着积极的作用。因此,试讲在校本培训、教学研讨中得以广泛应用,讨论试讲与教学研究的关系有积极的意义。

一、试讲和上课

试讲也是一种授课,只是教学中没有学习对象,不能进行有效交流,是试讲者自我活动的过程。上课是师生双方互动学习的过程,是教师指导学生掌握知识要点、能力训练的过程。与上课相比,试讲授课时间短,没有学习对象,虚拟交流互动,无法监测学习效果。但是,试讲在新教师选拔、学校教研活动中应用广泛,与上课相比具有自身的优势和特点。

一是具有灵活性。试讲与上课相比用时短,能在较短的时间体现试讲者对教材的把握、分析能力,语言组织能力,课堂驾驭能力等,能较快检测试讲者的教学基本能力。同时,试讲不受空间限制,可以在教室进行,也可以在教室以外的地方进行。此外,试讲不受学生制约,在虚拟教学环境下尽情展现试讲者的教学设计,试讲者主要关注教学设计本身,对于学生反馈和呈现都是预设中达成的,没有不可控因素发生,整节课的教学都掌握在试讲者手中。

二是具有完整性。这里的"上课"指完成一节课的教学任务,但是在实际教学中,因为学生学习能力情况不同和其他因素影响,不能完成教学任务也是很正常的。试讲也是完成一节课的教学任务,但少了学习主体制约,试讲者能完全把控教学节奏,实现教学目标,每一个教学环节能完整呈现试讲者的教学意图,教学过程清晰、明确且完整。除此之外,试讲的完整性体现在对文本的驾驭和把控上。试讲者可以根据自己的理解和教学需要完成整篇课文教学,试讲过程追求教学完整性也是一项很重要的评价指标。

三是具有结构性。上课是围绕教学目标解决教学重难点而实施的双边教学活动,基本以板块式教学完成任务。试讲也是如此,但与上课相比,试讲目标更明确,层次更清晰,形成一定的结构框架。试讲的结构一般分为三个部分。一是明确任务目标环节。试讲者试讲的目标、采用的方法、训练的能力和达成的效果是了然的。二是完成任务环节。试讲者运用方法和策略组织完成教学任务,任务的完成度决定了学习活动设计的层次性和创新性,同时也反映出教师对教学问题的评价力和引导力。试讲是虚拟的双方活动,是由试讲者自己做出回应,看似是自问自答但可以考量教师对教学任务的理解程度和教学实践的智慧。三是任务拓展环节。试讲不能仅限于教学任务完成,更重要的是将获得的知识转化为能力,或者将学习引向深入促进学生思维发展,也可将学习的成果可视化。这三个部分紧密联系,层层相扣,互为因果,从整体上看具有一定的美感。

四是具有功能性。与上课相比,试讲在进行相关教学研讨时候更能有效发挥作用。它能较好地检测试讲者的教材理解力、教学方法的运用、教学互动的策略、教师语言能力及综合素养。试讲注重实效,在较短时间内完成教学目标,实现教学重难点突破,全面呈现教学设计,检测教师的教学能力和教学素养。试讲是掌握教师现有教学水平最便捷的方法,除了在教师选拔,还在教学研讨中发挥作用。试讲讲究策略,试讲教师在文本理解的基础上,从学情出发设计教学过程。在设计中,教学策略是撬动课堂的工具,是教师教学水平分层的体现。好的教学策略能有效突破教学重难点,成为学生学习的方法。同时,试讲重视创新。由于试讲能及时检测教师教学水平,因此对于试讲教师来说,教学设计的创新就显得很重要。试讲过程中的亮点和新意是检测教师教学水平高低的一个重要参考指数。

二、试讲和评课

评课是听课教师对授课教师课堂教学效果的评价、反馈及建议,是对课堂教学规律的探索,也是促进教师专业水平发展重要途径。评课首先要处理好教与学的关系,教师如何教、学生怎样学,通过观察测评等方式对整个教学过程做出评价和反馈。试讲受条件限制,没有真实授课对象,无法对学生的"学"做出准确评价。试讲的评课重点转移到教师本身,这无疑对教学评价是不全面的,教学效果无法做出准确的量化。但评课是提升教师教学水平的一个有效手段,试讲的评课着力点在试讲目标达成、设计合理性、完整性、创新性、试讲者语言能力等方面，让试讲更具科学性、示范性。

评目标达成。评课要从整体入手，首先是试讲目标。试讲者是否完成预设的目标，是评课的一项重要指标。目标设定主要从年段、单元、文本特点等方面设定基础目标、能力目标和情感目标。基础目标主要是字词句掌握和课文朗读的要求，能力目标是关于语言能力的学习和训练，情感目标是情感体会和获得。先从这三个方面去评价目标设定的合理性，评判是否从年段目标、单元目标、语文要素等方面预设目标，然后在试讲的过程中观察目标落实情况，这个过程的监控是有难度的，因为目标达成与学生的"学"密切相关。由此，只能关注试讲者在"讲"的过程中目标具体落实的环节，以此观察评价。

评重难点突破。突破教学重难点是教学的重要环节，在日常教学中，会着重观察学生在重难点学习过程中是否习得了方法，获得了体验。而试讲则把评课的重点放在试讲者在重难点教学中突破和创新的亮点。如《穷人》的试讲，试讲者把重点放在关注穷人桑娜的内心变化上：先梳理文中关于桑娜心理描写的语段，分析体会不同心理感受；然后聚焦在"体会桑娜的忐忑不安"，在品读语段中深入理解人物内心活动，感受人物形象；最后在语境中补写桑娜的内心独白。整个试讲重点是品析人物心理活动，感受人物形象和品质，从聚焦语段到深入分析，由表及里，剥丝抽茧，在语言品读分析中感受人物形象，突破教学重难点。试讲者遵循"一课一得"之法，关注一个重点（一个人物、一个语段、一个问题等）深入分析，获得独特的学习感受。

评教学方法适当。叶圣陶曾说："教学有法，教无定法，贵在得法。"不同的教者、不同的文本、不同的学习对象，教学方法不尽相同。好的教学方法可以撬动课堂，激活教学思维。如《青蛙卖泥塘》的试讲，教师可用引读的方式帮助学生梳理故事内容，联系生活实际模仿青蛙卖泥塘吆喝的声音，借助思维导图讲述故事。整节课，教师运用多种方法来指导学生学习文本，运用读思结合的方法梳理文本，与生活勾连创设情景学习，用思维导图理清故事线索，每一种方法都与文本内容相契合，适合学生"学"的能力训练与提升。虽然试讲中无法呈现学生学的状态，但适当的方法能较好地突破教学重难点。

评教学设计亮点。教学设计是教师授课的蓝本。好的教学设计能在教学中产生好的效果，激发学生学习兴趣，提升教师授课水平。同时，教学设计也是监测教师专业水平的一项重要因素。试讲也需完成教学设计,依据设计组织教学试讲,设计中是否有亮点、有新意取决于试讲者对试讲文本的把握、分析、解读。好的设计一定能为试讲增加分值。试讲《月迹》一文时,试讲者将重点放在感受中堂之月和院中之月的描写方式不同,再比较两个段落的不同之处。一般教师在处理教材时会着重体会作者寻月的过程和感受,不会在细节处去分析比较。试讲教师着重比较中堂之月和院中之月,主要是从写法上去研读动态描写和静态描写的好处和不同,以及深入探讨作者这样写的理由,为习作教学做好铺垫。从读到写,不仅能提高阅读理解力,还能提炼写作方法,为习作做好前期指导和渗透。

评教师语言特点。有人说,上课是语言的艺术。的确,语言是交流思想的工具,是知识信息的载体。作为教师,语言是组织教学不可缺少的工具,是传授知识的媒介。一节好课,离不开教师丰富的语言。试讲教师在试讲过程中没有真实的交流对象,对于试讲教师来说,教师语言的感染力显得尤为重要,语言运用适当就能打动现场评委。教师语言根据自身特点有的是幽默风趣,有的是温婉亲和,也有的是铿锵有力。无论是哪一种语言风格,首先需要从授课文本和授课对象出发:对于低段学生,教师需要有儿童化的语言,具有亲和力;对于中高段学生,教师语言风格可以根据自身特点来确定。文本不同,教师语言风格也有所变化:教授革命题材类时,教师语言需要严肃规范;教授古诗文类时,需要有吟诵的语调;教授故事童话类时,则需要语言充满趣味。教师要尊重文本,关注学生运用适当语言组织教学。此外,教师语言还体现在课上评价和交流中。试讲中没有交流对象,但虚拟状态下教师仍然要呈现出学生可能出现的交流语言。这时候,试讲教师在预设时需要符合学生认知水平,不可过高也不可过低,交流反馈语言要适度。教师评价的语言也要有针对性,不可统一评价为"你说得真棒!""你真厉害!"诸如此类的单一的评价语,显得教师的语言缺乏智慧和灵动。只有适切的评价,才能打动人心。

评课方式是多样的。王崧舟老师提出:"因地评课、因时评课、因人评课、因材评课、因境评课,才是科学的、富有生命力的评课。"①无论怎样的评课方式都要基于授课者能力的发展。对试讲者来说,评课也极其重要,它能及时反馈在

---

① 王崧舟.听王崧舟老师评课[M].上海:华东师范大学出版社,2010:143.

试讲中发生的各种现象,及时解决出现的问题,对有利于课堂教学的需要肯定,对不足的地方要提出改进意见,不断促进试讲者专业水平提升。

三、试讲与说课

试讲重在"讲",讲清教学过程和教学思路,立足于教学实践。说课重在"说",说清楚为什么教,立足于教学实践的理论。具体而言,说课是教师根据教学内容和教学理论从教材分析、学情、目标、教学方法、设计过程、板书等方面进行的讲述和分析。说课主要解决"教什么""怎么教""为什么教"的问题,是从理论研究角度来探讨的,而试讲主要针对前两项,更注重课堂教学实践活动。说课和试讲虽然着力点不同,但也有着密切关系,它们都是监测教师解读教材、教学设计、教学评价的重要工具,在教学研究中具有重要的实践意义。

说课和试讲关系密切但又有各自的特点,在这里着重探讨一下说课的特点。一是说明性。说课基本要义就是把问题说清楚,让对方能够准确地听明白"说"的内容。"说"是一种表达,与试讲的方式截然不同。试讲主要用陈述性的语言把问题说明白、说透彻,而说课就是要把"为什么"说清楚,是对文本更深入的探讨和思考。比如在导课环节,有的是开门见山式,有的是游戏导入式,还有的是故事激趣式,无论用哪种形式,教师在说课时都要把导课原因说清楚,也就是你为什么这么开课,依据是什么。二是理论性。说课不仅要呈现教学设计还要把设计的思路说明白,在研讨过程中,离不开教学理论的支持。说课的理论性是区别于试讲的一个显著特点,在说课过程中,教师可以结合教学理论、教学策略、教学思想分析解读教学实践,充分体现教师的专业水平。说课中构建的教学理论能指导教学发展,有利于教学经验的积累,促进课堂教学改革。三是聚焦性。说课包括的内容很多,重点部分就是说教学过程,这个部分要聚焦主要问题,不必把教学中每一个要点都拿出来说,着重点应放在突破重难点环节上,采用了哪些有效教学策略要说得清楚,说得有序,要有创造性。说课的每项内容要聚焦重点,做到详略得当,有说服力。说课要说得精彩就要聚焦重点部分,依据教学理论和教学策略做具体陈述。

初步了解说课特点后,我再来说说试讲和说课在面试和教学研究中的运用。它们都能在较短的时间内检测教师的专业水平,但测试对象、范围、方向不同。说课测试的主体偏重于有教学经验、具备较丰富理论知识的教师;试讲测试的主体主要是缺少教学经验的、预入职或新近入职的教师,他们没有课堂教学经验,需要用试讲事先演练。说课的对象主要是教师、评委,在说课的时候以"说"为主;试讲不仅要面对评委、教师,还要面对虚拟的学生,教师要以"讲"为重。说课使用的语言是教学研究性语言,注重理论性和逻辑性;试讲使用的语言是教学对话性语言,注重互动性和感染力。二者对象不同,情境不同,语言表达方式不同。

此外,二者在测试范围和测试方向上还有一些不同:

测试范围不同。说课是从理论层面分析教材,研读教法,讨论教学环节,研讨教学策略;试讲侧重于课堂教学实践,主要检测试讲者课堂教学的能力,要求从教学设计到教学实施针对文本分析解读,基于学情把握,运用适当方法完成教学过程。说课是理论与实践结合,对教师要求更高,教师不仅要有丰富的教学经验,还要有教学理论知识;试讲则相对要求低,注重课堂教学实践。之前教师面试都是说课,现在以试讲为主,就是考虑到说课对新教师难度大,试讲更适合。

测试方向不同。说课是依据教学理论对文本进行深度分析和研讨。首先全面分析教材,从课程标准、学段目标、学生的学情、单元目标、教学重难点等方面阐述对教材的理解;接着是解读文本教学时采用的教学方法,说清教师"教"、学生"学"的方法;最后是说清整个教学过程,包括导课、初读、品读、拓展及板书。每一个板块不仅要说清教的过程,还要探讨"这么教"的理由。为了突出说课的理论性和研究性,在说每个教学板块时不需要像试讲一样把每一个教学点都说清楚,而是要有针对性和典型性。如,初读板块的字词教学,只要抓住一个典型的字词进行分析讲解,说明理论依据。说课其实是教师把对文本的教学放在理论框架下的一种教学研讨;试讲则是从文本设计入手,反映师生双边活动过程,检测教师课堂教学能力。

四、试讲和校本培训

试讲是校本培训的一种方式,尤其是对于年轻教师多的学校,试讲能在校本培训中发挥积极作用。要厘清试讲与校本培训的关系,首先要了解什么是校本培训。校本培训是由学校组织教师进行学习的一种方式,主要是专业知识技能、学科理论、班级管理等方面的学习与交流,目的是提高教师专业水平和教育教学能力。校本培训是一种按需培训的典型模式,它主要来源于教师和学校的自我需求:一是教师专业发展的自我需要,二是学校建设发展的需求。校本培训从"需求"出发,设定各种专项培训活动,培训目标有方向性、合理性、整体性、连续性。

校本培训要有方向性。校本即以校为本,首先从学校建设发展的目标入手,培养教师的专业水平和技能,提升教学质量和育人水平,这是学校发展的重要目标。其次,校本培训要立足全体教师特点,提高教师参与度。校本培训要符合教师层级需求,每一个阶段的教师培训需求是不同的。教师专业成长一般分为五个阶段:新手阶段、胜任阶段、成熟阶段、骨干阶段、专家阶段。根据教师的教学年限来分层分级,设定新教师发展目标、骨干教师发展目标、全岗位教师发展目标;也可从个体到学校,分为教师个体的发展目标、学校培训目标。无论哪一种分级分类,都需要精细目标,设计具体行动计划,让培训落在实处。

校本培训具备合理性。校本培训要与学校建设特点相结合,校本培训是学校特色发展的重要组成部分,符合学校建设发展需要的校本培训能成为学校特色。校本培训要与教育科研深度融合,一所学校的发展离不开教育科研,离不开课题研究、课程开发与建设;一位教师的成长也需要教育科研的助力,研究型、学术型教师更适合当下的教育教学。校本培训与教师个人成长密切相关,教师的个人成长推动学校发展,教师自身所需的是由内向外的驱动,校本培训不仅要从整体关照教师所需,还要为教师量身定制个人可发展的培训计划,适合的培训才能发挥其重要价值和作用。针对教师个体发展,可以组织读书指导、自学研修、教师专项技能指导、试讲研磨、课题研究、导师问诊等形式,"量体裁衣",促进教师专业水平提升。

校本培训要有整体性。校本培训立足于学校发展,立足于学校特色教育。校本培训目标要站学校教育发展的基础上,从全员教师整体需求出发,设定校级培训目标。校本培训要培养教师具备"在教学中研究,在研究中教学"的思想,把教学研究与教学实践相结合,实现"研训一体"。校本培训不仅是研训活动,更是一种培训理念。这种培训理念不是仅限于教师个体发展,也不是将所有教师按照一个模式去塑造培养,而是恰当地以教师成长的学校环境中的教育资源进行整合,组织各项所需培训,实现整体化、系统化的教师专业发展。①

---

① 殷祯宇.小学教师校本培训研究[D]上海:华东师范大学,2002.

校本培训要有连续性。学校教育将自主发展、特色发展和可持续发展紧密联系在一起。校本培训服务于学校教育，为教师提供专业发展学习平台，总体目标设定要与学校发展目标结合，要为学校可持续发展提供支撑。首先，校本培训要落实目标发展的可持续性，要结合学校育人目标制订可行的计划，要为教师制订连续有梯度的培训目标和计划。从学校育人目标中设定校本培训总目标，从学校三年规划中设定校本培训三年目标，再结合每位教师自身发展目标设定校本培训年度目标、阶段目标。其次，教师分层级培训目标。学校一般将教师分为三个阶段——新手阶段、成熟阶段、示范阶段，每一个阶段的教师要根据培训总目标，由三年校本培训目标制订层级目标。分层级培训目标是根据每一个阶段教师成长需求不同制订的，要充分发挥专业成长的可持续性。

校本培训在学校建设发展中具有重要作用，每一个阶段的教师培训要依目标而行，根据目标确定适当的培训范式。新手教师主要进行教学常规、课堂教学能力、教学反思、课堂观摩、试讲说课、班级管理等方面的培训，主要进行关于教育教学全方位基础培训。此外，学校还要利用骨干教师带领新手教师跟踪学习，形成基础培训与导师指导相结合的培训模式，提高新手教师专业水平。成熟教师具有一定的教学经验和教学积累，对教学有自我认识，组织进行课题研究、课程拓展研究、课堂教学研讨等形式，实现教学与研究相结合的提升模式，能够促进教师在教学研究中的专业发展。示范教师具有丰富的教学经验，在教学研究中有一定的成绩，在学校有引领示范作用，结合教师自我期望和内需发展，在相关教育专家指导下能较好提升专业领域水平，能在学校教育教学中有很好的示范和指导作用。

试讲在校本培训中是比较常用的形式，尤其对新手教师在课堂教学能力水平评估和促进等方面能发挥作用。校本培训要紧紧围绕提升教师课堂教学能力水平组织相关的活动。因试讲的实用性和操作性等特点，培训中要对教师进行试讲的通识培训，无论是哪一个阶段的教师，试讲水平与课堂教学水平是紧密联系在一起的，每一个阶段的教师都需要具备试讲能力。校本培训可以先进行如何试讲、怎样提高试讲水平等一系列培训活动，然后组织教师进行试讲研磨活动，促进教师课堂教学能力发展。

五、试讲与教研活动

试讲以其自身优势常常活跃在教研活动中，学校教研活动利用试讲组织开展各学科教学研讨活动,促进课堂教学提质与发展。什么是教研活动? 它是学校按照制订的目标、计划,组织教师以一定的方式对教学实践进行研究的形式。它是教师专业发展的客观需求,也是推进新课程改革的必要手段。教研活动是提升教师专业能力的重要载体,它以教师在教学实践中发生的问题为对象,组织开展研究活动,促进教学质量提升,提高教师教学水平,推动学校教育教学发展。由此,教师要把教学和研究结合起来,成为真正的"教学研究者"。正如英国现代课程论专家斯坦豪斯提出"教师在自己的教学环境中应起研究者的作用"①,教师成为研究者是当下教育发展的现实要求,也是教师自身职业发展所需。苏霍姆林斯基曾说:"如果你想让教师的劳动能够带来乐趣,使天天上课不至于变成一种单调乏味的义务,那就应当引导每位教师走上从事研究这条幸福的道路上来。"教师把教学研究当作一件幸福的事情来做,教学研究发展的潜力是突出而显著的。

教研活动是促进人发展的活动,是以教师为研究主体的活动。教研活动的目的在于促进教师专业发展,提高教学质量,实现教育教学改革。教师是教学的主导,所有教学研究活动来自教学,来自教师本身,这样的教研活动才是有效的。"教研活动应该为教师走向专业发展创设一种让教师自我发展教研活动环境"②。"自我发展"是教师的主体发展意识,是教师追求教育教学变革的发展源泉。教师只有在自我发展环境中才具备主体意识,才有行动的力量。在自我发展、自我改变的环境中,让教师成为活动的研究者,不仅能激活教师教育教学能力,也为学校教育发展增添动力。

教研活动是一种方法活动,是以具体教学问题为研究对象的活动。什么样的教研活动不流于形式,能发挥教研的真正意义,是当下教研人员和管理者深思的问题。教研活动要有实效,要让教师真正参与其中,必须要发挥教师的主体作用,让活动研究对象来源于教学,来源于教学中真实发生的问题。教师不仅是问题的发现者,更是问题探寻的研究者。教师在发现问题、解决问题的探究中推动教学发展,提高教学质量,真正发挥教育教学研究的价值与作用。

教研活动是立足于课堂的活动,是指向教师的"教"和学生的"学"的活动。教研活动的主体是教师,教师最关注的是课堂教学,教师如何"教"、学生怎样

---

① 石伟平,周加仙.斯坦豪斯课程理论概述[J].全球教育展望,1999(2):41-47.
② 龚兴英.中小学教师教研活动研究[D].重庆:西南大学,2014.

"学"一直是课堂教学改革的重点。首先,教师要在教研活动中形成适合当下的教育理念,运用科学的方法指导教学。其次,教师在教学中的研究对象是学生,激发学生学的兴趣、激活学生思维掌握相关知识获得能力训练是研究重点。教师善于从教师"教"和学生"学"的双边活动中发现问题、提炼问题加以研究,以提高课堂教学实效,推进教学改革。

教研活动是一种反思性活动,是教师对自己或他人教学实践中反思和探讨的活动。教研活动主要探讨教师在教学实践中发生的问题、解决路径和策略。在这个过程中,教师要及时反思教学中的问题,与同伴交流探讨策略,在反思中构建教学策略和方法。在很多情况下,教研活动是促进教师在教学中不断反思、不断探索、不断积累的过程,引导教师从执教者向研究者转变的过程,教师不仅要会"教",还要明白"怎么教""这么教"的原理,在不断探索研究中获得更多方法和经验,以理论支撑教学,通过教学提升理论思考。教研活动是实践、反思、再实践、再反思的过程,是提高教师教学水平、促进专业发展、全面提高教育教学质量的过程。

学校建设常常把教研活动作为重要组成部分,它是教师主动参与的一项研究活动,能全面提高教师的专业水平。为了激发教师的积极主动性,教研活动要以教师的发展为中心,可以设定主题式研讨、课例研讨、课题联动式研讨等系列研讨活动。主题式研讨是以教师卷入的方式投入教学实践中,发现问题共同讨论,找到解决策略和方法,促进教师专业水平提升。主题式研讨的主体对象是教师,教师要在教学实践中不断积累,发现教学中问题,甄选"瓶颈式"问题,组织教师建立研讨共同体,在教学理论指导下获得相关策略再次实践教学。主题式研讨的基本形式是"发现问题 + 解决问题",具体到某一个课例和某一个教学环节教学时,遵循"问题—研讨—实践—反思—再实践—再反思"往复的流程,直至解决教学中的问题。这种研讨是教师学习的一种方式,也是教师自我成长的路径。

课例研讨是教研活动中最常用的。它是连接教学理论研究和教学实践智慧的桥梁,能够促进教学研究与发展。课例研究基本形式为"备课—说课—观课—议课",围绕一个课题从教学设计研讨到课例执教再到评论研讨最后反思总结再实践。把一个课例放在教学理论框架下去设计、打磨,教师在共同研讨中发现理论与实践结合的意义。课例研讨不局限在一节课或一个课例,可延展多种形式,如同课异构研讨、单元整体教学研讨、微课教学研讨、课题联动式研讨等。

同课异构研讨是教师对同一课例的不同教学设计和构想,运用比较教学发现值得研究的问题,在评课研讨中修正教学,找到适宜的教学方法和策略并解决教学问题。同课异构呈现课例教学多样化、多维思考教学策略和教学建构,为教学研究提供路径。

单元整体教学研讨能够树立教学整体意识,利用教学资源的重整提高课堂教学实效。单元整体教学研讨改变了传统线性教学,确定以单元教学为目标,对一个单元教学内容和活动进行系统规划、知识整合,充分发挥和落实单元教学价值,在探讨中形成新的教学模式服务教学,具有一定的研究价值。

微课研讨符合当下教学趋势,线上教学受众群体逐渐扩大,需求越来越多,教师除了完成线下教学还要有承担线上微课的教学能力。微课教学与试讲的形式基本一致,教师都是在虚拟学习情境中完成教学。但微课研讨不仅体现在教学设计和教学方法上,还需要在微课制作上进行相关研究和探讨,这对教师提出了更高的要求,其研究意义是可见的。

课题联动式研讨是运用课题研究带动教学的发展,把教学中发现的值得探究的问题以课题形式进行研究,形成教学经验,建构教学模式,推动教学发展。课题联动式研讨目的性强。课题研究本身来源于教学实践中需要解决问题,针对问题进行论证、探究。从课题研究方向选择相关的课例进行研讨,它不仅为课题提供研究实证也为课例研究建立完整体系,让课例研究更具学术性。课题联动式研讨是在课题基础上的课例研究,它充分发挥教学理论价值,调动教师研究问题的积极性,拓宽研究深度和广度。以课题为导向的研究形式具有重要意义,它能有效推动学校教研发展,激发教师的教学研究兴趣,增强教师教研的能力。由此,学校教研活动建构要从学校发展和教师自我需求出发,形成符合学校整体建设发展的教研体系。

综上所述,教研活动的作用是显性的,它是学校发展的动力。同时,试讲和教研关系也是可见的。试讲在教研活动中发挥自身优势,在备课、说课、观课、议课的环节中得以运用。同时,试讲能较好地提升教师教学设计能力和现场教学能力,促进教师专业水平提升。因此,试讲成为教研活动的重要抓手。

实 践 篇

让识字和写字教学落地生根

——一年级上册《秋天》试讲稿

【试讲分析】

《秋天》是统编教材一年级上册的一篇写景文章,描写了秋天的自然景象:天气凉了,树叶黄了,大雁南飞,表达对秋天的赞美之情。本课是一年级学生正式学习的第一篇课文,指导学生学习阅读的基本方法是一个学习重点。本课中,学生需要学习认识偏旁,学标自然段,读好"一"的变音等。教师可基于学情设定本课时的三个教学目标:落实识字教学、指导写字教学、指导学生养成良好的朗读习惯。

1. 识字教学的多样性

识字教学是低年级的重点。面对大量识字的要求,发挥识字的有效性是检测识字教学的一个重要标准。一般来说,识字教学可以采用先集中后分散的方法,因为集中识字能够建立学生整体认知,初步了解学生已经掌握的和没有掌握的生字,为接下来分散识字做好铺垫。分散识字是对学生易错读和误读生字的再次学习和巩固。集中识字时不能只做简单的出示,要依据学生年龄特点设计有趣的识字方法。如:"秋天到了,树叶黄了,里面藏着许多生字宝宝,如果你能读正确,生字宝宝就会从树上落下来。"结合文本创设情境,让识字变得有趣。识字教学不仅要教学生多认,更要教识记的方法,如:通过字理识字记住"秋"(禾苗着了火),组词识字记住"气",实物识字记住"树叶",偏旁归类识字认识"杨树""柳树""樟树"。多种识字方法能引发学生的识字兴趣,提高识字水平,夯实识字教学。

2. 扎实的写字指导

低年级写字教学要指导学生按照笔顺写正确,注意字形结构的框架,落实书写要求。本课教学着重指导"了""子"书写,首先是形近字比较,指导学生发现字形差别,提高学生的辨析能力。指导书写横撇、竖钩的笔画及四线格中的占位,最后关注"子"最后一笔横需要写在横中线上。教师着重在笔画的书写和字形的占位上做指导,重视主笔教学,让学生把握好字形框架,做到书写正确和美观。除此之外,书写前需要强调书写的正确姿势,保证书写的正确。写字指导是低年级教学的重要环节,笔画、笔顺、字形结构以及在田字格中的书写占位都需要一一指导。

3.重视语言训练

低年级阅读教学要落实"四会":会听、会读、会说、会写。会读和会说是语言训练的基础。低年级的朗读需要教师示范,指导学生读好句子,做好停连的示范。说是表达,是语言交流的方式。指导学生说好一句话,说完整的一句话可以借助课文的例子。如针对"秋天来了,树叶黄了,一片片叶子从树上落下来"一句,可让学生仿照练说:"春天来了,天气暖了,树叶绿了,花儿开了。""夏天来了,天气热了,小朋友在吃西瓜。""冬天来了,天气冷了,雪花飘落下来了。"以四季为顺序,不仅让学生了解季节特点,也为语言训练做好铺垫。

【试讲目标】

1. 认识"木""口"偏旁、"秋、会"等生字,会写"了""子"。

2. 指导正确地朗读课文,会标自然段。

3. 联系生活了解秋天的事物,练习说句子。

【试讲重点】

1. 认识"木""口"偏旁、"秋、会"等生字,会写"了""子"。

2. 指导正确地朗读课文,会标自然段。

【试讲过程】

师:尊敬的评委老师,大家好。我是×号考生(选手),今天我试讲的课文是《秋天》。请问现在可以开始我的试讲了吗?

师:上课,小朋友们好,请坐!

一、图片引入,揭示课题

师:小朋友们,你们看,树上的叶子黄了,园子里的果子成熟了,田野里的稻田一片金黄,秋天来了。(板书课文标题)

师:请小朋友和我一起读:第一课《秋天》。

二、指导朗读,认读生字

师:哪个小朋友读读这个字?"秋"。

师:禾苗着了火就是"秋"。跟着老师读:秋、秋、秋。

师:谁能给"秋"组组词? 这位小朋友坐得真端正,就请你来说说吧!

(生:秋天、秋风、秋季)

师:你的词语积累可真多。大家给他掌声吧!

师:小朋友们,课文写得可美了,请大家翻开课文,眼睛看着书本,竖起小耳朵,听老师把课文读一遍。

师:课文读完了,你们想不想读一读呢? 请大家借助拼音自由地读读吧,看谁读得最认真!

师:小朋友们,秋天到了,树叶黄了,树叶里藏着许多生字宝宝。如果你能读正确,生字宝宝就会从树上落下来。看看谁的小手举得最高! 请你来读吧!

师:你真棒! 真是我们班的认字小能手。请小朋友一起跟着老师再读一遍。

师:秋天来了,果园里的词语宝宝都成熟了,我们一起来摘果子吧! 请大家自由地拼读。

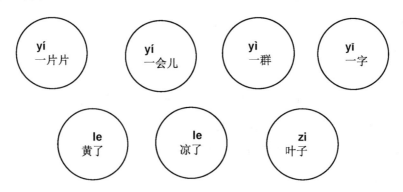

师:请一位小朋友带着大家把这些词语读一遍。

师:这些词语宝宝跳到了句子中,你们还能读好它们吗? 让我们一起来试试吧!

天气凉了,树叶黄了,一片片叶子从树上落下来。

一群大雁往南飞,一会儿排成个"人"字,一会儿排成个"一"字。

三、标自然段,学习课文

师:小朋友们,请看课文。第一句话前面空了两格,这就是一个自然段,请在空格处标上"1",你们再仔细看看,第二自然段在哪里? 你有了发现,请你来说。

(生:我发现下面也有空格,这就是第二自然段。)

师:是的,你学会了老师教给你的方法,看段落开头是否空两格就能很快找到。小朋友们,请按照老师说的方法标出第三自然段。

师:整篇课文一共有三个自然段,请分别在自然段的开头标上序号"1""2""3"。

师:接下来,我想请三位小朋友一人读一个自然段,其他小朋友认真听。

师:小朋友们,秋天来了,有了什么变化呢?

(生:天气凉了,树叶黄了,叶子落了,大雁往南飞。)

师:请大家拿出笔圈画"天气""树叶""大雁"。(板书)

师:请大家一起认读"气",谁能给"气"找个小伙伴呢?

(生:天气、空气、气体)

师:让我们一起来玩一个"我说你也说"的游戏吧!

师:春天来了,天气暖了,树叶绿了,花儿开了。

师:夏天来了,天气热了,小朋友在吃西瓜。

师:冬天来了,天气冷了,雪花飘落下来了。

师:小朋友们,你们看这是什么?

(生:树叶)

师:是的,老师拿着的是树叶,这两个字是怎样写的呢? 我们一起来读读"树叶"。

师:"树"的偏旁是"木"字旁,"叶"的偏旁是"口"字旁。"木"字旁的字都和树木有关,你看"杨树""柳树""樟树"都是"木"字旁。

师:小朋友们,让我们再来读一读这些生字。

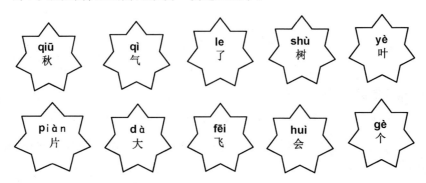

四、规范书写,指导写字

师:小朋友们,我们不仅认识了许多生字宝宝,还要学习写好生字宝宝。"了""子"这两个字,它们长得可像了。"子"比"了"多一横。

师:请小朋友拿出小手和老师一起书写"了":第一笔横撇,第二笔竖钩写在竖中线上。

师:小朋友们,握笔坐端正,在书上描一个,写一个。

师:"子"要注意,第三笔要写在横中线上。请大家按要求认真写一写吧!

师:今天这节课就上到这儿,下课!

师:我的试讲到此结束,感谢大家的聆听!

【板书设计】

秋天
天 气　　凉了
树 叶　　黄了 落了
大 雁　　往南飞

读好童话故事,积累丰富语言

——一年级下册《棉花姑娘》试讲稿

【试讲分析】

《棉花姑娘》是统编教材一年级下册的一篇童话故事,用童话的语言描述了棉花姑娘生病了请求小伙伴帮她治病的故事,从而让学生了解燕子、啄木鸟、青蛙和七星瓢虫分别吃不同种类害虫的科学常识。故事角色丰富,叙述完整。童话人物语言反复是本课的一个鲜明特点,通过一次次重复吸引学生学习适当表达并运用恰当的语气进行交流,既丰富了学生的语言表达,同时也是教学重点。因此,本课时教学主要从三个方面进行:

1. 关注字词积累

字词是语言的基石。字词教学占据低年级阅读教学的中心,指导学生掌握多种识字方法,学会自主识字、大量识字。本课需要学生会认 13 个生字。之前学生已经积累了一些识字方法,在此基础上复习巩固,引导学生运用情境识字、谜语识字、形声字比较归类识字、加一加减一减识字等多种识字方法,解决学生识字多、易遗忘的问题。运用趣味识字法可以增强学生识字的兴趣,也可提高学生识字水平。另外,词的教学也是重点,词语重在积累,如组词教学,要求积累本课重点词语"可恶""碧绿碧绿""雪白雪白",能结合生活理解和运用词语。

2. 读好童话语言

童话故事充满趣味,人物生动形象,语言丰富精彩。读童话故事,先读好故事的语言方能读懂故事。本课主要围绕棉花姑娘请小伙伴帮忙治病而发生的有趣故事开展,以文中棉花姑娘的"请你帮我捉害虫吧!"贯穿全文,引出燕子、啄木鸟、青蛙、七星瓢虫。在多次对话中,学生不仅了解了不同害虫的天敌的科学知识,也学习了交往过程中如何正确使用语言,如请人帮忙要有礼貌,语气谦和。教师要利用反复的对话帮助学生建构起正确的交际语言。因此,教学时指导学生读好棉花姑娘和其他小伙伴的对话是教学重点,学习分角色朗读来体会人物的感受,多次朗读训练积累丰富语言,在此基础上激发学生想象:棉花姑娘还会请哪些小动物帮忙？指导学生在对话基础上进行迁移运用,一方面检测学生语言运用能力,另一方面使学生丰富不同动物消灭不同害虫的科学知识。

3.指导观察书写

书写首先要学会观察,抓住笔画要点进行书写。如"七"字,第一笔"横"起笔落在横中线下,收笔高于横中线。这一笔是斜横,如果不仔细观察,很多小朋友会写成"撇"或者"平横"。学会分析字形结构,写好主笔。"病"和"医"都是半包围结构,四线格占位不同:"病"字起笔要偏右上格;而"医"字位于四线格的中间。"病"字主笔是"撇",要写得舒展有力;"医"的主笔是"竖折",要写得笔直方正。重视书写指导,把写字教学落在实处。

【试讲目标】

1.学习"棉""娘"等生字,指导书写"病""医""七"。

2.读好课文的对话,了解故事的内容。

3.了解不同动物消灭不同害虫的科学知识。

【试讲重点】

1.学习生字,掌握识记方法。

2.读好文中对话,了解故事内容。

【试讲过程】

师:尊敬的评委老师,大家好。我是×号考生(选手),今天我试讲的课文是《棉花姑娘》。请问现在可以开始我的试讲了吗?

师:上课,小朋友们好,请坐!

一、谈话引题,读懂标题

师:小朋友们,今天我们要认识一位姑娘,她叫棉花姑娘,跟着老师读课文题目。如果是桃花,我们可以叫她桃花姑娘;荷花呢? 荷花姑娘;梅花就叫梅花姑娘。

师:请大家拼读棉(mián)娘(niáng),谁能给它们组个词。

(生:棉花、棉衣,姑娘、娘娘)

二、初读课文,学习生字

师:棉花姑娘生病了,她想请大家帮帮忙。如果你把这些生字宝宝读对了,棉花姑娘的叶子就会变成绿色。

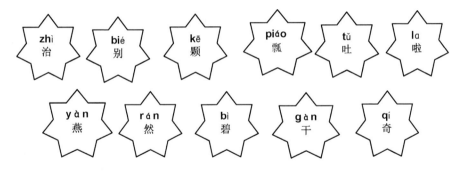

师:先请第一组的同学按顺序拼读这些生字。注意"干"字的读音"gàn",它还可以读作"gān"。

师:这些生字有什么好办法记住它们?

(生:我用字谜的方法记住"碧":一个姓王的小朋友和一个姓白的小朋友坐在石头上玩耍。)

(生:我是用部首记住了"然"和"燕",它们都是四点底。)

(生:我用了加一加识字法记住"吐":"口+土"。)

师:大家用了许多好办法记住这些生字宝宝。你们看,棉花姑娘的叶子变绿了。

师:小朋友们,课文中还有许多词语很有意思,让我们一起来读一读。

可恶的蚜虫 圆圆的小虫子 碧绿碧绿的叶子 雪白雪白的棉花

师:小朋友们,除了可恶的蚜虫,还有哪些东西让人觉得可恶?

(生:可恶的蚊子、可恶的毒蛇……)

师:你见过"碧绿碧绿的叶子",还见过碧绿碧绿的什么?

(生:碧绿碧绿的禾苗、碧绿碧绿的田野……)

师:接下来我们把这些词语送进课文,看看大家能不能读好。

师:课文一共有六个自然段,请每一组读一个自然段,现在开始吧!

三、细读语句,了解故事

师:小朋友们,读了课文我们知道棉花姑娘生病了,可她是因为什么生病了?请你自由读课文第一自然段,圈画出生病的原因。

(生:可恶的蚜虫来了让棉花姑娘生病。)

师:是的。蚜虫太厉害,它吃掉棉花姑娘的叶子,棉花姑娘生病了。我们一起来看看这个"病"字怎么写。"病"是半包围结构,第三笔撇要写得舒展有力,最后一笔点要写得圆润。请大家描一个,写一个。握笔坐端正,开始书写吧!

师:请大家自由读读课文,棉花姑娘生病了,请了哪些朋友帮她治病呢?请用笔圈画出来。(板书)

(生:燕子、啄木鸟、青蛙、七星瓢虫。)

师:棉花姑娘是怎样请朋友帮忙治病的?我们一起来读读吧!女生读棉花姑娘,男生读燕子、啄木鸟、青蛙。

师:棉花姑娘生病了,她着急吗?我们可以怎么读?请你来试试。

师:读得不错,我听出来了,棉花姑娘都快急哭了。

师:接下来,老师读棉花姑娘,小朋友读燕子、啄木鸟、青蛙。(板书)

棉花姑娘说:"请你帮我捉害虫吧!"

(　　　　)说:"对不起,我只会捉(　　　　　)的害虫,你还是请别人帮忙吧!"

师:棉花姑娘请了燕子、啄木鸟、青蛙帮忙治病,可都帮不上。她还会遇上哪些小伙伴,还会请哪些小伙伴帮忙呢?你已经想到了,请你说。

(生:她会请蜻蜓帮忙。)

(生:她会请壁虎帮忙。)

(生:她会请喜鹊帮忙。)

师:是的,棉花姑娘会和他们怎么说呢?请大家按照下面的句式和同桌练习说说吧!

> 棉花姑娘说:"请你帮我捉害虫吧!"
> 蜻蜓说:"对不起,我只会捉水边飞的害虫,你还是请别人帮忙吧!"

> 棉花姑娘说:"请你帮我捉害虫吧!"
> 壁虎说:"对不起,我只会捉空中飞的害虫,你还是请别人帮忙吧!"

师:棉花姑娘生病了,请了许多小伙伴帮忙,最后是谁治好了她的病?

(生:是七星瓢虫,它会吃棉花叶子上的蚜虫。)

师:棉花姑娘的病治好了,她会怎样感谢七星瓢虫呢?同桌分角色扮演。

> 棉花姑娘说:"七星瓢虫,谢谢你帮我捉害虫!"
> 七星瓢虫高兴地说:"不客气,帮助你,我也很快乐!"

师:是的。棉花姑娘在七星瓢虫的帮助下终于笑了。请大家看图连一连,再说一说。

捉空中的害虫

捉树干里的害虫

捉田里的害虫

捉棉花叶子上的害虫

(生:啄木鸟捉树干里的害虫,青蛙捉田里的害虫,七星瓢虫捉棉花叶子上的害虫,燕子捉空中飞的害虫。)

师:棉花姑娘的病好了,长出了碧绿碧绿的叶子,吐出了雪白雪白的棉花。

四、仔细观察,指导书写

师:棉花姑娘多亏七星瓢虫帮她医治,我们一起来看看"医"怎么写? 你有了发现,请你说。

(生:"医"是半包围结构,位于四线格的中间,第一笔横要写在横中线上面,第二笔短撇,最后一笔竖折的"横"要写得长一点。)

师:你从字形结构和笔画要点说明了书写的要求,相信大家能把这个字写好。

师:"七"是独体字,在书写的时候需要注意什么呢? 看谁有好的建议。你的手举得这么高,就请你说说吧!

(生:"七"字的第一笔是横,这一横是斜横;第二笔是竖弯钩,要立在竖中线上。)

师:你真是火眼金睛,一下子就抓住这个字书写的要点。请大家在书上认真地描一个写一个,注意书写姿势,头正肩平,脚放平。开始写吧!

师:小朋友们,今天这节课就上到这儿,下节课我们将继续学习!

师:我的试讲到此结束,感谢聆听!

【板书设计】

棉花姑娘

燕　子	——	空中的	
啄木鸟	——	树干里的	害虫
青　蛙	——	田里的	
七星瓢虫	——	叶子上的	

比读书信,体会情感表达

——二年级上册《一封信》试讲稿

【试讲分析】

《一封信》是统编教材二年级上册的一篇记叙文,主要讲了露西想念在国外工作的爸爸,给他写信的事。课文题目虽是"一封信",但露西写了两封信:第一封信是自己独立完成的,露西因为想念爸爸,把自己一些不开心的、遇到困难的事情写了下来,想告诉爸爸生活中的不快乐,是孩子内心的真实感受;第二封信是在妈妈的引导下完成的,发现了生活中许多快乐的事情可以分享,遇到困难也可以解决,露西的心情也有了巨大的转变,学会将快乐与爸爸分享。露西的心情和感受发生变化后,两封信的内容也发生了变化,但是对爸爸的想念不变。教学时,比较露西所写两封信的内容,体会表达不同感受为教学重点。为顺利组织教学,可以从以下几个方面展开:

1. 夯实字词教学

低年级教学要把字词的认读与积累落到实处。首先利用文本内容提高学生认读能力和水平,读准字音、掌握字形。本课字词教学运用常规教学方法,指导学生读准每一个字音,结合文中词语记住字形,引导学生关注文本词语便于积累。字词学习离不开文本,积累好词语才能真正夯实字词教学。字词认读与书写是紧密联系的,从会认到会写实现了字词的积累与运用。写的教学不是一成不变的,要根据不同年级提出不同要求。二年级写字着重指导字形的框架和结构,力求把字写得端正美观。如"封""信"都是左右结构,一般书写要求是左窄右宽,如果按此要求去书写,"封"字可能会变形。因此,教师在教学时要引导学生观察"封""信"在四线格中的占位,比较后发现:"封"左右占位宽窄相同;"信"占位遵循"左窄右宽"书写原则。结构相同的字经过观察比较后发现:偏旁的大小会决定字形书写整体结构和框架。

2. 比读关键语句

《一封信》的教学重难点是比较露西给爸爸写的两封信后表达感受。教学时,先从文中找出露西写的两封信的内容,辨析人物对话和书信内容提取有效信息;比读两封信讨论阅读感受,从整体上感受两封信的共同和不同之处,比较阅读后构建多角度分析问题的思维模式。用"抽丝剥茧"阅读方法聚焦两封信表达的两处典型语句。如"你不在,我们很不开心"和"我们过得挺好"。比读中发现,这两句话都表达了露西对爸爸的想念,情感是相同的,但语言表达不同给人的感受是完全不同的,深入体会语言表达的适切性。又如"家里的台灯坏了,我们修不好"和"请爸爸告诉我们,螺丝刀放在哪儿了。这样,我们就能自己修台灯了"。比读中了解到同样的事情通过不同的角度看待问题,给人的感受也截然不同,积极乐观的生活态度比抱怨强。比读关键语句,突破教学重难点。

3.迁移运用表达

对于低年级学生来说,迁移运用是能力训练的难点,结合文本的内容训练学生的辨析能力是一个教学要点,虽有难度但也不是遥不可及。由此,教学中设计一个"包袱点",用一封真实的书信引题,在最后的教学环节中揭示书信的秘密。这封书信的作用是显性的,以书信开题紧扣教学,用改写这封书信检测学生"学"的情况,学用适当的语言表达情感。教学设计水到渠成,学生能力迁移训练呈螺旋式上升趋势。

【试讲目标】

1.学会认"锅""修"等生字,会写"封""信"等生字,掌握"朝""重""结"的两种读音。

2.能根据文中语句了解露西写的两封信的内容。

3.比较露西写的两封信并说明理由。

【试讲重点】

1.能根据文中语句了解露西写的两封信的内容。

2.比较露西写的两封信并说明理由。

【试讲过程】

师:尊敬的评委老师,大家好。我是×号考生(选手),今天我试讲的课文是《一封信》。请问现在可以开始我的试讲了吗?

师:上课,同学们好,请坐!

一、谈话引入,书写标题

师:小朋友们,你们看老师手中拿的是什么?

(生:一封信。)

师:这封信你们知道是谁写的吗？请大家一起来猜一猜。

(生:是老师写的。)

(生:是露西写的。)

师:是谁写的,之后会给大家揭晓。现在我们一起学习这篇课文,请大家和老师书写课文标题。

师:"封""信"是两个生字,在四线格怎么写？看看哪个小朋友会观察？请你说。

(生:封和信都是左右结构,"封"位于在竖中线的左右两侧,两个部分大小相同;"信"的左边占位要窄,右边"言"占主位。)

师:"封"和"信"虽然是左右结构,但是书写占位不一样,要根据偏旁大小来决定整个字形占位,偏旁简单的,占位就窄。请大家坐端正,描一个写一个。

二、初读课文,学习字词

师:请大家借助拼音自由朗读课文,不会的生字多拼读,再把句子连起来读一读。相信自己能读好。

师:很多小朋友已经读完了。你们看从信封里跳出了许多生字宝宝,你能读好吗？请两个小组一起接读。

xiāo 削	guō 锅	guā 刮	hú 胡	xiū 修	lěng 冷	jiān 肩	tuán 团
wán 完	qī 期	shù 束	xiān 鲜	cháo 朝	zhòng 重	jié 结	

师:给这些生字找到小伙伴后,你还能读吗？

星期天　一大束　刮胡子　修台灯　削好　锅里　冷清　肩膀　写完　鲜花　一团

师:大家都能读正确,请大家从课文里圈画出这些词语,再来读一读。

师:课文中出现三个多音字,我们一起来读读它们吧!

chóng 重新	zhòng 重量	jié 结尾	jiē 结实	cháo 朝向	zhāo 朝阳

师:让我们把这些词语送进课文,再自由地把课文读一读,思考:露西给爸爸写了几封信？

（生：两封信。）

三、比较阅读，引发感受

师：露西给爸爸写了两封信，请男生画出第一封信的内容，女生画出第二封信的内容。（板书）

第一封信内容如下：

亲爱的爸爸：

你不在，我们很不开心。以前每天早上你一边刮胡子，一边逗我玩。还有，家里的台灯坏了，我们修不好。从早到晚，家里总是很冷清。

第二封信内容如下：

亲爱的爸爸：

我们过得挺好。太阳闪闪发光。阳光下，我们的希比希又蹦又跳。请爸爸告诉我们，螺丝刀放在哪儿了。这样，我们就能自己修台灯了。还有，下个星期天我们去看电影。

爸爸，我们天天想你。

师：请大家自由地读读这两封信，和同桌讨论一下你们有了怎样的发现。你们已经讨论好了，请你们来说说。（板书）

（生：露西写的这两封信都是表达对爸爸的想念。）

（生：露西写这两封信的心情不一样。）

师：让我们一起来读读下面这几句话，谈谈感受。

你不在，我们很不开心。

我们过得挺好。

师：你们喜欢哪一种表达？说说理由。

（生：我喜欢第二句话，这是写给爸爸的信，露西虽然想爸爸，但是他一个人在国外也不容易，不能让他担心。）

师：是的，恰当地表达自己的情感会有不一样的效果。让我们再来读读下面这两句话。

家里的台灯坏了，我们修不好。

请爸爸告诉我们，螺丝刀放在哪儿了。这样，我们就能自己修台灯了。

师：这两句话都是在说台灯坏了，需要修理。但是说的方式不同，表达的情感就不一样。读了第一句话感受到因为台灯坏了修不好而难过,第二句话则写了台灯坏了,自己就能找到解决办法,让人放心。

师:露西写的这两封信都表达了对爸爸的想念,你喜欢哪封信?小组讨论一下,说说理由吧!

师:我发现有的小组讨论得特别热烈,请他们给我们分享一下讨论的内容。

(生:我们小组都喜欢第二封信,因为第一封信露西写得让人读起来不开心,如果爸爸收到信后就会很难过。而第二封信和爸爸分享了生活过得不错,爸爸读了会很开心。)

师:理由说得充分,还有哪个小组想分享自己的感受?请这个小组来说说。

(生:我们也喜欢第二封信,虽然第一封信是露西自己写的,可是写的内容让人读起来有些担心。第二封信在妈妈的帮助下,露西发现生活中有许多趣事可以分享给爸爸,这样爸爸收到来信也会很快乐。)

师:我们通过热烈讨论分享对露西写的信的感受,不同情感表达的效果就不同。

四、拓展延伸,迁移训练

师:同学们,上课前拿出的这封信,你们还记得吗?我想请一位同学来读读这封信。

亲爱的老师:

　　您好!因为爸爸工作调动,我转学已经一个月了,可是我一点也不开心。以前我喜欢和大家在一起学习,一起游戏。现在,我总是一个人。上课开小差,老师因此批评我。我很难过。

　　祝您工作顺利!

李芸儿

9 月 12 日

师:这是一位转学的同学写给我的一封信,读了之后我有些担心和难过。如果你是这位转学的同学,你会怎样来写这封信呢?请你说。

(生:离开老师转学走虽然不舍,但是可以说说在新的学校发生的有趣的事情、新鲜的事情,分享一下自己来到新学校的快乐。)

师:请大家尝试着以这位同学的口吻重新写一写。

亲爱的老师：

　　您好！因为爸爸工作调动,我转学已经一个月了,＿＿＿＿＿＿＿＿＿＿

＿＿＿＿＿＿＿＿＿＿＿＿＿＿＿＿＿＿＿＿＿＿＿＿＿＿＿。

　　祝您工作顺利！

李芸儿

9 月 12 日

师:同学们,今天这节课就上到这儿,下节课我们将继续学习。感谢各位的聆听!

【板书设计】

一封信
露西　→　爸爸
想念

探寻太空生活，读懂课文有方法

——二年级下册《太空生活趣事多》试讲稿

【试讲分析】

《太空生活趣事多》是统编教材二年级下册的一篇科学小品文，主要介绍太空生活新奇有趣的事情。语言生动活泼，结构完整。全文用"总分总"的结构特点描述了太空中宇航员睡觉、喝水、走路、洗澡的趣事。文章脉络清晰，指导学生抓关键词语提取有效信息，初步读懂课文内容成为教学重点。除此之外，了解太空生活的趣事还需探究一下形成原因，借助文本语句和相关科学知识了解科学常识是教学难点。本课教学结合学情从以下几个方面进行：

1. 把握字词教学的要点

二年级学生已经掌握识记生字的方法，具备字词积累能力。教学中可创设情境积极唤醒学生已有的知识经验，结合字形特点运用分类识字方法提升识字水平，如用偏旁归类方法记住"宇、宙、容、室"，用熟字比一比方法记住"密—蜜、稍—消、杯—环、板—饭、题—提"。除此之外，指导学生运用联系生活扩词法做到用字组词，实现由词到短语的学习积累，如"宇—宇宙—宇宙飞船，饮—饮料—饮料公司，题—习题—语文习题"。掌握多种识字方法让学习更高效，学生在分类、比较、勾连中丰富词语积累，达到从学到用的过程。写字教学要求学生书写正确，尤其是需要注意笔画的差异，如"杯""容""浴""桶"这几个字在书写中看似关联不紧密，但仔细观察发现这四个字中"点"的笔画不可写成"捺"，"杯"两个"点"不同，一个是短点，一个是长点。从关键笔画出发指导书写既关注重点笔画写法差异，也提高书写指导的效果。

2. 学习读懂课文的方法

低年级阅读教学要有意识地渗透阅读方法。学习课文不仅要把课文读通顺、流利，还需要在读懂课文上下些功夫。《太空生活趣事多》是一篇充满趣味的科学小品文，用生动鲜活的语言描述了奇妙的太空生活，引发学生阅读兴趣，激活学生对科学知识探索的意识。首先指导学生用思维导图梳理课文主要内容，然后从"趣"入手感受太空生活与众不同，通过比较"太空睡觉"与"地球睡觉"发现,在太空中必须依靠固定在舱壁上的睡袋才能睡安稳,从而引发学生思考:太空中产生这一现象的原因是什么?让学生带着问题继续学习,保持学习的热情,增强探索意趣。"太空走路"则可以在读的基础上演示行走,让学生明白在太空行走必须依靠固定物体用手臂支撑行走,在演示过程中感觉与地球行走的差异。"太空喝水""太空洗澡"借助学习单,引导学生从文本中提取有效信息了解相关的知识。在充分学习和感知后了解太空生活奇趣,最后思考"太空生活中发生这些现象的原因",引导学生从文本关键句找到成因——"太空失重"。什么是"太空失重"? 要让低年级学生理解科学术语是比较抽象的,可以通过观看宇航员在太空生活的视频让学生初步了解"太空失重"的科学知识。读懂课文的方法有很多,但在教学时一定要贴着文本走,依着学情教。

【试讲目标】

1. 分类识记"航""宇"等生字,会写"杯""容""浴""桶"。

2. 正确朗读课文,会说太空的趣事。

3. 了解太空失重的知识。

【试讲重点】

1. 分类识记"航""宇"等生字,会写"杯""容""浴""桶"。

2. 正确朗读课文,会说太空的趣事。

【试讲过程】

师:尊敬的评委老师,大家好。我是×号考生(选手),今天我试讲的课文是《太空生活趣事多》。请问现在可以开始我的试讲了吗?

师:上课,同学们好,请坐!

一、视频引入,揭示标题

师:同学们,2021年10月我国航天员翟志刚、王亚平、叶光富乘坐神舟十三号载人飞船登上太空完成各项航天实验,我们一起来看看视频。

师:从视频中你发现航天员在太空中行动有哪些让你感兴趣?

(生:航天员在太空中行走特别有意思,他们好像有了翅膀在飞。)

(生:航天员在太空中怎么睡觉的?怎么吃饭的?我都想知道。)

师:航天员在太空中一定会有许多令人意想不到的事情,今天这节课就让我们走进课文《太空生活趣事多》。(板书)

二、初读课文,学习字词

师:请同学们自由读课文,把课文中难读的字借助拼音多读几遍,不理解的词语可以圈画出来。

师:同学们,你们看,我们乘坐飞船来到太空,每颗星星都藏着生字小伙伴。如果你能读好并记住它,这颗星星就会点亮,让我们一起来试试吧!

师:在大家的努力下,太空中的星星都被点亮了。谁能用好的办法记住它们?

(生:我想用偏旁归类方法记住宇、宙、容、室,它们都是上下结构,都有宝盖头。)

(生:我会用熟字比一比方法记住密—蜜、稍—消、杯—环、板—饭、题—提。)

师:同学们识记的方法非常有效,能快速记住一类字,你们看星星又亮了许多。此外,我们还可以运用联系生活扩词法,如:航—航空—航空公司。看看谁能用老师的方法记住它们。

(生:宇—宇宙—宇宙飞船、饮—饮料—饮料公司、题—习题—语文习题。)

师:分类识字的方法能让我们记住更多的字,除了会认,更要会写,这样你才能长本领。我们一起来看看"杯""容""浴""桶"这几个字,在书写的时候需要注意什么呢?你有了发现,请你说。

(生:"杯""浴""容""桶"四个字有一个关键笔画"点"不能写成"捺"。"杯"有两个"点",第一个是短点,第二个是长点。)

师:书写时一定要注意变式笔画,即使是相同笔画也要注意写法差别,只有这样才能保证书写正确和美观。请大家坐端正,在书上描一个,写一个,注意关键笔画。

三、走进课文,探寻趣事

师:书写完成后,让我们一起走进课文,了解一下太空生活都有哪些趣事。

请大家自由读读课文,根据下面的导图完成填写。

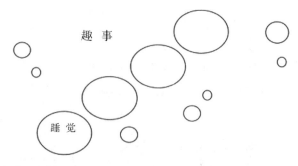

师:从课文中,我们发现太空生活的趣事有很多,睡觉、喝水、走路、洗澡都和地球上有很大的不同。那我们读读相关语句,一起来发现太空生活的趣味吧!(板书)

师:读了"太空睡觉"的段落,你发现哪些有趣的地方吗?

(生:我发现太空站着和躺着睡觉一样舒服。)

师:是的,在地球上只有躺着睡觉才舒服,其他同学还有不同发现吗?

(生:太空睡觉要睡安稳必须睡在固定在舱壁上的睡袋里,不然会飘走。)

师:是啊,在太空睡觉一不小心就会飘走,这是为什么呢? 先不着急回答这个问题,我们再来读读"太空走路"段落。读完后请一位同学演示一下"太空走路"。

师:感谢这位同学的演示。在太空走路可没有我们现在这么方便,需要依靠特制扶手或其他设施稳定的物体,通过手臂稳定身体。

师:在地球上很容易做到的事情在太空中有困难,比如喝水、洗澡。请大家把第四、五自然段读一读,完成下面的练习。

1. 航天员要想喝到水,得使用一种_____,直接把水_____嘴里。

2. 航天员在太空洗澡可不是一件容易的事。喷头喷出的水总是_____在空中,于是科研人员设计了一个_____,但使用太麻烦,现在航天员只用_____擦拭身体。

师:在地球上,人们喝水、洗澡都是一件简单的事,但是在太空的航天员喝水需要用带吸管的饮水袋,洗澡只能用免洗湿巾。为什么在地球上轻而易举的事情在太空中就会这么复杂呢? 请大家仔细读读课文,找到原因。你已经有了答案,请你说。

(生:课文第三自然段写了"水处于失重状态"。)

师:是的,太空和地球不一样,它没有了地球引力,处于失重状态。我们一起来看一段视频了解一下"太空失重"。

师:航天飞机和空间站在轨道上运动产生的离心力正好与地球引力相等,而且方向相反,航天飞机和空间站处于失重状态,许多东西漂浮在太空中,宇航员就像神仙有腾云驾雾的本领,实在是有趣。

四、拓展延伸,引发联想

师:太空生活会有许多趣事发生,同学们,你们还想知道哪些有趣的事情呢?

(生:航天员在太空中是怎样看书的? 如果要洗头怎么办? 如果要锻炼身体可以做哪些运动?)

师:是的,太空生活充满了趣味,一起来看看我国宇航员在太空生活的场景吧!

师:同学们,今天这节课就上到这儿,下节课我们将继续学习。

师:我的试讲到此结束,感谢各位的聆听!

【板书设计】

太空生活趣事多
睡觉
走路　　　　　失重
喝水
洗澡

留心观察事物，习得写作方法

——三年级上册《搭船的鸟》试讲稿

【试讲分析】

《搭船的鸟》是统编教材三年级上册习作单元的一篇选文。这篇选文浅显易懂，主要写了"我"和母亲乘船去外祖父家看见一只翠鸟捕鱼时的情景。习作单元的选文意义在于指导学生掌握写作方法，为习作教学做好铺垫。基于本单元语文要素"体会作者是怎样留心观察周围事物的"，教学重点是学习留心观察的方法。观察是写作的前提，三年级是习作教学的起步，因此学习观察方法是写好作文的第一步。本课要学习留心观察周围事物，方法是抓事物特点，主要从以下两个方面着手：

1. 抓事物外形特点

学习观察方法可以采用"先学后教"的方式，先让学生按照自己的方式观察翠鸟的外形，然后引导学生阅读文本中描写翠鸟的方法，在比较中发现作者按照从整体到部分的观察顺序，总写翠鸟是一只色彩美丽的鸟，然后细致描写翠鸟的羽毛、翅膀、长嘴的不同色彩。作者按照先总写后分写的方法，抓事物色彩丰富的外形特点来体现翠鸟的美丽。

2. 写事物动态变化

抓事物外形特点主要是从静态的角度去观察，而要写出事物的变化则要站在动态的角度。课文第四段抓住翠鸟捕鱼的连续动作，表现翠鸟机敏灵活的特点。教学时，可以先让学生观看翠鸟捕鱼的视频，整体感受翠鸟捕鱼动作的灵活；然后放慢翠鸟捕鱼动作视频，仔细观察翠鸟捕鱼时动作的变化，引导学生用较准确的动词描写其变化；最后再学习文本，关注作者描写翠鸟捕鱼连续动作时用词的准确。用"先学后教"的方式引导学生自主掌握习作的方法，把被动的学习转换为主动获取，能够改变学生习作的心态，学生不再为写而写，而是基于"我的观察""我的发现""我的所思所想"……

习作单元是写作方法的教学，对习作有很好的指导性，但习作方法的教学最好是不着痕迹，在学生已有习作能力基础上逐步提升，达到"我手写我心"。

【试讲目标】

1. 正确流利地朗读课文,读准"船篷、蓑衣、摇橹、衔着"。

2. 读重点段落,学习留心观察周围事物的方法。

3. 学习写法,尝试运用。

【试讲重点】

1. 读重点段落,学习留心观察周围事物的方法。

2. 学习写法,尝试运用。

【试讲过程】

师:尊敬的评委老师,大家好。我是×号考生(选手),今天我试讲的课文是《搭船的鸟》。请问现在可以开始我的试讲了吗?

师:上课,同学们好,请坐!

一、开门见山,揭示标题

师:同学们,今天我们要学习一篇优美的文章,它就是《搭船的鸟》。请大家齐读课文标题。

二、初读课文,感知内容

师:课文共有五个自然段,请五位同学来读一读。

师:请把文中的这些词语读准确。

(生:船篷、蓑衣、摇橹、衔着。)

师:读得不错。文中"翠"在书写的时候要注意,上面不是羽毛的"羽",即第一笔和第四笔是"横折"而不是"横折钩"。请大家动手写两个。

师:默读课文,想想课文主要写了什么? 请你先来说一说。

(生:我和母亲乘船去外祖父家,看见一只搭船的翠鸟在捕鱼。)

师:让我们把课文齐读一遍。

三、研读语句,了解写法

师:课文中这是一只非常漂亮的翠鸟。你在生活中见过翠鸟吗? 让我们来看看翠鸟的模样吧!

师:你能够说一说翠鸟的样子吗?

(生:翠鸟有着一对尖利的眼睛,一个红色的长嘴,头上有着蓬松的羽毛,后背一片绿色,肚子上有一片白色的羽毛,一个短短的尾巴,还有红彤彤的爪子。)

师:这是你看到的,那我们来看看课文的作者是怎么写翠鸟的。请你读第二自然段。

师:你发现课文是怎样来写翠鸟的?

(生:课文先总写翠鸟的美丽,再分别从它的羽毛、翅膀、嘴巴来写。)

师:课文和你观察翠鸟的方法有什么不同呢?

(生:课文是按照从整体到局部的观察方法,而我是把翠鸟每一个部分都观察了。)

师:是的,你使用了面面俱到观察法,虽说细致但没有重点;课文则是从整体入手,按照重点部分细致观察。

师:让我们再来读读这段话。课文从外形来描写翠鸟,除此之外,还写了什么呢?(板书)

(生:从色彩上描写翠鸟的美丽。)

师:是的,文中用"翠绿""蓝色""红色"这些表示颜色的词描写出翠鸟的美丽。就像刚才那位同学所说,翠鸟身上可描绘的地方很多,但是颜色鲜艳是翠鸟最大的特点,所以作者只抓住了翠鸟的羽毛、翅膀、长嘴的颜色来写,由此可见,留心观察要抓特点。(板书)

师:这只色彩艳丽的翠鸟给作者留下了深刻的印象,它的捕鱼动作也十分精彩。我们来看看翠鸟捕鱼时的一段视频。

师:看完了翠鸟捕鱼的片段,你有怎样的感受?

(生:翠鸟捕鱼时动作迅速敏捷。)

师:让我们放慢视频再来看看翠鸟捕鱼的动作。把你看到的和大家分享一下。

(生:翠鸟像一支离弦的箭冲向水面,不一会儿,从水里叼出一条小鱼,又迅速地飞上枝头。)

师:你用恰当的比喻描写出了翠鸟捕鱼的动作,形象而生动。课文中也有一段描写了翠鸟捕鱼的动作,我们一起来读一读。

师:请大家把描写翠鸟捕鱼动作的词语圈画出来。

师:作者抓住"冲、飞、衔、站、吞"等连续动作词语描写翠鸟捕鱼动作迅速而敏捷。

师:除了动词体会到翠鸟的迅速和敏捷,还可以从哪些词体会?

(生:从"一下子、没一会儿"体会翠鸟动作的特点。)

师:这两个都是表示时间的词语,用时间的"快"来写翠鸟动作迅速,这也是一种好方法。(板书)

师:作者就是在细致观察的基础上,抓住翠鸟动作变化的特点来写,给读者留下想象画面。但是细心的同学一定发现了,文章不仅写了翠鸟,还写了什么?

(生:作者还写了自己的想法。)

师:请你来读读第三自然段。

师:作者在这一段写了自己对翠鸟的一些想法,是否可以删去?请大家讨论交流一下。

师:你们已经有了想法,请派一个代表来说说。

(生:我们认为不可以。作者在船上看到一只搭船的小鸟引起了他的注意,在观察中产生好奇:这只鸟怎么来的,要去哪? 正是因为好奇才能细致观察这只小鸟捕鱼时精彩的动作。)

师:是的,作者只有一边观察一边思考才能写出事物的特点。观察与思考是密不可分的,我们在写作的时候可以把自己看到的和想到的写下来,文章就会更加有趣生动。(板书)

四、运用写法,组织练笔

师:今天老师给大家带来了一个视频,视频的主人公是一只小蜥蜴,它在一个大沙漠里,中午的太阳可毒了,快把沙子融化了,小蜥蜴会有什么举动? 请你仔细观察,把你看到的和想到的写下来。

师:同学们,今天这节课就上到这儿,下节课我们将继续学习。

师:我的试讲到此结束,感谢各位的聆听!

【板书设计】

	搭船的鸟	
抓特点		外形
写想法		动作

聆听美妙的声音，展开想象的翅膀

——三年级上册《大自然的声音》试讲稿

【试讲分析】

《大自然的声音》是统编教材三年级上册一篇写景的文章。写景的文章重在想象，它用优美的语言和丰富的想象演绎出大自然美妙的声音。结合单元语文要素"感受课文生动的语言，积累喜欢的语句"确定教学目标，同时品读、积累语言是本课学习重点。语言的积累不是简单的读和背，而是在语言环境下理解感受后的积累，只有这样的积累才能实现语用的功能。另一个教学目标是联系现实生活丰富学生的想象，在想象中积累优美的语句并能尝试运用，紧紧围绕这两个目标达成教学。

1. 积累词句，丰富语言

三年级是词句积累的重要阶段。阅读本文后发现，文中有许多描写声音的词语，把这些词语分为三个方面来学习积累。一是积累拟声词，如"叮叮咚咚""滴滴答答""叽叽喳喳""唧哩哩唧哩哩"，指导学生在读中想象与声音相关的画面。二是积累描写水流姿态的词语，如"小溪淙淙""河流潺潺""大海哗哗"，体会水流速度的变化。三是积累难理解的词语，如"呢喃细语"。分层次积累语言，感受事物的变化，不仅能丰富语言还能引发想象。

2. "造境"想象，链接生活

本课的教学难点是在语言文字的学习中丰富学生想象。首先以"造境"来贯穿整个教学板块，激活学生思维，丰富其想象。开课创设情境聆听大自然的声音，把现实生活搬进课堂，先听再想最后说画面，用美妙的声音唤醒学生的思维。词语教学板块，学习积累描写不同声音的词语，读词想象画面，与文本和现实生活勾连，激活想象空间。围绕事物特点品读重点语句，在读中展开想象，交流感受和体会。最后聆听鸟儿的声音想象画面，实现读写结合。突破教学难点，丰富学生想象要借助媒介，要把学生的各种感官体验与生活勾连，激活学生的思维，发挥想象的张力，这样的教学才是有生命力的。

【试讲目标】

1.有感情地朗读课文并理解"小溪淙淙""河流潺潺""呢喃细语"等词语意思。

2.抓住重点语句,感受大自然声音的美妙。

3.听鸟儿声音想象画面并仿写。

【试讲重点】

1.从重点语句中感受大自然美妙的声音。

2.听声音并仿写。

【试讲过程】

师:尊敬的评委老师,大家好。我是×号考生(选手),今天我试讲的课文是《大自然的声音》。请问现在可以开始我的试讲了吗?

师:上课,同学们好,请坐!

一、聆听声音,想象画面

师:同学们,请听!(播放音乐)

师:你们听见哪些声音?

(生:雨声、风声、鸟叫声、青蛙叫声、蛐蛐声、公鸡打鸣、羊叫声。)

师:同学们的小耳朵可真灵啊!这些都是大自然的声音。让我们再听一遍,想想你仿佛看到什么?

(生:我仿佛看到大雨过后,青蛙在池塘里歌唱。)

(生:我仿佛看到草丛里蛐蛐们在欢唱。)

师:是呀,听着听着,眼前仿佛就出现了一幅幅生动的画面。

师:这些美妙的声音都是大自然赐予我们的珍贵礼物,今天就让我们去聆听《大自然的声音》。

二、学词积累,引发想象

师:这篇课文一共有四个自然段,我想请四位同学把课文读一读。其他同学边听边思考:课文是围绕哪一句话来写的?把它画出来。

师:这几位同学读得正确流利,看来没少下功夫。课文里的词语想必也难不倒你们,请你来试试吧!

(生:滴滴答答、叮叮咚咚、叽叽喳喳、唧哩哩唧哩哩。)

师:读得不错。我仿佛看到小雨滴滴答答落进池塘里,欢乐无比。

师:让我们再来读读第二组词语。

(生:小溪淙淙、河流潺潺、大海哗哗。)

师:这组词除了写出水流的声音,还写出了什么呢?

(生:还写了水流的速度,小溪淙淙到河流潺潺再到大海哗哗,它们流动的速度是由慢到快。)

师:最后读一读这个词语。

(生:呢喃细语。)

师:什么是呢喃细语?

(生:小声地、轻柔地说话。)

师:像这样小声地说话,就是"呢喃细语"。

师:现在,我们把这些好听的词语再读一遍。

三、品读语句,展开想象

师:课文是围绕哪句话来写的呢?

(生:课文第一句话——大自然有许多美妙的声音。)

师:大自然有哪些美妙的声音呢? 默读课文,画出关键语句,完成课后习题的思维导图。

师:谁来说一说?

(生:水是大自然的音乐家。动物是大自然的歌手。)

师:分享一下你找到关键句的方法。

(生:发现课文第二至四自然段都是围绕第一句话来写的,所以很快找到了关键句。)

师:是的。课文围绕第一自然段来写,分别从风、水、动物这三方面写出了大自然美妙的声音。(板书)

师:现在让我们走进第一位音乐家——"风",去聆听它的美妙乐章。

师:请这位同学来读一读自学要求。

(生:默读第二自然段,"风"这位音乐家是怎样演奏美妙的音乐的? 它带给你什么感受？从文中圈画生动的语句,说说自己的感受。)

师:你从哪些语句读出了音乐的美妙?

(生:当微风拂过,那声音轻轻柔柔的,好像呢喃细语,让人感受到大自然的温柔;当狂风吹起,整座森林都激动起来,合奏出一首雄伟的乐曲,那声音充满力量,令人感受到大自然的威力。)

(生:从这段话中,我感受到风有时是轻轻柔柔的,有时是雄伟有力的。)

师:请大家带着这种感受再把这段话读一读。(板书)

师:风是大自然的音乐家,时而温柔,时而充满力量。不同的声音有不同的美妙。

师:水也是大自然的音乐家,它又会为我们演奏出怎样的乐曲呢? 我们来读读这段话:

(生:当小雨滴汇聚起来,他们便一起唱着歌:小溪淙淙,流向河流;河流潺潺,流向大海;大海哗哗,汹涌澎湃。从一首轻快的山中小曲,唱到波澜壮阔的海洋大合唱。)

师:从刚才这段话中,你感受到了什么?

(生:我感受到水的自由、快乐与豪迈。)

师:是的。当小雨滴流入小溪,流向河流,流向大海,从一首轻快的小曲变成海洋大合唱,多么轻快、自由和欢畅。(板书)

师:现在老师把这首欢快的歌变成一首优美的小诗,再来读一读一定会有新的感受。

师:当小雨滴汇聚起来,他们便一起唱着歌:

(生:小溪淙淙,流向河流;河流潺潺,流向大海;大海哗哗,汹涌澎湃。从一首轻快的山中小曲,唱到波澜壮阔的海洋大合唱。)

师:水是当之无愧的音乐家,为我们演奏着一首又一首欢乐的乐曲。

师:你听,动物们变成一位位歌手,它们正在唱着快乐的歌。请你来读。(板书)

(生:走在公园里,听听树上叽叽喳喳的鸟叫;坐在一棵树下,听听唧哩哩唧哩哩的虫鸣;在水塘边散步,听听青蛙的歌唱。)

师:我听到了小鸟的歌声,你听到了什么?

(生:我听到了昆虫的歌声,青蛙在歌唱。)

师:是的,动物是大自然的歌手,它们唱着一曲又一曲欢乐的歌。

四、聆听声音,发挥想象

师:大自然的歌手可多了,你们听听它们在唱着什么呢?(播放鸟声的音频)

(生:鸟儿是大自然的歌手。轻巧的小燕子叽叽地唱着歌,枝头的布谷鸟"布谷布谷"地欢唱着,小黄鹂唧哩唧哩地唱着一首动听的歌。)

师:大自然是一位伟大的音乐家,它能给我们带来无穷无尽的美妙音乐。

师:今天这节课就上到这儿,下课!

师:我的试讲到此结束,感谢各位的聆听!

【板书设计】

大自然的声音			
	风	轻柔	雄伟
美妙	水	轻快	自由
	动物	快乐	

品读人物故事，感受人物品质

——三年级上册《手术台就是阵地》试讲稿

【试讲分析】

《手术台就是阵地》是统编教材三年级上册第八单元一篇精读课文。课文主要讲了白求恩同志在齐会战斗中连续三天三夜冒着生命危险在手术台前抢救伤员的故事。白求恩同志作为一名国际共产主义战士投身到中国的革命斗争中来，为中国人民做出贡献，他的精神和品质感召一代又一代的中国人。他的身上闪烁着时代的光芒，在革命题材中感受人物美好品质与本单元人文主题是契合的。学习人物的品质必须要走进人物的故事，在故事中才能深刻感受到人物的高尚品质和伟大精神。

教学的一个重要目标是引导学生感受人物形象，体会人物品质和精神。另一个目标是单元语文要素提出的"学习带问题默读，理解课文的意思"。文中难理解的问题就是"手术台就是阵地"这句话的含义，只有理解这句话才能体会人物的崇高品质，这句话引领着全文，贯穿全文的教学。除此之外，本课教学在结合年段目标和单元目标中设定了一个基础目标——"理解文中重点词语的意思，用关键词概括课文主要内容"。中年级概括课文主要内容是学习的重点，本文教学结合文本特点，指导学生用关键词来概括成为教学的一个目标。教学目标为教学确定方向。为突破教学重难点，感受人物品质，教学时要紧抓"两条线"，一是描写阵地的语句，二是刻画白求恩大夫行为的语句，通过比较研读感受人物的品质，并理解"手术台就是阵地"的含义。最后通过介绍人物相关资料再次升华人物的伟大精神。整篇教学一方面从初识人物到感受人物再到体会人物品质，紧抓情感线索引发学生共鸣，获得思想情感熏陶；另一方面掌握关键词语概括文本方法，学习重点语句，提炼关键词，体会人物品质，帮助学生习得学语文的方法。

【试讲目标】

1. 默读课文，学习理解"硝烟滚滚、争分夺秒"等词语。

2.学习用关键词概括课文的主要内容。

3.理解"手术台就是阵地"的意思,感受白求恩同志的崇高品质。

【试讲重点】

1.学习用关键词概括课文主要内容。

2.理解"手术台就是阵地"的意思,感受白求恩同志的崇高品质。

【试讲过程】

师:尊敬的评委老师,大家好。我是×号考生(选手),今天我试讲的课文是《手术台就是阵地》。请问现在可以开始我的试讲了吗?

师:上课,同学们好,请坐!

一、介绍人物,揭示标题

师:今天,我们要认识一位重要的人物,有一位作家是这样描写他的:"一个外国人,穿一身灰色的布军装,胳臂上挂着'八路'的臂章,腰间扎着一条宽皮带,脚上穿着一双草鞋——一个道地的中国士兵的装束。"这段话描写的是谁?(出示人物图片)

(生:白求恩。)

师:这就是白求恩同志。他为什么会出现在阵地的手术台上呢? 先听听你的介绍吧!

(生:亨利·诺尔曼·白求恩,1890年出生在加拿大,是一名国际主义战士,著名胸外科医师。1938年,他主动来到中国参与抗日革命,带来大量急需的医疗器械和药品,组建战地医疗队,在战场上救治无数伤员。1939年11月,白求恩救治伤员时被细菌感染转为败血症去世。)

师:是的,白求恩是加拿大共产党员,一位著名的胸外科医师。1938年,他主动来到中国参与抗日革命,带来大量急需的医疗器械和药品,组建战地医疗队,在战场上救治了无数伤员。1939年11月,他在救治伤员时左手中指不幸被手术刀割破感染转为败血症去世。他是一位伟大的国际主义战士,在阵地中会发生怎样的故事呢? 我们一起来学习课文。(板书课文标题)

师:齐读课文标题。

(生:《手术台就是阵地》。)

二、默读课文,了解人物

师:请大家轻声读课文,读准字音和词语,难读的多读几遍。思考"手术台就是阵地"这句话是谁说的?

师:我相信很多同学已经读完了,来让我们看这些词语你能读好吗? 请你读。

(生:齐会战斗、硝烟滚滚、弹片纷飞、白求恩大夫、镇定、撤走、连续、争分夺秒。)

师:不仅要把词读正确,还需要理解意思。齐会战斗是抗战时期,八路军歼灭日军的一场激烈的战斗。什么是"硝烟滚滚、弹片纷飞"? 我们来看几张图片吧。与"争分夺秒"相近的词语是"分秒必争"。让我们再把这些词语读一遍。

师:默读课文,结合上面的词语,说说阵地上发生的事。

师:看你的手举得这么高,你来说说吧!

(生:1939 年春,齐会战斗打响了,阵地上硝烟滚滚,弹片纷飞。白求恩大夫镇定地在给伤员做手术,师卫生部长要求他立刻撤走,他不同意,仍争分夺秒救治伤员,连续工作 69 小时才结束。)

师:是的。这篇课文写了 1939 年春,齐会战斗中,白求恩同志在炮火连天的阵地上不顾安危争分夺秒地救治伤员。

三、再读课文,感受人物

师:让我们走进课文,仔细读读课文,思考:白求恩大夫是在什么样的环境下工作的,他又是怎样表现的呢? 默读课文第二至四自然段,用"___"画出描写战斗的语句,用"﹏﹏"画出描写白求恩大夫工作的语句。

师:我想很多同学已经找出相关语句,请你读一读。

(生:突然,几发炮弹落在小庙前的空地上。硝烟滚滚,弹片纷飞,小庙被烟雾淹没了。)

师:这是描写战斗场景的句子,请你用简单的一句话概括主要的意思。

(生:炮弹落在庙前空地上。)

师:谁能读一读描写白求恩大夫工作的语句?

(生:白求恩仍然镇定地站在手术台旁。他接过助手递过来的镊子,敏捷地从伤员的腹腔里取出一块弹片,扔在盘子里。)

师:这段话从哪两个词可以看出白求恩同志工作时的样子。(板书)

(生:镇定、敏捷。)

师:文章中还有多处描写战斗场景和白求恩同志工作的情景,请找出相关语句完成导图。

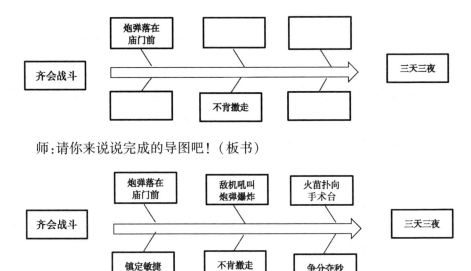

师:请你来说说完成的导图吧!(板书)

(生:齐会战斗打响后,炮弹落在庙门前,白求恩大夫镇定而敏捷地做着手术;敌机吼叫,炮弹爆炸,白求恩大夫仍不肯撤走;火苗扑向手术台,白求恩大夫争分夺秒做着手术。)

师:从这位同学的讲述中,你们有了什么样的发现呢?

(生:战斗越来越激烈,情况越来越危险,白求恩大夫依然坚守在手术台前。)

师:是的,白求恩大夫冒着生命的危险坚守在手术台前,这又是为什么呢?请大家默读文中人物对话语句做出思考。

师:谁能说说白求恩大夫为什么要坚守在手术台前? 你从哪句话读出来的? 请你说。

(生:是从"手术台是医生的阵地。战士们没有离开他们的阵地,我怎么能离开自己的阵地呢?"读出来的,因为白求恩大夫把手术台看作是医生的阵地,更是医生的战场。)

师:手术台是医生的阵地,白求恩同志是一名医生,也是一名战士。手术台就是他的阵地,战斗没有结束,战士就不能离开自己的阵地。

师:请大家齐读:"手术台是医生的阵地。战士们没有离开他们的阵地,我怎么能离开自己的阵地呢?"

师:从这句话中,你看到一位怎样的白求恩同志?

(生:看到了一位对工作高度负责的医生、战士。)

师:是的,课文中还有哪几处描写体现了白求恩大夫的高尚品质?请根据提示完成表格:

战斗场景	白求恩大夫表现	高尚品质
炮弹落在庙前空地	镇定、敏捷	
敌机吼叫,炮弹爆炸	不肯撤走	
火苗扑向手术台	争分夺秒	

师:请完成的同学来说一说。

(生:齐会战斗打响后,炮弹落在庙门前,白求恩大夫镇定而敏捷地做着手术体现他的医术高超;敌机吼叫,炮弹爆炸,白求恩大夫仍不肯撤走,看出他对工作高度负责;火苗扑向手术台,白求恩大夫争分夺秒做着手术,体现他不顾安危、心系他人的高尚品质。)

战斗场景	白求恩大夫表现	高尚品质
炮弹落在庙前空地	镇定、敏捷	医术高超
敌机吼叫,炮弹爆炸	不肯撤走	对工作高度负责
火苗扑向手术台	争分夺秒	不顾安危、心系他人

师:白求恩同志就是这样一位对工作高度负责、将生死置之度外的国际主义战士。请大家再次齐读:"手术台是医生的阵地。战士们没有离开他们的阵地,我怎么能离开自己的阵地呢?"(板书)

四、拓展延伸,树立人物

师:白求恩同志就是这样一位伟大的国际主义战士,他在中国的两年时间里,组建了战地医疗队,创办了卫生学校,建立了血库等。白求恩同志因为一次手术感染病毒最后牺牲在手术台前,但他的国际人道主义精神感召着一代又一代中国人!

师:今天这节课就上到这儿,下课!

师:我的试讲到此结束,感谢各位的聆听!

【板书设计】

手术台就是阵地

　　　　　　　　镇定、敏捷

白求恩　　　不肯撤走　　　伟大的国际主义战士

　　　　　　　　争分夺秒

徜徉在诗画中的古诗教学

——三年级下册《惠崇春江晚景》试讲稿

【试讲分析】

《惠崇春江晚景》是三年级下册第一单元古诗三首中的一首,它是北宋文豪苏轼写的一首题画诗,是依据北宋名僧惠崇画的《春江晚景图》题写的。这首诗描写了早春时节,江边竹林外桃花初放,几只鸭子在江面上嬉戏的情景;岸上蒌蒿遍地,芦芽正短,作者不由想到此时正是河豚洄游长江的时候。题画诗与一般的古诗不同,它题写在中国画的留白处,一般是抒发作者的情感或咏叹画的意境,具有"诗中有画,画中有诗"的境界。整首诗清新明丽,意境幽远。本诗教学将从以下几个方面入手:

1. 引画入题

开课之始,出示系列中国画,激发学生的兴趣,让学生感受中国画的艺术魅力,了解诗、书、画、印等艺术特点,引出"题画诗"。教师走出教材,打破单篇古诗教学的局限,从诗的类别选取系列适合学生阅读的古诗,这不仅提升教学实效性,更拓宽学习的视野,把古诗教学与传统艺术相结合,能让学生充分感受中国传统文化的艺术魅力。

2. 吟诗入画

吟即诵。在整节课上,古诗的吟诵之声不绝于耳。教学中,教师注重指导学生掌握吟诵古诗的方法。学生依据平长仄短、韵脚拖长音等方法读出古诗的韵味。学生回环反复,一叹三咏,读出诗的节奏、诗的韵律、诗的画面。在层层深入的指导中,学生在诵读中产生了丰富的联想:竹林外几朵桃花随风飘落;春天的江面上,几只鸭子在水中游啊游……吟诗入画,在诵读中想象,凝练的诗句成为一幅幅生动的画面,学诗也成了极有情趣的事。

3. 诗画相生

题画诗最大的特点是诗画相补,意境深远,用诗的语言表达画的形和意。在教学中,让学生感受形和意为难点,教师巧妙地将它设计成一个问题引入:诗句中哪些是画中有的? 哪些是画中无的? 一个"有"和一个"无"将诗画中的形和意连接在一起。"竹林""桃花""江水""鸭子"是画中可以勾勒的,而画中无法呈现的是"水的温度""鸭的知觉""河豚洄游"等场景。学生在读诗赏画中，渐渐领悟题画诗的精妙之处。

4.诗画为练

学习古诗重在积累。课上，出示相关的题画诗让学生读诗赏画，训练学生抓关键诗句领悟诗意。读诗赏画，既重温吟诵古诗的方法，也提升学生的审美意识。此外，还要注重学生写的训练，赏画写诗，培养学生运用丰富的想象力、洗练的语言表达画的意境，把古诗教学推向一个新的高度。

【试讲目标】

1.诵读古诗，感知诗句的意思。

2.了解题画诗，感受中国古典诗书画的韵味美。

3.通过诵读体会诗人表达的情感。

【试讲重点】

1.指导学生正确地诵读古诗。

2.诵读古诗，了解诗意，体会情感。

【试讲过程】

师：尊敬的评委老师，大家好。我是×号考生（选手），今天我试讲的课文是古诗《惠崇春江晚景》。请问现在可以开始我的试讲了吗？

师：上课，同学们好，请坐！

一、赏析画作，激趣入题

师：同学们，这些是中国画，请大家欣赏之后讨论一下这些中国画有哪些相似之处？

师：有的小组的同学已经有了发现，请第一学习小组的同学来说说。

（生：这些中国画都是用水墨作画，有画家的印章，都题写了诗句。）

师：是的，从这些中国画中发现一些典型特点，你们看，在画中题写的诗叫作题画诗。题画诗一般是由画家本人或其他诗人题在画的空白处的诗。

师：今天这节课我们就一起来学习北宋大文豪苏轼写的一首题画诗《惠崇春江晚景》。通过注释我们了解到，这首诗是苏轼欣赏画僧惠崇画的一幅画后题写的。（板书）

二、学习古诗，读出节奏

师：首先请大家齐读这首诗。

师:读得不错,读古诗讲究节奏和韵律,要注意平长仄短,一、二声为平,三、四声为仄,韵脚拖长音。看老师的手势,"丨"为短,"—"为长。这首诗中有两个字应该读作入声:竹、鸭。入声要读得短而促,跟老师一边诵读一边打节拍。

惠崇春江晚景
[宋]苏轼

竹 外 桃 花 三 两 枝,
丨 丨 — — — 丨 —

春 江 水 暖 鸭 先 知。
— — 丨 丨 — — —

蒌 蒿 满 地 芦 芽 短,
— — 丨 丨 — — 丨

正 是 河 豚 欲 上 时。
丨 丨 — — 丨 丨 —

师:读着读着,诗句的韵味就出来了,诗的画面也跳出来了。我仿佛看见了竹林外几枝粉得似霞、白得如雪的桃花探出头来。

(生读:竹外桃花三两枝。)

师:汩汩的春江水啊,缓缓地流动着,几只鸭子扑棱着翅膀在江中游啊游啊。

(生读:春江水暖鸭先知。)

师:江岸上一片葱绿,满眼都是青嫩嫩的蒌蒿,刚吐芽的芦苇啊长得正好。

(生读:蒌蒿满地芦芽短。)

师:河豚哪也到了洄游到江上的时候了。

(生读:正是河豚欲上时。)

三、品读诗句,感受意境

师:这首诗中有哪些景物是在画中有的呢? 请你用笔圈画出来。

师:你有了发现,请你来说。

(生:画中有的是竹林、桃花、江水、鸭、蒌蒿、芦芽。)

师:哪些是画中无的? 请你来交流一下。

(生:画中无法呈现的是水的温度、鸭的知觉、河豚的洄游。)

师:是的,这就是题画诗的精妙之处,将画的形和画的意用诗的语言表达出来。(板书)

师:于是,当我们看见这样的画时,我们会不禁吟诵着:竹外桃花三两枝,春江水暖鸭先知。蒌蒿满地芦芽短,正是河豚欲上时。

师:多美的诗,多美的画面,早春时节的江面早已是春意浓浓,在这首诗中哪些是静的,哪些又是动的呢?(板书)

(生:竹林、桃花、蒌蒿、芦芽是静的,江水、鸭、河豚是动的。)

师:当这些景物一一呈现的时候,你能分得清哪些是静的,哪些是动的吗?

(生:分不清。)

师:当我们看到这幅画时,我们看到的是几朵桃花粉色嫣然,春江水上鸭子嬉戏的画面;当我们读着这首诗,我们仿佛看到了桃花绽放枝头,看到了春江之水一路东流,看到了满地的蒌蒿正翠,听见鸭儿们欢叫嬉戏,听见芦苇拔节之声,听见河豚逆流而上的声浪。我们怎能不吟诵起这首诗来?

(生:竹外桃花三两枝,春江水暖鸭先知。蒌蒿满地芦芽短,正是河豚欲上时。)

师:这就是"诗中有画,画中有诗",不得不赞叹题画诗的精妙。(板书)

四、拓展学习,体会作用

师:像这样的题画诗还有很多,比如我们耳熟能详的《墨梅》《竹石》都是题画诗,那么这些题画诗和一般的古诗有什么不同之处?

(生:题画诗和古诗的不同是题画诗因诗画相补,意境深远。)

师:现在画中国画的人很多,许多人会依据画的内容写上几个字或几句诗。我们也来当回小诗人,给下面这幅齐白石的《荷花鸳鸯图》写上一句或几句小诗。

师:题画诗是中国古诗词的一颗明珠,它将诗、书、画、印完美结合,让我们深刻感受到中国古典文化的无限魅力。

师:今天这节课就上到这儿,下课!

师:我的试讲到此结束,感谢各位的聆听!

【板书设计】

惠崇春江晚景

〔宋〕苏轼

形　　意

题画诗　　　　　　　诗中有画　画中有诗

动　　静

讲好寓言故事，明辨事理

——三年级下册《鹿角和鹿腿》试讲稿

【试讲分析】

《鹿角和鹿腿》是三年级下册第二单元的一篇寓言故事，主要讲了丛林里一只漂亮的鹿发现自己的鹿角美丽而欢喜，看见又细又长的鹿腿难看而失落时，突然一只狮子向他逼近，他撒开腿拼命跑，美丽的鹿角被树枝挂住，狮子逼近，他用力摆脱，奋力奔跑终于脱险的故事。这则选自《伊索寓言》的故事除了生动有趣，还蕴含深刻的道理。读懂寓言故事的道理是本单元教学的一项重要目标，由此本课教学分为两课时。第一课时主要学习字词，掌握重点词语意思；读懂故事内容，体会鹿的心情变化，根据提示能复述故事。第二课时则在复述故事的基础上，以第一人称复述故事；辨析读故事后的两种观点，领悟故事中的道理。针对第二课时教学，我们做出如下分析：

1. 复述故事讲策略

复述是指导学生组织适当的语言对文本内容的再现，再现过程可以根据复述者对文本理解进行加工从而保证故事的具体和完整性。复述是记忆的再加工，需要在学习支架的帮助下完成训练，获得能力。本课在课后练习中编排了用"关键词提示法"指导复述寓言故事，根据关键词掌握故事发展的线索，理清事物的关系，讲述时条理清楚，表达完整。基于此指导学生再次学习复述方法，以"第一人称"讲述故事，不仅巩固学生记忆和重现能力，也引发了学生二度创作的兴趣，在原有复述的基础上有了变式和发展，能真切感受故事中人物的情感变化，为接下的明辨事理做好铺垫。

2. 辨明事理有方法

寓言故事与一般故事的区别是读故事明其理，读寓言故事获得生活的启示是教学重点也是难点。《鹿角和鹿腿》选自《伊索寓言》，这则寓言故事在结尾处写道："两只美丽的角差点儿送了我的命，可四条难看的腿却让我狮口逃生。"学生读到此处很快想到，美丽的鹿角虽然好看却抵不上实用的鹿腿。如果就此得出寓言道理,就故事本身来说是不全面的。如何分析寓言蕴含的哲理,用观点辩论方法可以让道理更明晰:"美丽的鹿角不重要,实用的鹿腿才是重要的""鹿角和鹿腿都很重要,它们各有各的长处"。学生对所持观点进行分析和讨论,联系实际说明理由,获得启示。学生在辨析中不仅要领悟寓言蕴含的道理,还要掌握全面分析问题的方法。

【试讲目标】

1. 回顾复述方法,学习用第一人称讲述故事。

2. 辨析寓言故事两种观点,能说明理由。

【试讲重点】

1. 回顾复述方法,学习用第一人称讲述故事。

2. 辨析寓言故事两种观点,能说明理由。

【试讲过程】

师:尊敬的评委老师,大家好。我是×号考生(选手),今天我试讲的课文是《鹿角和鹿腿》。请问现在可以开始我的试讲了吗?

师:上课,同学们好,请坐!

一、回顾练习,导入新授

师:上节课我们学习复述《鹿角和鹿腿》,现在我想请大家根据课后提示,以"我是一只漂亮的鹿"为开头再说说这个故事。请你来试试吧!

复述故事提示:

角:美丽、欣赏、差点儿送命。

腿:难看、抱怨、狮口逃生。

(生:我是一只漂亮的鹿,生活在丛林里。有一天,我口渴极了,找到池塘喝起水来。池水很清,像一面镜子。我突然发现自己的影子倒映在水中,于是摆动着身子欣赏着自己美丽的身影:"呀! 我的角多么精美别致,好像两束美丽的珊瑚。"

一阵清风吹来,池水泛起波纹,我忽然看见自己的腿,"唉! 这四条腿太细,怎么配得上美丽的角?"我不停地抱怨着。正当我准备离开的时候,远处传来一阵脚步声,回头一看,哎呀,是一头大狮子。我撒腿就跑,借着有力的长腿把狮子远远地甩在后面。这时,不幸的事情发生了:我的角被树枝挂住了,而狮子正向我猛扑过来。我用尽浑身力气好不容易把两只角从树枝上挣脱出来,拼命往前跑,终于甩掉了狮子。我放慢脚步喘着气说:"两只美丽的角差点送了我的命,可四条难看的腿让我狮口逃生。")

师:这位同学以"鹿"的身份为我们讲述一个精彩的故事。请问:讲完这个故事后你有怎样的感受呢?

(生:通过这个故事,我明白腿虽然难看,但是在关键时候能发挥自己的作用。)

师:听故事的同学,你们有怎样的想法呢?

(生:听了这个故事,我觉得鹿应该感谢难看的腿,而美丽的鹿角差点害了他。)

师:鹿在腿的帮助下狮口逃生,看着不起眼的鹿腿却发挥了重要的作用。

二、辨析理由,领悟寓意

师:通过复述故事,很多同学认为难看的鹿腿对鹿的帮助大,而美丽的鹿角差点害了鹿。这篇寓言故事很多人读过,但是有不同的看法,我们一起读一读。(板书)

1.美丽的鹿角不重要,实用的鹿腿才是重要的。

2.鹿角和鹿腿都很重要,它们各有各的长处。

师:读了这个寓言故事,人们有了两种观点,你赞成哪一个?请每个学习小组选择一个观点,用事例说明理由。

师:同学们在小组学习中积极说明理由,现在请小组长发表观点,小组成员用事例说明理由。其他小组同学认真听,你支持哪个小组就给它投一票,选出最佳学习小组。

观点	1.美丽的鹿角不重要,实用的鹿腿才是重要的。 ☑ 2.鹿角和鹿腿都很重要,它们各有各的长处。 ☐
理由	鹿腿在危急的时候,能快速奔跑让鹿脱离危险,鹿腿虽然不好看但能发挥作用。而美丽的鹿角险些让鹿丢了性命。所以看待事物不能仅看外表,要看它实际的作用。我国民间有"虫桃烂李,好吃无比"的说法,样子不好看的果子的果实却更甜。

师:这个小组的观点是"美丽的鹿角不重要,实用的鹿腿才是重要的",列举了生活中常见不好看的果子的果实更甜来证明虽然外表不好看但有用。

师:那我们一起来听听下一组不同的观点,看看他们是怎样说明理由的。

观点	1. 美丽的鹿角不重要,实用的鹿腿才是重要的。☐ 2. 鹿角和鹿腿都很重要,它们各有各的长处。☑
理由	美丽的鹿角可以赢得大家的喜爱,难看的鹿腿跑得快,如果发挥它们各自的优势,鹿就不会有这样的烦恼。生活中我们要看到事物的长处并发挥它们的作用,这样两全其美不是更好吗?

师:这个小组认为"鹿角和鹿腿都很重要,它们各有各的长处"。鹿角美丽,鹿腿有力,各自发挥优势取长补短,的确是比较好的方式。(板书)

师:同学们,刚才我们热烈讨论两种观点,各有各的理由,只要理由充分令人信服就是言之有理,言之有据。请大家投票推选出"最佳表现小组"。

三、读懂寓意,拓展阅读

师:通过刚才的讨论,同学们对这个寓言故事一定有了更多的想法。你们看,这只漂亮的小鹿来到小溪边,他叹了口气说:"两只美丽的角差点送了我的命,可四条难看的腿却让我狮口逃生。"听到这里,你想对小鹿说些什么呢?

(生:小鹿别叹气,鹿腿虽然不好看但是奔跑起来很快,在危急时候能让你逃脱险境,有用的才是最好的。鹿角在丛林里虽然妨碍你脱离危险,但平时珊瑚似的鹿角能给你带来自信和美丽,没有它你也会难过的。因此在丛林里遇到危险的时候要小心谨慎,防止鹿角被树枝挂住,让有力的鹿腿帮助你脱险。)

师:我想小鹿听了你这番话,一定会正确看待自己的鹿角和鹿腿的作用。

师:这个有趣的寓言故事选自《伊索寓言》,我们之前学过的《狼和小羊》的故事也出自这里。请大家去阅读吧!

师:今天这节课就上到这儿,下课!

师:我的试讲到此结束,感谢各位的聆听!

【板书设计】

鹿角和鹿腿

美丽的鹿角

　　　　取长补短

实用的鹿腿

揣摩重点词句，感受人物形象

——四年级上册《普罗米修斯》试讲稿

【试讲分析】

《普罗米修斯》是统编教材四年级上册神话单元的一篇精读课文，主要讲述了天神普罗米修斯为人类"盗"取火种后，受到宙斯最严厉惩罚的故事。按照单元语文要素了解故事的起因、经过、结果，学习把握文章的主要内容；感受神话的神奇的想象和鲜明的人物形象两个目标设定本课第二课时教学目标，复习按照故事的起因、经过、结果顺序概括课文主要内容，品读文中重点段落感受普罗米修斯的伟大形象，从教学目标出发准确把握文本。

1. 凝练词句，读出画面

本课第二课时教学重点是品读普罗米修斯遭受惩罚的语段，感受人物形象。教学时聚焦重点段落，凝练词句，读出两个画面：一个是"锁"之苦，另一个是"啄"之痛。想象"锁"之苦，通过品读关键语句感受普罗米修斯遭受的磨难，再借助图片和语境创设想象普罗米修斯遭受的各种磨难。感受"啄"之痛，则抓住时间的词语感受普罗米修斯经历的漫长没有边际的痛苦。品读两个画面，感受普罗米修斯崇高的形象。

2. 揣摩语言，感受形象

鲜活的人物形象是在语言的编织中塑造的。神话故事不仅拥有神奇的语言还有神奇的故事与人物。普罗米修斯是天神，"盗"取火种后将要被锁在高加索悬崖上接受惩罚。火神赫淮斯托斯劝他向宙斯承认错误，归还火种。普罗米修斯坚定地说："为人类造福，有什么错？我可以忍受各种痛苦，但决不会承认错误，更不会归还火种！"普罗米修斯坚定话语的背后是正义与友善、为人类造福甘愿遭受各种磨难的天神，他的崇高形象在语言中得以体现，因此读好人物的语言是学习的重点。教学时，把人物的语言放在语境中去品读感受。第一次品读出现在普罗米修斯被"锁"在悬崖之上，日夜遭受风吹雨淋的痛苦后依然不屈服；第二次品读在普罗米修斯日复一日，年复一年被鹫鹰啄食肝脏后仍然不屈服。在两次情境中品读普罗米修斯的话语，感受人物坚定的意志和高尚的品格。

【试讲目标】

1.复习按照一定的顺序说故事主要内容。

2.研读重点段落,感受人物形象。

3.能按照顺序复述故事。

【试讲重点】

研读重点段落,感受人物形象。

【试讲过程】

师:尊敬的评委老师,大家好。我是×号考生(选手),今天我试讲的是《普罗米修斯》第二课时。请问现在可以开始我的试讲了吗?

师:上课,同学们好,请坐!

一、回顾课文,导入新授

师:上节课我们初步学习了《普罗米修斯》这篇神话故事,谁能按照故事的起因、经过、结果的顺序说说课文的主要内容。

师:你已经准备好了,请你来说说吧!

(生:这篇神话故事主要讲了普罗米修斯看到人类没有火的悲惨情景,便冒着生命危险"盗"取火种。众神领袖宙斯得知后,把普罗米修斯锁在高加索山上。普罗米修斯历经风雨和鹫鹰折磨就是不向宙斯屈服。许多年后,大力士赫拉克勒斯救下了普罗米修斯,使后者重获自由。)

二、默读课文,读出画面

师:普罗米修斯为了人类"盗"取火种,受到最严厉的惩罚。请快速默读课文,哪几段具体写普罗米修斯遭受的惩罚?

师:你阅读的速度很快,请你来说。

(生:课文第六至八自然段写了普罗米修斯遭受的惩罚。)

师:请默读这三个自然段,画出普罗米修斯遭受惩罚的句子。

(生:普罗米修斯的双手和双脚戴着铁环,被死死地锁在高高的悬崖上。他既不能动弹,也不能睡觉,日夜遭受着风吹雨淋的痛苦。)

(生:狠心的宙斯又派了一只凶恶的鹫鹰,每天站在普罗米修斯的双膝上,用它尖利的嘴巴,啄食他的肝脏。)

师:**从这两段描写请你将惩罚概括为两个字。(板书)**

（生：一个是锁，一个是啄。）

三、想象"锁"之苦

师："锁"是一个需要会写的生字。请注意，左右结构的字在书写的时候要"左窄右宽"，"锁"的最后一笔是点。请同学们认真书写两个，注意写字姿势。

师：下面请一位同学来读读这段话。

普罗米修斯的双手和双脚戴着铁环，被死死地锁在高高的悬崖上。他既不能动弹，也不能睡觉，日夜遭受着风吹雨淋的痛苦。

师：从这段话中你能知道"锁"住了什么？"锁"不住什么？同桌互相交流一下。

（生：锁住的是普罗米修斯的双手和双脚，锁不住的是普罗米修斯为人类造福的思想。）

师：是的，也可以说锁住的是普罗米修斯的身体，锁不住的是他自由的思想和精神。

师：让我们来看看文中这幅插图，想象一下普罗米修斯会遭受哪些痛苦？

（师引读：在炎炎夏日里，烈日当头，他既不能<u>动弹</u>，也不能<u>睡觉</u>，遭受着<u>炎热的侵袭</u>；在寒冬腊月里，白雪皑皑，他既不能<u>动弹</u>，也不能<u>睡觉</u>，遭受着<u>风雪的侵袭</u>；在狂风暴雨里，电闪雷鸣，他既不能<u>动弹</u>，也不能<u>睡觉</u>，遭受着<u>风雨的侵袭</u>……）

师：普罗米修斯日日夜夜遭受着身体的痛苦，他仍旧不屈服，这是为什么？请你说。（板书）

（生：因为普罗米修斯坚定地认为为人类"盗"取火种是正义之举。）

师：是的，普罗米修斯坚定地认为"为人类造福，有什么错？我可以忍受各种痛苦，但决不会承认错误，更不会归还火种！"

四、感受"啄"之痛

师：普罗米修斯不仅要忍受风吹雨淋的痛苦，还要忍受鹫鹰每日的"啄"。请大家齐读第七自然段。

师：我们来看看鹫鹰的相关资料。

师：看着鹫鹰啄食的场景，你有怎样的感受？

（生：鹫鹰是一只极其凶残的大鸟。）

师：如此凶残的鹫鹰每日啄食普罗米修斯的肝脏，那是何等的痛苦。

(师引读:第一天,凶恶的鹫鹰站在普罗米修斯的双膝上,用它尖利的嘴巴,啄食他的肝脏。第二天,凶恶的鹫鹰站在普罗米修斯的双膝上,用它尖利的嘴巴,啄食他的肝脏。第三天,凶恶的鹫鹰站在普罗米修斯的双膝上,用它尖利的嘴巴,啄食他的肝脏。一个月过去了,凶恶的鹫鹰站在普罗米修斯的双膝上,用它尖利的嘴巴,啄食他的肝脏……就这样一天又一天,一个月又一个月,一年又一年,永远没有尽头。)

师:面对这样无尽的痛苦,普罗米修斯仍旧坚定地认为:"为人类造福,有什么错? 我可以忍受各种痛苦,但决不会承认错误,更不会归还火种!"

师:从普罗米修斯的这句话中你读出了什么?

(生:我感受到了普罗米修斯的伟大和他不畏强暴、为民造福、不惜牺牲一切的决心和毅力。)

师:是的,让我们带着这份决心和力量齐读这句话。

(生:为人类造福,有什么错? 我可以忍受各种痛苦,但决不会承认错误,更不会归还火种!)

师:普罗米修斯是天神,为了人类的幸福甘愿承担各种痛苦和磨难,他的可贵精神受到人们的景仰。

师:课后,请大家按照故事的起因、经过、结果的顺序把故事复述给家长听。

师:今天这节课就上到这儿,下课!

师:我的试讲到此结束,感谢各位的聆听!

【板书设计】

普罗米修斯

惩罚

锁　　　　　　啄

不畏强暴　为民造福

写好一件事的有效方法

——四年级上册《麻雀》试讲稿

【试讲分析】

《麻雀》是统编教材四年级上册习作单元的一篇典型范文。它是从俄国作家屠格涅夫《猎人笔记》中节选的,翻译这篇文章的是巴金先生,可见这篇文章在语言学习和写作方法上是有现实意义的。课文主要写了"我"的猎狗看见一只幼小的麻雀想攻击它,老麻雀拼尽全身力气准备与猎狗搏斗,没想到猎狗被老麻雀的勇气给吓退了,"我"迅速唤回猎狗。文章内容浅白易懂,但选文的目的是要从写作方法上指导习作教学,根据单元写作要素"把事情按一定的顺序写清楚",围绕要素目标展开教学。

1. 梳理内容,了解顺序

记事类的文章需要遵循一定的顺序去写,小学阶段记事顺序主要有顺叙、倒叙、插叙等。《麻雀》是按事情的起因、经过、结果的顺序来写的。作为习作单元的文章,其教学重点是理清写事情的顺序。教学常用的方式是用语言直接描述事情过程,但学生在叙述过程中很容易偏离内容和方向,往往重点内容说不明白、说不清。为解决这一难点,教师可以借助思维导图帮助学生理清"猎狗""小麻雀""老麻雀"三者之间的关系。学生根据文本内容完成导图,结合文中相关信息说清事情发展的先后顺序,在学习支架指导下完成主要内容梳理,了解文本写作顺序。

2. 关注语言,明确写法

经典的文章总是在语言运用和写作方法上值得学习和借鉴。《麻雀》一文语言朴实,但细节刻画生动活泼。如"它嘴角嫩黄,头上长着绒毛,分明是刚出生不久,从巢里掉下来的"一句,从"嘴角嫩黄,头上长着绒毛"作者细致观察一只出生不久的小麻雀,快速捕捉住事物的突出特征,再加上自己的感受和想法,把看到的和想到的连在一起写。此外,细读文本后发现,作者在写这个故事的时候巧用心思,一条庞大的猎狗竟然被一只弱小的老麻雀给吓退了,故事的结局出人意料。把一个简单的故事写得出其不意也就是文本隐藏的写作"密码"。指导学生发现文本写作特点:首先从重点语句中研读,猎狗想吃掉小麻雀,老麻雀为了保护小麻雀与猎狗进行了两次暗暗的较量;品读语句表达读后感受,在一次又一次较量中体会猎狗和老麻雀的不同心理变化,明白猎狗最终被吓退的原因是母爱的力量,故事从发展到结束一切又在情理之中。作者把事情写清楚和生动的方法是注意故事发展过程中的变化,把看似不可能发生的事情变成可能,写出了故事的转折与变化,故事不仅写得清楚明白而且引发了读者的思考。

　　3.模仿迁移,运用写法

　　习作单元教学旨在指导学生运用适当的方法进行习作练习。《麻雀》一课指导学生按照事情的起因、经过、结果的顺序写清楚一件事,在写的过程中着重把事情的变化写明白,并能加上自己的感受。习作单元"初试身手"的一个小练笔与本课习作方法的运用相契合,整合教学资源,教师运用情境语言结合"初试身手"中的图片,指导学生写一场运动会跑步比赛的情景。学生作为观察者或者参与者,想象一下这场比赛会经过怎样角逐与较量,最后谁会取得胜利,在写的过程中要关注事情变化,写出故事转折。习作方法迁移运用对教学有一定的指向性,教师在教学时以习作方法指导为重,不会偏离教学方向。

【试讲目标】

　　1.默读课文,正确读写"嗅到、摇撼、挓挲"等词语并能理解。

　　2.学习把握课文主要内容的方法。

　　3.了解作者把故事写清楚的方法。

【试讲重点】

　　1.默读课文,正确读写"嗅到、摇撼、挓挲"等词语并能理解。

　　2.学习把握课文主要内容的方法。

　　3.了解作者把故事写清楚的方法。

【试讲过程】

　　师:尊敬的评委老师,大家好。我是×号考生(选手),今天我试讲的是《麻雀》。请问现在可以开始我的试讲了吗?

　　师:上课,同学们好,请坐!

一、介绍作者,揭示标题

师:今天这节课我们要认识俄国作家屠格涅夫,他是19世纪一名伟大的批判现实主义作家,完成了许多优秀的作品。《麻雀》就选自他的随笔集《猎人笔记》。让我们一起来读读这篇课文吧。(板书)

二、初读课文,梳理情节

师:课前预习发现许多同学对以下词语有些陌生,我们一起来读读吧!

(生:嗅到、摇撼、林荫、挓挲、拯救、嘶哑、庞大。)

师:准确读完这些词语后,你一定想了解它们的意思。"摇撼"是什么意思呢?你能结合文中的语句理解这个词吗?请你说。

(生:文中写道:风猛烈地摇撼着路旁的白桦树。从"猛烈地摇撼"就可以猜出"摇撼"应该是指用力地摇动。)

师:通过联系上下文理解词语意思,这是一种可行的方法。让我们再来看看"挓挲"的意思,请大家观看书中老麻雀的图片,你能知道这个词语的意思吗?

(生:从图片中我看到老麻雀用力张开羽毛,这应该就是"挓挲"。)

师:是的,"挓挲"就是张开的样子,从老麻雀的动作中就能理解这个词语的意思。

师:把这些词语放入文中,默读课文,想一想课文主要写了什么?完成下面的导图。

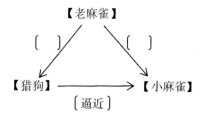

师:请你根据导图说说课文的主要内容。你已经跃跃欲试了,那就请你说。

(生:课文主要写了打猎回来的路上,猎狗发现一只小麻雀后,慢慢朝它逼近,老麻雀挓挲羽毛飞落在猎狗面前保护小麻雀,猎狗被老麻雀勇气吓退了。)

师:课文围绕老麻雀保护小麻雀展开,老麻雀为何能吓退猎狗呢?让我们一起走进课文。

三、品读语言,了解写法

师:请大家默读第三至六自然段,想一想猎狗和老麻雀较量了几次? 画出相关语句。

师:很多同学已经完成了阅读和思考,让我们交流一下。(板书)

(生:猎狗和老麻雀较量了两次:第一次是猎狗逼近小麻雀,老麻雀从树上飞下来,挓挲着羽毛尖叫着;第二次是老麻雀浑身发抖,嘶哑地叫着准备一场搏斗,猎狗愣住了。)

师:那么我们先来看看作者是怎样写第一次较量的。请三位同学分别朗读描写小麻雀、猎狗、老麻雀的句子。

(小麻雀:我顺着林荫路望去,看见一只小麻雀呆呆地站在地上,无可奈何地拍打着小翅膀。它嘴角嫩黄,头上长着绒毛,分明是刚出生不久,从巢里掉下来的。)

(猎狗:慢慢地走近小麻雀,嗅了嗅,张开大嘴,露出锋利的牙齿。)

(老麻雀:突然,一只老麻雀从一棵树上飞下来,像一块石头似的落在猎狗面前。它挓挲起全身的羽毛,绝望地尖叫着。)

师:此时,在作者眼中这是一只怎样的小麻雀,从哪些词语可以看出来?

(生:从"呆呆地""无可奈何""刚出生不久"等词语,作者看到了一只弱小而无助的小麻雀。)

师:请读出小麻雀的无助。再来看看猎狗,它又是怎样表现的?

(生:猎狗十分凶猛,随时准备吃掉小麻雀。)

师:谁能够把猎狗凶猛的样子读出来。请你读。

师:猎狗张开大嘴准备进攻之时,老麻雀从树上飞落下来,它是怎样飞落下来的,又是怎样表现的? 请你读出它的样子。

师:此时你看到了一只怎样的老麻雀?

(生:我看到一只奋不顾身竭力想保护小麻雀的老麻雀。)

师:看到这一幕,看到这一次较量,你怎么想的? 你想好了,你来说。

(生:在凶猛的猎狗面前,小麻雀的处境实在是危险。老麻雀奋力保护小麻雀,但它同样很弱小,怎么抵得过庞大的猎狗?)

师:是的,猎狗对于麻雀来说的确是庞然大物,实力悬殊,怎么抗衡?

师:如果不往后读,你能想象故事可能会怎样发展吗?

(生:老麻雀和小麻雀很有可能被猎狗吃掉或者受伤。)

师:是的,从双方实力对比,可见麻雀的结局。如果按照我们所想的情况去写,那这就是一个普通的故事了,可作家屠格涅夫会这么去写吗? 当然不会,怎么才能把故事写得不一般,我们一起来读读第五至七自然段,画出描写猎狗和老麻雀的语句,写上自己的想法。

师:第一次的较量明显看出力量悬殊,第二次的较量又是怎样的呢? 我们一起来读读这些句子。女生读老麻雀,男生读猎狗。

(生:老麻雀用自己的身躯掩护着小麻雀,想拯救自己的幼儿。它准备着一场搏斗,可是因为紧张,它浑身发抖,发出嘶哑的声音。)

(生:猎狗愣住了,它可能没料到老麻雀会有这么大的勇气,慢慢地,慢慢地向后退。)

师:在第二次较量中,老麻雀准备搏斗,可猎狗竟然后退了。读到这里,你意外吗? 为什么?

(生:意外,从实力上看猎狗远胜老麻雀,为什么猎狗会被吓得后退呢? 这个结局是我没想到的。)

(生:不意外,虽然老麻雀无法和猎狗相抗衡,但是最后关头老麻雀拼命保护小麻雀的表现令人震撼,是母爱的力量让猎狗退缩了。)

师:这个故事的精彩之处就在这里,弱小的麻雀和庞大的猎狗对抗,没想到猎狗被老麻雀吓得退缩,这是我们没想到的。故事就在这里发生了转折,把看似不可能发生的事情变成了可能,结局令人意外。但是老麻雀能战胜猎狗的原因令人感动和信服,母爱是自然界最伟大的力量。(板书)

师:同学们,读到这里你觉得这个故事写得好在哪里? 同桌互相交流一下。

(生:这个故事写得有意思,通过老麻雀和猎狗两次力量悬殊的较量,写出了故事的转折点和意外的结局,读起来令人深思。)

师:是的,这个故事写得好还有一个重要的因素,那就是"我"。"我"在故事中起到了什么作用呢?

(生:"我"是贯穿整个故事的一个观察者,把看到的、听到的、想到的按照故事起因、经过、结果有顺序地叙述,"我"也是故事的叙述者。)

师:"我"作为故事的观察者和叙述者,把看到的、听到的、想到的写了出来,故事才会这么精彩。

四、拓展延伸,小试练笔

师:学习《麻雀》让我们掌握了写故事的方法,接下来我们将小试身手。

师:一年一度的校运会开始了,赛场上准备进行的是两百米决赛。想象一下这场比赛的情景,同学们会经过怎样的较量,最后谁会取胜? 写的时候,把自己可以当成观察者或参与者,把看到的、听到的、想到的写下来。

师:今天这节课就上到这儿,下课!

师:我的试讲到此结束,感谢各位的聆听!

【板书设计】

麻　雀   逼近 猎狗　——　麻雀 退缩

基于语用促进思维发展
——四年级下册《琥珀》试讲稿

【试讲分析】

《琥珀》是四年级下册第二单元的一篇精读课文,本单元的语文要素是"阅读时能提出不懂的问题,并试着解决"。这是基于四年上册"学习提问"策略单元的进阶学习。学生不仅要提出有价值、能思考的问题,还要有解决问题的路径与方法。《琥珀》节选自德国著名科普作家柏吉尔的《乌拉·波拉故事集》。这部作品把科学知识和丰富的故事情节融为一体,是一部可读性很强的科普读物。从写作风格上看,《琥珀》是科普小品文,以生动活泼的语言讲述作者从琥珀的外形推测琥珀形成过程的一个有趣故事。结合单元语文要素和本课学习重点,教学设计主要从以下几个方面入手:

1. 了解推测,训练思维

推测是根据已知事情想象不知道的事情,是一次思维活动过程。《琥珀》一文作者用推测的方法描述几万年前松脂裹住蜘蛛和苍蝇的过程,及松脂球演变成化石的过程。作者从琥珀的特征想象其漫长的演化过程,这是一次思维的训练,也是一次语用的提升。教学中可以设计一个环节:根据"很久很久以前""小苍蝇""蜘蛛""松脂""化石"等关键词讲讲琥珀形成的故事。根据关键词的提示讲故事不仅能强化学生的复述能力,还能让学生在讲述中了解作者推测的整个过程,明白基于已知事物展开想象的合理性。借助复述故事完成与作者思维同频的过程是教学设计的独特之处,为接下来教学做好铺垫。

2. 关注提问,引发讨论

提问不难,难的是提出有价值、有深度的问题。学生已经学习了从文本内容、写作方法等角度去提问,但这些角度具有局限性,问题涉及的广度和深度是有限的。因此,提不懂的问题成为教学设计的一个拐点。教师可以引导学生从自我的身份脱离出来思考:不同的人读了此文会提出怎样的问题,如科学老师、生物学家、地质学家等,运用角色扮演的方法引导学生站在这些学识丰富的人的角度去阅读思考,他们会对哪些问题感兴趣,会提出哪些值得思考的问题。

在角色扮演中提高阅读站位,加大思考的纵深度。如:科学老师读了这篇课文,他会对什么问题感兴趣? 琥珀形成的过程,作者是怎么推测出来的,它的依据是什么? 如果是作家读了这篇课文,他会提出什么问题? 课文为什么要用故事的形式来讲琥珀的形成,而不选择用阅读链接中《琥珀物语》的方式来叙述? 如果是地质学家读了这篇课文,他会关注哪个问题? 琥珀是松脂形成的,为什么发现在海滩上? 这中间发生过什么呢? 再根据提出的问题组织学生讨论感兴趣的,如:分析琥珀形成的过程并说说推测的依据或是用依据寻找推测的相关语句。讨论发现文本推测的合理性和想象的丰富性等特点。

3. 比较阅读,明确写法

《琥珀》是科普小品文,语言活泼生动,与一般的说明文在写法上有明显不同。为了让学生了解文本写作的特点,教学中设计以作家身份提出问题:"课文为什么要用故事的形式来讲琥珀的形成,而不选择用阅读链接中《琥珀物语》的方式来叙述?"用问题指向写作,通过比较阅读发现说明文不同的写法带来不同的阅读感受。这样,学生既了解文本写作的特点又落实单元语文要素"阅读时能提出不懂的问题,并试着解决"。

【试讲目标】

1.学习文中重点词语,借助关键词说清琥珀形成的过程。

2.学习以不同身份提出有深度的问题,对琥珀的形成做出推测。

3.阅读链接,了解写法。

【试讲重点】

1.学习以不同身份提出有深度的问题,对琥珀的形成做出推测。

2.阅读链接,了解写法。

【试讲过程】

师:尊敬的评委老师,大家好。我是×号考生(选手),今天我试讲的课文是《琥珀》。请问现在可以开始我的试讲了吗?

师:上课,同学们好,请坐!

一、视频引入,看琥珀

师:同学们,今天我们要认识一种生物化石——琥珀。在预习环节,很多同学提出问题:琥珀是什么样子的,它又是怎样形成的? 针对这些问题,同学们借助相关资料做了一些了解,但是还不能有具体、清楚的认识,那么我们就先来看一段介绍琥珀的视频资料。

师：看了视频,结合资料,你对琥珀有了哪些了解？请你来说说。

（生：琥珀是由松脂包裹动物或植物形成的,又叫松脂化石。天然形成的琥珀一般要经历三个阶段：树脂—硬树脂—琥珀,形成时间要经历几千万年。）

师：在视频和相关资料的帮助下,我们了解了琥珀。今天这节课我们就要通过一个有趣的故事走进琥珀,请大家齐读课文标题。（板书）

二、初读文本,说琥珀

师：在预习中,发现很多同学对下列词语需要再学习,我们先来读一读。

（生：渗出、松脂、黏稠、推测、掸掸翅膀、拂拭、挣扎。）

师：什么是推测？我们来看看词典上是如何解释的：根据已经知道的,来猜测和判断不知道的。谁能用这个词说一句话。

（生：爸爸气呼呼地走进家门,看着他的模样,我推测有不好的事情要发生。）

师："掸掸翅膀、拂拭、挣扎"这三个词都与动作有关,请大家根据意思演示一下这三个动作。

师：请大家快速默读课文,根据"很久很久以前""小苍蝇""蜘蛛""松脂""化石"等关键词讲讲琥珀形成的故事。

师：同学们根据词语提示,简单讲述琥珀形成的故事,要注意事物之间发生的关系。

三、细读课文,问琥珀

师：请同学们再读课文,结合预学单中提出的问题和同桌交流一下还有哪些不懂问题值得我们一起学习探讨的,请把这些问题梳理出来。这篇文章写得很有意思,不同的人读这篇课文,提出的问题也会不一样,不信我们来试试。（板书）

师：如果是科学老师读了这篇课文,他会对哪些内容感兴趣？

（生：琥珀形成的过程；作者是怎么推测出来的,依据是什么。）

师：如果是作家读了这篇课文,他会提出什么问题？

（生：课文为什么要用故事的形式来讲琥珀的形成,而不选择用阅读链接中《琥珀物语》的方式来叙述？）

师：如果是地质学家读了这篇课文,他会关注哪个问题？

（生：琥珀是松脂形成的,为什么发现在海滩上,这中间发生过什么呢?）

师:如果是生物学家读了这篇课文,他提出的问题会是什么?

（生：在远古时代,世界上除了有苍蝇和蜘蛛,还有哪些昆虫?）

师:不同的读者读了这篇课文产生的问题会不同,那么你最关心是哪些问题呢? 我们一起来解决。读读下面的句子,作者是如何做出下面的推测的,依据是什么? 完成学习单。(板书)

关键语句	推测依据
晌午的太阳热辣辣地照射着整个树林。许多老松树渗出厚厚的松脂,松脂在太阳光里闪闪地发出金黄的光。	
一大滴松脂从树上滴下来,刚好落在树干上,把苍蝇和蜘蛛一齐包在里头。	
	"它们的腿四周显出好几圈黑色的圆环。"这个"圆环"就是小虫子挣扎时画出的。
	孩子在沙滩上捡到这块琥珀。

师:第一处"晌午的太阳热辣辣的""老松树渗出厚厚的松脂",推测依据是什么呢?

（生：琥珀是由厚厚的树脂形成的,只有在高温下,老松树才会分泌出黄色透明的松脂。这是形成树脂的必要条件。）

师:第二处"松脂刚好落下,把苍蝇和蜘蛛包在里头",推测依据在哪呢?

（生：因为这块琥珀里正好躺着这两个小东西,它俩与松脂恰好遇上,这也是必然的因素。）

师:第三处"它们的腿四周显出好几圈黑色的圆环",作者做出了怎样的推测?

（生：从"圆环"作者推测两只小虫曾经在松脂里挣扎。）

师:第四处"孩子在沙滩上捡到琥珀",原来琥珀是在森林里,现在在海滩上出现,作者是怎样推测的呢?

（生：陆地下沉,海水漫上来,地壳发生变化,森林变成海洋,松脂球埋在泥沙里,几千年过后,松脂球变成化石,一天被冲上海滩,孩子正好捡到了。）

师:从这块透明的琥珀,我们推测出几万年前一个炎热的夏日,一只苍蝇引起蜘蛛的注意,正当蜘蛛要捕捉苍蝇的时候,一大滴厚厚的松脂落下来裹住了它们,它们挣扎了一会儿就不动了。松脂继续滴着,形成松脂球。地壳运动,森林变成海洋,几千年过去,松脂球变成化石,冲上海滩,被人们发现。

师:作者对琥珀做出的合理推测都是基于现实生活与科学知识相结合,作者通过推测还原了几万年前发生在森林里的一个故事。通过研读,我们解决了"科学老师"提出的问题。

四、链接阅读,明写法

师:请大家阅读《琥珀物语》节选,看看它与课文哪些部分内容相似。你喜欢哪一种表达方法? 说说理由。

(生:《琥珀物语》节选的部分主要是介绍琥珀形成的过程,与课文前半部分讲述琥珀形成故事是相似的,但两种表达方法截然不同。)

(生:我喜欢课文的表达方法,它以故事的形式来讲述,更加生动活泼,富有丰富的想象力。)

(生:我喜欢《琥珀物语》的叙述,用平实的语言科学地表达琥珀形成的过程,简洁明了。)

师:无论哪种形式的表达,都是为了告诉我们琥珀是怎样形成的。针对"作家"提出的问题,我们也能顺利解决。之前我们还提出了很多问题,将在下节课继续学习并解决。

师:今天这节课就上到这儿,下课!

师:我的试讲到此结束,感谢各位的聆听!

【**板书设计**】

```
┌─────────────────────────────────────┐
│              琥  珀                   │
│                                       │
│            提出问题                   │
│         推测 ── 依据                  │
└─────────────────────────────────────┘
```

多重比较下的阅读教学

——四年级下册《母鸡》试讲稿

【试讲分析】

《母鸡》是统编教材四年级下册第四单元的一篇精读课文。它是老舍先生的作品,主要通过作者对母鸡前后态度的变化,塑造了一位"伟大的鸡母亲"的形象,表达了对母爱的赞颂。这个单元是以"动物朋友"为主题,特意编排老舍写的《猫》和《母鸡》,目的是学习"体会作家是如何表达对动物的感情的"。这一要素在本册第一单元"初步体会课文表达的思想感情"的基础上提高了要求,强调不仅要体会文章所表达的情感,还要关注作家是如何表达的,这是教学重点。围绕重点并结合文本和单元特点,采用多重比较方法展开教学是适当的。

1.语言的比较

老舍先生是杰出的语言大师。《猫》一课语言轻松幽默,透着对猫的欢喜;《母鸡》一课用词准确严谨,体现作者从讨厌到尊敬的情感变化。除此之外,作者在《母鸡》一课中对母鸡成为母亲前后的语言描写也形成了鲜明的对比。如"它永远不反抗公鸡,有时候却欺侮最忠厚的鸭子","永远不反抗"和"欺侮"形成鲜明对比,此时的母鸡恃强凌弱、欺软怕硬;成为鸡母亲后,"假若有别的大鸡来抢食,它一定出击,把它们赶出老远,连大公鸡也怕它三分",之前"永远不反抗公鸡"的母鸡和现在"连大公鸡也怕它三分"的勇敢鸡母亲形成强烈对比。语言的比较分析不仅体现作者的语言风格,也表达作者的情感。

2.写法的比较

名家作品是习作的典范,是积累写作要素的宝库。依据学生知识掌握的程度,结合单元语文要素和文本特点,设计预学问题,引发学生关注作者独特的视角和富于变化的写法。上课伊始,教师与学生一起回顾、梳理预学的问题,直接指向教学中心,让学习更高效、更务实。本课教学重点是学习作者如何写的、为何这样写,最好的办法就是以点带面,通过母鸡身份的变化,叫声描写的变化,体现作者情感的变化,引导学生去发现作者运用先抑后扬的精妙写法,增强学生对文本的感受力。教学时会发现编者将同一位作家的两篇作品放在同一个单元,目的就是让学生通过比较阅读掌握不同的写作方法,引导学生通过思考和比较获得感悟,鼓励学生尝试运用自己喜欢的写法进行练笔,因为阅读教学最终是为"写"服务的。

3.情感的比较

本课的教学重点是"体会作家是如何表达对动物的感情的"。情感的表达依靠语言,学生可以从文本中找到关键语句厘清情感脉络。作者通过观察母鸡成为母亲前后的行为变化继而引发作者情感态度的变化,抓住"讨厌"到"不敢再讨厌"的情感变化线索,在比较中发现作者情感转变的真实原因——母鸡成为母亲后变得勇敢、负责、慈爱、辛苦,作者被伟大的母爱所感动。另外,比较《猫》和《母鸡》表达情感的方式的不同,一个是直接表达对猫的喜欢和宠爱,另一个是用情感转折来表达对母鸡由讨厌到赞美。运用多重比较,能较好地体会作者所要表达的丰富情感。

【试讲目标】

1.正确书写"讨厌、警戒、毒手"等词并流利朗读课文。

2.抓住文中重点语句,体会作者情感变化。

3.比较阅读,感受写法,尝试运用。

【试讲重点】

1.抓住文中重点语句,体会作者情感变化。

2.比较阅读,感受写法,尝试运用。

【试讲过程】

师:尊敬的评委老师,大家好。我是×号考生(选手),今天我试讲的课文是《母鸡》。请问现在可以开始我的试讲了吗?

师:上课,同学们好,请坐!

一、回顾预学,导入新授

师:同学们,母鸡是常见的动物,如果让你写,你会从哪些方面去写?请你说。

(生:我来写母鸡会抓住母鸡的外形、生活习性来写。)

师:你的写法是很常用的,一般写动物我们会从外形和习性去写。作者老舍先生会怎样来写母鸡呢?让我们一起走进课文吧!(板书)

二、初读文本,厘清脉络

师:课文写得很有意思,请两位同学来读读课文,第一位同学读第一至三自然段,第二位同学读第四至十自然段,其余同学思考这两个部分分别写了什么?

师:看到这两位同学信心满满,就请你来读,其他同学边听边思考。

师:这两位同学朗读能力不错,停连自然流畅。

师:文中有这些词语,请大家一起来读读。

(生:讨厌、欺侮、可恶、雏鸡、警戒。)

师:警戒是什么意思?

(生:警戒是指防备、小心。)

师:警戒可以说是警惕戒备的意思。从"戒"的小篆书写你就能发现它的意思。小篆 戒的意思是人的左右手握着兵器"戈",好像时刻准备着战斗。

师:课文分为两个部分,分别写了什么呢?你的手举得最高,请你说。(板书)

(生:第一部分写作者讨厌母鸡;第二部分写作者不敢再讨厌母鸡。)

三、深入文本,体悟写法

师:作者从讨厌母鸡到不敢再讨厌是怎样写的呢?请同学们默读课文,同桌合作完成学习单。

角色	叫声	形象特点	作者的情感

师:通过母鸡叫声描写的前后对比,你们发现了什么?

角色	叫声	形象特点	作者的情感
母鸡	嘎嘎、细声细气、如怨如诉、发了狂	浅薄、哀怨	讨厌
鸡母亲	咕咕地紧叫、一声也不哼、放声啼叫	负责、慈爱、勇敢、辛苦	不敢再讨厌

(生:母鸡角色变化后,叫声也不同,形象和情感也形成了巨大反差。)

师:作者除了抓住母鸡的叫声对比描写,还从哪些方面进行了比较?

(生:母鸡对待同类凶狠,成为鸡妈妈后对鸡宝宝百般呵护、疼爱形成鲜明对比。)

师:是的。让我们来读读下面的句子。

它永远不反抗公鸡,有时却欺侮最忠厚的鸭子。

假若有别的大鸡来抢食,它一定出击,把它们赶出老远,连大公鸡也怕它三分。

师:从这两句话你读懂了什么呢?

(生:第一句话"永远不反抗"和"欺侮"形成鲜明对比,母鸡恃强凌弱、欺软怕硬。第二句话可以看出母鸡勇敢无畏。)

师:两句话中描写母鸡前后行为的变化最根本的原因是什么呢?

(生:最根本的原因是母鸡成为鸡母亲后变得勇敢、负责。)

师:是的。母鸡成为母亲后因为爱让它有了巨大改变。正是如此,作者才运用鲜明对比的手法,让我们看到母鸡成为母亲后的变化,引发作者情感发生强烈变化,从讨厌到不敢再讨厌,崇敬之情油然而生。(板书)

师:作者不仅在描写方法上形成对比,在情感表达上也形成转折,这样多重对比给读者留下深刻的印象。

四、比较阅读,尝试运用

师:老舍先生是一位了不起的作家,《猫》《母鸡》你喜欢哪一种写作方式,为什么?

(生:我喜欢《猫》的写作方法,作者为了表达自己的喜爱之情,抓住猫的性格古怪和满月的小猫可爱来写,字里行间都洋溢着对猫的喜欢。)

(生:我喜欢《母鸡》的写作方法,作者运用对比的手法体现了自己对母鸡的情感变化,给人留下深刻的印象。)

师:无论哪一种方法,作者都是直接表达对动物的情感,无论是喜爱还是讨厌,甚至是崇敬之情。在作者笔下,动物是活泼的,充满生命力的。请大家看着图片想象你最喜欢的一种小动物,抓住一个特点来写,表达出你的真情实感。

师:今天这节课就上到这儿,下课!

师:我的试讲到此结束,感谢各位的聆听!

【板书设计】

提阅读速度，赏搭石之美

——五年级上册《搭石》试讲稿

【试讲分析】

《搭石》是统编教材五年级上册策略单元的一篇精读课文。本单元需要掌握的阅读策略是有速度地默读，这种默读方法可以训练学生加快阅读速度，提高阅读质量和水平，为阅读习惯的养成奠定基础。《搭石》一文主要训练学生计时默读，集中注意力不回读。计时默读指在有限时间内完成阅读任务，是提速的关键。计时默读要提出阅读要求，遇到不认识或不理解的词语跳过去，做到不回读。计时默读完成后交流阅读体会，主要是分享自己在默读时集中注意力阅读的方法，同时要感知课文主要内容。有速度默读需要在一次次阅读训练中达成，因此，掌握有速度阅读策略是本课教学的一个重要目标。

教学的另一个目标是抓住文章重点词句品析"搭石，构成了家乡的一道风景"的含义。《搭石》从一块普普通通的石头出发，讲述乡民之间美好的情感，从平凡的事物中发现美、感受美。文中因搭石勾勒了一幅幅美好的画卷，主要抓住三个场景描写感受人们与搭石的关系、情感。第一个场景是踏搭石，从上了点年岁的人摆放搭石后来回踏的动作让人感受到乡民为他人着想的美好心灵。第二个场景是走搭石，上下班的工人们走搭石轻快的节奏，通过美好的画面让人感受到人们生活的幸福。第三个场景是赞搭石，通过写年轻人帮助老人走搭石是理所当然的事情，赞叹乡民们淳朴而真挚的情感。教学紧扣中心句"搭石，构成了家乡的一道风景"，用三个主要场景来勾勒家乡的美好风景。最后，快速阅读作者刘章先生写《搭石》的原因，领会"搭石，构成了家乡的一道风景"的深层含义：搭石不仅勾勒家乡美好的风景，更展现家乡人真挚而淳朴的风貌，值得人们去学习和传承。策略单元教学既要关注阅读策略学习和落实，也要注重文本学习和品析，这样才能实现单元教学目标。

【试讲目标】

1. 练习有速度地默读，正确理解"协调有序、清波漾漾、人影绰绰"等词语的意思。

2.抓住文章重点词句品析"搭石,构成了家乡的一道风景"的含义。

3.培养学生能从平凡的事物中感受美。

【试讲重点】

1.练习有速度地默读,抓住文章重点词句品析"搭石,构成了家乡的一道风景"的含义。

2.培养学生能从平凡的事物中感受美。

【试讲过程】

师:尊敬的评委老师,大家好。我是×号考生(选手),今天我试讲的课文是《搭石》。请问现在可以开始我的试讲了吗?

师:上课,同学们好,请坐!

一、创设情境,导入新课

师:乡下有许多小溪缓缓地流着,入秋后溪水变浅了,人们会在溪水里摆放一些这样的石头,好让大家走过。这就是搭石。今天这节课,就让我们一起走进这一块块搭石中,细细感受搭石的美。(板书)

二、计时默读,感知课文

师:请同学们用较快的速度默读课文,注意默读要求:

1.读的时候要集中注意力,遇到不懂的词语跳读。

2.计时默读。

师:同学们听清楚默读要求了吗? 计时开始。

师:许多同学已经按要求完成默读,请你来汇报一下默读所花的时长。

(生:按照老师提出的默读要求,读完这篇课文我花了1分30秒。)

(生:我花了2分钟。)

师:每个人因为自己阅读水平的不同,所花的时间会不一样。如果在默读的过程中集中注意力不回读,阅读的速度就会提升。

师:在默读过程中遇到哪些阅读障碍,你们是怎样克服的? 请大家交流一下。

(生:默读到"人影绰绰"时不理解,但是没有回读直接跳过去了。)

(生:"紧走搭石慢过桥"的意思是什么不太理解,没有过多考虑还是抓紧时间读完课文。)

师:默读中遇到不认识的、不理解的词句可以直接跳过不回读,这样阅读就会有速度。

师:通过默读,你了解了课文哪些内容?

(生:课文描写了作者家乡入秋后走搭石的情景。)

三、品读语言,体会情感

师:请同学们快速默读课文,搭石给作者留下了怎样的印象? 请从文中找出相关语句。(板书)

(生:文中第二自然段的首句:搭石,构成了家乡的一道风景。)

师:文中是从哪几个部分来写搭石的呢?(板书)

(生:从四个部分来写:摆搭石、踏搭石、走搭石、赞搭石。)

师:是的,课文围绕"摆搭石、踏搭石、走搭石、赞搭石"四个部分来写,给我们勾勒了一道美丽的风景。

师:那是一道怎样的风景? 请自由轻读课文第二至四自然段,哪些画面写得特别美,请画出来并写上感受。

师:我们来读读这样的画面:"上了点儿年岁的人,无论怎样急着赶路,只要发现哪块搭石不平稳,一定会放下带的东西,找来合适的石头搭上,再在上边踏上几个来回,直到满意了才肯离去。"从这句话你读懂了什么?

(生:这句话写了上了点年岁的人认真地把搭石摆放平稳。)

师:上了点年岁的人是哪些人?

(生:大叔、伯伯、大爷、大妈。)

师:这些上了点年岁的人为什么这么做呢? 我来问问。大叔,您挑了这么一担粮食,够沉的了,放下来摆这些石头干吗,快走吧!

(生:没关系,这搭石不稳,孩子们会摔跤的。)

师:大爷,您不是急着去城里吗? 您已经花了很长时间摆这些搭石了,快赶路吧!

(生:不差这一会儿工夫,搭石摆稳了我才放心。)

师:大妈,这些搭石够稳的了,别再摆了。

(生:不行啊,走的人这么多,要平稳才行。)

师:这些上了年岁的人心里想的都是脚下的搭石,这是一道多美的风景啊!让我们再来读读这句话。

师:再来读读这一幅画面:"每当上工、下工,一行人走搭石的时候,动作是那么协调有序! 前面的抬起脚来,后面的紧跟上去。嗒嗒的声音,像轻快的音乐;清波漾漾,人影绰绰,给人画一般的美感。"这段主要写了什么?

（生:这段话写的是上下工的人们走搭石的情景。）

师:文中哪些词语能感受到美?

（生:协调有序、清波漾漾、人影绰绰。）

师:什么是"协调有序"? 我们一起来读读这句话:"前面的抬起脚来,后面的紧跟上去。"

师:这就是"协调有序",走在搭石上,没人指挥却是这么默契而有序。

师:从"走搭石"的动作中我们体会到节奏美,"清波漾漾、人影绰绰"写的是什么美?

师:请大家看图理解"清波漾漾"。

（生:清波漾漾是指湖水清澈透亮,荡漾着波纹。）

师:"人影绰绰"的"绰"在字典中两种解释:一是宽裕、富裕;二是形容姿态柔美。你能说说这个"绰"字在文中是哪个意思吗?

（生:从字典的意思中我知道,人影绰绰是指人影多、姿态美。）

师:是的。"清波漾漾、人影绰绰"写出了水波的美和人影的美。

师:让我们把走搭石的这段话再来读一读,读出节奏,读出美感。

师:读读第三幅画面:"假如遇上老人来走搭石,年轻人总要俯下身子背老人过去,人们把这看成理所当然的事。"

师:来走搭石的会有哪些人? 完成句子填写:

假如遇上_____,年轻人总要_____,人们把这看成

_____。

（生:假如遇上<u>挑担的老人</u>,年轻人总要<u>接过担子挑到对岸</u>,人们把这看成<u>理所当然的事</u>。）

师:挑担的老人需要推辞吗? 当然不需要,因为这是年轻人应该做的,是理所当然的事。

师:这一幅幅画面构成了家乡的风景,它不仅美丽还那么的动人。齐读课文最后一段。（板书）

师:多么美好的风景,多么质朴的情感,在每个人心中流动着。

四、拓展延伸,升华情感

师:家乡美好的风景远不止这些,还有许多画面留在作者的心中。本文作者刘章先生在写完《搭石》后回复读者的问题中曾写了一段话,请大家快速默读。

当我见到人们抢着挤公共汽车的时候,见人们无序地横穿马路的时候,心里便幽幽地想到家乡的潺潺小溪.想到山里人走搭石的情景:一个人跟着一个人,动作协调有序,足音踏踏,水声涛涛,人影绰绰。两个人对面来到溪边,微笑止步,示意让对方先行。还有,年轻人背老人,大人抱娃娃,在记忆里,他们如留在水中的倒影。当我见马路上有砖头或树枝,人们宁可绕着走也不肯弯腰拾起的时候,我又想到山里人在雨水过后,自觉摆搭石的情景,想到有人发现搭石不稳,马上退回岸上,找块好石头搭上的情景……

师:从作者的这段话中,你明白了什么?

(生:我明白作者写《搭石》的意义,通过搭石展现乡亲们之间美好的情感,唤醒城市的人们树立良好秩序和美德。)

师:是的,一块普普通通的搭石是作者最美的记忆,是乡民们最淳朴的情感链接,也是我们需要崇尚的美好社会风貌!

师:今天这节课就上到这儿,下课!

师:我的试讲到此结束,感谢各位的聆听!

【板书设计】

搭 石

一道风景

摆搭石　踏搭石　走搭石　赞搭石

美好情感

读"辉煌"与"毁灭",凝聚爱国情感

——五年级上册《圆明园的毁灭》试讲稿

【试讲分析】

《圆明园的毁灭》是统编教材五年级上册的一篇精读课文。课文分为两个部分,一写圆明园的辉煌,二写圆明园的毁灭。全文借描写昔日圆明园的辉煌来体现圆明园毁灭后的无限惋惜,以激发学生的爱国情感。根据单元语文要素"结合资料,体会课文表达的思想感情"预设教学目标,品读分析圆明园辉煌的盛景并借助资料理解作者所表达的情感。

1. 细读"辉煌"的盛景

课文从三个方面来写圆明园的辉煌,一是圆明园独特的布局,二是宏伟的建筑,三是珍贵的历史文物。圆明园是以圆明园为中心,其他小园围绕其间形成"众星拱月"的独特格局,教学时抓住关键词"众星拱月"来理解圆明园的盛景。宏伟的建筑则从文中列举的"有""还有"等词感受圆明园建筑种类繁多。珍贵的历史文物则用一个关联词"上至……下至……"讲述几千年华夏文明中的无数珍宝。细读圆明园的辉煌盛景并借助资料感受华夏文明的深厚与博大,最后用感叹号表达对圆明园辉煌的赞叹。

2. 感受"毁灭"后的痛惜

圆明园辉煌的盛景令人赞叹不已,付之一炬的圆明园更令人扼腕叹息。"辉煌"后的"毁灭"是震撼,是愤恨,更是痛惜。运用电影资料复现当时侵略者火烧圆明园的场景,再抓住文中"化为一片灰烬"的无限惋惜与之前盛景的无限赞叹形成强烈的反差,情感碰撞之后喷薄而出,强烈的爱国之情油然而生。

3. 链接资料,凝聚情感

全文运用对比的手法描写了圆明园辉煌后的毁灭,激发读者的爱国情感,这种情感不仅需要唤醒更需要沉淀。教学最后环节链接圆明园流失海外的文物资料,把历史和现实对接,引发学生深层思考,鼓励青少年一代要有使命感,要以实际行动实现爱国之志。

【试讲目标】

1. 理解重点词语"不可估量、众星拱月、玲珑剔透、金碧辉煌"的意思。

2. 研读圆明园辉煌的部分,体会作者表达的情感。

3. 借助资料凝聚爱国情感。

【试讲重点】

1. 研读圆明园辉煌的部分,体会作者表达的情感。

2. 借助资料凝聚爱国情感。

【试讲过程】

师:尊敬的评委老师,大家好。我是×号考生(选手),今天我试讲的课文是《圆明园的毁灭》。请问现在可以开始我的试讲了吗?

师:上课,同学们好,请坐!

一、谈话引入,板书标题

师:上课前,请大家欣赏几张图片。

师:看了这些图片,给你印象最深的是什么?

(生:印象最深的是这些断壁残垣在蓝天的映衬下显得格外刺眼。)

(生:这些倒下的石块,之前会是怎样的景象?)

师:这些就是圆明园遗址的图片,现在我们看到的是它被毁之后一百多年的样子,它之前又是怎样的呢? 让我们一起走进《圆明园的毁灭》。(板书)

师:齐读课文标题,谁的毁灭?

(生:圆明园的毁灭)

师:是的,请让我们记住它。

二、初读感知,凝聚情感

师:大家已经预习过课文了,请大家一起来读读这些词语:不可估量、举世闻名、金碧辉煌、玲珑剔透。

师:再来读读这些短语:不可估量的损失、举世闻名的皇家园林、金碧辉煌的殿堂、玲珑剔透的亭台楼阁。

师:读了这些短语,你能理解其中的意思吗?

(生:"不可估量的损失"是指损失的结果无法计算,形容损失非常巨大。)

(生:"金碧辉煌的殿堂"形容殿堂格外华丽、耀眼。)

师:请同学们默读课文,画出文中让你感触最深的句子。

师:交流一下你感受最深的句子。

(生:圆明园的毁灭是中国文化史上不可估量的损失,也是世界文化史上不可估量的损失!)

师:从这句话中你读出了什么样情感?(板书)

(生:无限的惋惜。)

师:请带着惋惜的心情读读这句话。

师:圆明园的毁灭是不可估量的损失,作者把这种强烈而复杂的情感用一个感叹号来表达。让我们凝聚这种情感,走进圆明园去感受它毁灭前的盛景。

三、品读细赏,感受辉煌

师:默读课文第二至四自然段,圆明园是一座怎样的皇家园林? 从哪几个方面来写的?(板书)

(生:圆明园是一座举世闻名的皇家园林,从三个方面来写,众星拱月的布局、宏伟的建筑、珍贵的历史文物。)

师:请你来读课文第二自然段。

师:读得不错。什么是众星拱月? 找出课文中的句子。

(生:还有许多小园,分布在圆明园东、西、南三面。)

师:谁是星,谁是月?

(生:小园是星,圆明园是月。)

师:这就是众星拱月的布局。

师:请大家齐读第三自然段。文章的第三自然段用了 6 个"有"写圆明园。我们一起来读一读。

师:圆明园中,有金碧辉煌的殿堂,有玲珑剔透的亭台楼阁;有象征着热闹街市的"买卖街",有象征着田园风光的山乡村野。有民族建筑,有西洋景观。

师:圆明园仅仅只有这些景致吗? 从文中找出理由。

(生:圆明园的景致很多,文中写道:"园中许多景物都是仿照各地名胜建造的……还有很多景物是根据古代文人的诗情画意建造的。")

师:是的,圆明园中的景色远不止这些,让我们一起来看看当时的资料。

师:圆明园不仅有宏伟的建筑,更有最珍贵的历史文物。上自先秦时代的青铜礼器,下至唐、宋、元、明、清历代的名人书画和各种奇珍异宝。

师:如果让你在此处用一个标点符号表示,你会用哪一个,为什么? 你想得

很快,你来说。(板书)

(生:我会用感叹号,因为圆明园珍藏了不可计数的文化珍宝,太令人惊叹!)

师:是的,圆明园历经一百年才修建完成,共有 150 多处景观,被称为万园之园,里面珍藏的无价之宝不可胜数。就是这座举世闻名的皇家园林也难逃厄运。齐读最后一个自然段。

师:艺术的瑰宝,建筑艺术的精华,化为灰烬。(板书)

师:就这样化为灰烬,是怎样化为灰烬? 我们来看一段视频。

师:我国这一园林艺术的瑰宝、建筑艺术的精华,就这样化为灰烬。

师:此时此刻你的内心升腾起的是什么?

(生:看着侵略者烧、抢、毁、肆意掠夺,这些疯狂的行为令人痛恨!)

师:如果让你在此处加上一个标点符号,你会用什么?

(生:我想用感叹号,因为侵略者的罪行令人憎恨。)

(生:我想用省略号,因为侵略者把这座皇家园林化为灰烬,多么令人惋惜!)

师:齐读"圆明园的毁灭是中国文化史上不可估量的损失,也是世界文化史上不可估量的损失"。

师:读了这句话,你有什么想说的? 和同桌讨论一下。请你来说说。

(生:圆明园的毁灭是令人痛惜的,但是从这段屈辱的历史中我们要铭记历史,振兴中华。)

师:我们再来看看这些断壁残垣的圆明园,它时刻警醒着我们勿忘国耻,振兴中华!

四、链接资料,表达体会

师:一百多年过去了,圆明园许多文物流失海外。1860 年,圆明园被劫文物 150 万件,现在我们看到的这几个生肖铜像已归还中国,可十二生肖铜像不过是圆明园流失文物中的沧海一粟。大英博物馆的东方艺术馆中,东晋大画家顾恺之的《女史箴图》乃我国古代卷轴画中的稀世珍品。卢浮宫中国馆内最显著的位置摆放着一座巨大的佛塔,它是圆明园正大光明殿前的宝物。英法两国拒绝归还我国的文物,面对这样的境遇,请你以一名中国公民的身份向英国首相或法国总统写一封信表达你对英法两国拒绝归还这些文物的想法。

师：今天这节课就上到这儿，下课！

师：我的试讲到此结束，感谢各位的聆听！

【板书设计】

圆明园的毁灭
众星拱月的布局
辉煌！　　宏伟的建筑　　灰烬……
珍贵的历史文物

寻月迹之美,悟人间真情

——五年级上册《月迹》试讲稿

【试讲分析】

《月迹》是统编教材五年级上册一篇略读课文,是当代作家贾平凹先生写的回忆性散文。他以儿童的口吻写了在奶奶说的"月亮是每个人的"指引下,一群小伙伴快乐地去追寻月亮的踪迹。文章以"月"为线索,写了"我们"盼月、寻月、议月的过程。全文充满有趣的童真,读起来有滋有味,具有北方的语言特色。结合单元语文要素"初步体会课文中的静态描写和动态描写",教学的一个重要目标是体会文中动态描写和静态描写的不同,并能尝试运用。

1. 梳理文脉,积累词语

本文是略读课文,篇幅较长,可以采用长文短教的方法,梳理文章线索,厘清文脉,然后紧扣"寻月之趣"展开教学。此外,本文的教学还需关注文本语言特点,读好儿化音的词,理解叠词的妙用,做好语言的积累。如比较读"竹窗帘"和"竹窗帘儿"等词感受北方语言的特点,积累叠词体会语言充满的童真趣味。

2. 比较"动""静"描写

学习动、静描写方法是本文的教学重点。教学伊始,教师可以创设与"月"相关的诗词意境,让学生在美的情境中去感受寻月之趣。为了突出动静描写的作用,指导学生着重抓住文中写中庭之月和院中之月语段比较,感受动态和静态之下的明月,一个淘气可爱,一个端庄娴静,体会作者寻月的内心变化。然后创设情境,让学生把学到的描写方法运用在练笔中。

略读课文教学,以略其所略、重其所重的策略来指导教学。本文重点学习"寻月之趣","盼月""议月"略学,从"寻月之趣"感受作者丰富的情感变化,体会人间真挚而美好的情感。

【试讲目标】

1. 读准"竹窗帘儿""悄没声儿""屏住气儿"等词的读音,感受北方语言的特色。

2. 梳理文本主要内容,了解写作顺序。

3. 仔细体会动态描写和静态描写的不同,并能运用。

【试讲重点】

1. 梳理文本主要内容,了解写作顺序。

2. 学习静态描写和动态描写。

【试讲过程】

师:尊敬的评委老师,大家好。我是×号考生(选手),今天我试讲的课文是《月迹》。请问现在可以开始我的试讲了吗?

师:上课,同学们好,请坐!

一、读标题,了解作者

师:自古以来,人们喜欢借月抒情:李白笔下的"举头望明月,低头思故乡"是"思乡之月";王维眼中的"明月松间照,清泉石上流"是松间之月;张九龄的"海上生明月,天涯共此时"是海上之月。而在当代作家贾平凹的眼中,月亮又是怎样的呢? 今天这节课我们一起来学习这篇散文《月迹》,请齐读课文标题。

师:什么是月迹?

(生:月亮的踪迹。)

师:是的。花的踪迹可以说——

(生:花迹。)

师:云的踪迹可以说——

(生:云迹。)

师:秋天的踪迹叫——

(生:秋迹。)

二、初读课文,感知趣味

师:请同学们带着课前导读的问题默读课文。

师:读完课文你花了多长时间?

(生:两分钟。)

师:阅读是有速度的。请大家再把课文快速地读一遍,说说课文给你带来的感受。

师:如果让你用一个字表达,你会用哪个字? 请你说。(板书)

(生:趣。)

师:是的。作者回忆小时候寻找月亮的足迹充满了乐趣。

师:作者是从哪几个方面来写月迹之趣的? 你来说说。(板书)

(生:文章从三个方面来写,先写盼月,再写寻月,最后写议月。)

师:梳理了文章顺序,让我们来读读课文中的词语吧!

(生读:竹窗帘、悄没声、屏住气、繁星;竹窗帘儿、悄没声儿、屏住气儿、繁星儿。)

师:你们发现这两组词读起来有什么不同?

(生:后面一组词语都带有儿化音,读起来充满童年的趣味。)

师:那我们再来读读这一组词语。

(生:款款、疏疏、累累、袅袅。)

师:你又读出哪些感受?

(生:这一组叠词读起来特别有趣,朗朗上口。)

师:文中还有许多这样读起来特别爽朗的词语,可以把它多读几遍。

三、再读课文,探寻月之趣

师:作者在文中写得最有趣的是哪一个部分?

(生:最有趣的是寻月。)

师:让我们跟着作者的脚步去寻找月亮的踪迹吧! 月亮出现在哪些地方?

师:请你和大家分享一下月亮的足迹。

(生:月亮出现在竹窗帘儿里、穿衣镜上、院子里、葡萄叶上、瓷花盆儿上、锨刃儿上、河湾里、眼睛里。)

师:按月亮出现的足迹可以分为:中庭之月、院中之月、河中之月、眼中之月。(板书)

师:在寻月中,你喜欢出现在哪个地方的月亮,那里又藏着怎样的趣味? 找出相关语句读一读,写上自己的感受。

师:请你来分享一下有趣味的语句。

(生:我们看时,那竹窗帘儿里果然有了月亮,款款地悄没声儿地溜进来,出现在窗前的穿衣镜上了:原来月亮是长了腿的,爬着那竹帘格儿,先是一个白道儿,再是半圆,渐渐地爬得高了,穿衣镜上的圆便满盈了。)

师:这是一个怎样的月亮?

(生:淘气的、可爱的。)

师:从哪些词读出来的?

201

（生：从"溜进来、长了腿、爬着"这些词读出来的。）

师：请你读出它的淘气。

师：我仿佛看到了月亮可爱淘气的模样。

师：文中还有哪些句子读起来有不一样的感受？

（生：我们都跑了出去，它果然就在院子里，但再也不是那么一个满满的圆了。满院子的白光，是玉玉的，银银的，灯光也没有这般亮的。）

师：从这段话中你看到了一个怎样的月亮？你有怎样的感受？

（生：看到了一个满满的圆月，玉玉的、银银的，像一个大玉盘。）

师：此时中庭的月亮来到了院子里，从一个淘气可爱的孩子，变成一位端庄娴静的女子。这是怎样的月亮？

（生：圆圆的月亮。）

师：怎样的月光？

（生：白白的、银银的月光。）

师：银色的月光如水一样倾泻下来，这是一番怎样的情景呢？齐读。

（生：满院子的白光，是玉玉的，银银的，灯光也没有这般亮的。）

师：文中除了描写月亮变化的语句，还有"我们"情感变化的句子。请你来读一读。

（生：我们都高兴起来，又都屏住气儿，生怕那是个尘影儿变的，会一口气吹跑了呢。月亮还在竹帘儿上爬，那满圆儿却慢慢儿又亏了，末了，便全没了踪迹，只留下一个空镜，一个失望。）

师：你发现"我们"的情感有了哪些变化呢？

（生："我们"看到月亮时高兴又兴奋，又担心月亮会没影儿，月亮亏了没了踪迹又十分失望。）

师：是的，寻月最有趣的就是孩子们随着月亮的变化，心情也随之变化：一会儿高兴，一会儿担心，一会儿又失望，这份美好只有在童年生活中常有。（板书）

师：文中还有一处写得饶有趣味。刚才你读得入情入境，再请你读。

（生：我们都面面相觑了。倏忽间，哪儿好像有了一种气息，就在我们身后袅袅，到了头发梢儿上，添了一种淡淡的痒痒的感觉。似乎我们已在月里了，那桂树分明就是我们身后的这一棵了。）

师:文章不仅要读得有趣,还要读得有味道。从这段话中,你读出了什么?

(生:这是"我们"美好的想象。)

师:作者从气息到感觉,最后写了想象。(板书)

师:作者在寻月中,从月亮踪迹的变化中带上心情带上想象,写出了童年时寻月的那份情趣与美好。

四、拓展训练,写寻访之美

师:作者寻着月亮的踪迹找到童年的美好,那么我们也一起来寻访秋天的踪迹,来写一写,写出那份趣味与美好。

师:今天这节课就上到这儿,下课!

师:我的试讲到此结束,感谢各位的聆听!

【板书设计】

	月 迹		

```
                    月    迹

        盼  月
                中庭之月
                院中之月

趣      寻  月              变化—心情—想象   美
                河中之月
                眼中之月

            议  月
```

燃思想火花，促情感表达

——五年级下册《青山处处埋忠骨》试讲稿

【试讲分析】

《青山处处埋忠骨》是统编教材五年级下册第四单元一篇精读课文，讲述毛泽东主席惊闻儿子毛岸英牺牲后，经过艰难抉择同意将他安葬在朝鲜。故事分为两个部分，第一部分描写毛泽东主席作为父亲痛失爱子的表现，第二部分写毛泽东主席作为国家领导人决策的复杂过程。我们看到了一个鲜活丰满的人物形象，主席既有常人的情感更有伟人的胸怀。他有作为父亲失去心爱儿子后的痛苦表现，也有在人民、国家、民族大义面前的毅然抉择。从他身上，我们看到那一代革命先辈们的伟大精神。本文是从一个伟大人物的描写转为对一代革命先辈们群像的塑造，不刻意强调某一个英雄或伟人的事迹，而是把他或他们放置在整个革命年代大背景下，让学生感受先辈们伟大的革命精神。

文本分为两个部分。从内容上看，故事情节描写细致生动，结合单元语文要素"通过课文中动作、语言、神态的描写，体会人物的内心"，教学切入点可以从人物的细节描写入手去感受主席具有常人的情感和伟人的胸怀。第一部分主要抓住"主席一支接着一支吸着烟"的情景，在动作背后虽是无声的语言，却隐藏着一个父亲无可比拟的悲痛，从动作描写读懂主席的内心活动，把沉默转换为语言，直抵情感表达。第二部分抓住主席的语言进行品读，从主席一句又一句的自我反问中去领悟主席作为国家领导人的胸襟。两个部分分别从动作和语言描写去感受人物的内心，既落实单元语文要素，同时也为文本深入理解找准方向。文中较难理解"青山处处埋忠骨，何须马革裹尸还"的含义，教学伊始就为理解做足铺垫，讲述毛岸英牺牲的经过，引发学生共鸣，感受主席痛失爱子的情感；然后，在研读主席同意岸英安葬朝鲜的语言中体会主席的伟大；再通过语言烘托去感受"青山处处埋忠骨，何须马革裹尸还"的英勇气概；最后观看抗美援朝视频，真正体悟革命英雄们为国牺牲的大无畏精神。由此，创设适切的教学情境可以为文本学习助力，点燃思想的火花，促发情感的表达。

【试讲目标】

1. 理解"眷恋、踌躇、黯然"等词的意思,有感情地朗读课文。

2. 抓住人物动作、语言、神态描写感受人物的内心。

3. 借助资料理解"青山处处埋忠骨,何须马革裹尸还"的含义。

【试讲重点】

1. 抓住人物动作、语言、神态描写感受人物的内心。

2. 借助资料理解"青山处处埋忠骨,何须马革裹尸还"的含义。

【试讲过程】

师:尊敬的评委老师,大家好。我是×号考生(选手),今天我试讲的课文是《青山处处埋忠骨》。请问现在可以开始我的试讲了吗?

师:上课,同学们好,请坐!

一、事件导入,揭示标题

师:上课前,老师要给大家讲述一个历史事件:1950 年 11 月 25 日上午,四架敌机突然向朝鲜北部大榆洞袭来。毛岸英同志正在志愿军司令部紧张工作,燃烧弹铺天盖地落下来,震耳欲聋的爆炸声响起。50 平方米的作战室瞬间成了一片火海,来不及撤离的毛岸英同志壮烈地牺牲了。司令员彭德怀同志历时一个多小时才拟定了这份电报:"我们今日 7 时已进入防空洞,毛岸英同 3 个参谋在房子内。11 时敌机 4 架经过时,他们 4 人已出来。敌机过后,他们 4 人返回房子内,忽又来敌机 4 架,投下近百枚燃烧弹,命中房子,当时有二名参谋跑出,毛岸英及高瑞欣未及跑出被烧死。其他无损失。"

师:主席收到这份电文,他是怎样的心情? 又会发生什么呢? 让我们齐读课文标题《青山处处埋忠骨》。

二、初读语言,感知内容

师:课文读了几遍?

(生:三遍。)

师:让我们来看看课文中的这些词你能读好吗?

(生:眷恋、踌躇、黯然。)

师:读得不错。眷恋是什么意思? 你能说出和它相近的词语吗?

(生:留恋、依恋。)

师:让我们再来读读这些短语。

(生:无限的眷恋、下意识地踌躇、黯然的目光。)

师:"下意识地踌躇"是怎样的踌躇呢?你说说。

(生:没有觉察的犹豫。)

师:是的。那么"黯然的目光"是一种怎样的目光?请你说。

(生:失去光彩、忧伤的目光。)

师:你的理解非常准确!让我们把三个短语再读一遍,你发现了什么?你的思维活跃,就请你来说吧!

(生:三个短语是对毛主席痛失爱子后的神态描写。)

师:回答准确。接下来请大家默读课文,根据课文内容列出小标题。你的已经列好了,请你来说说吧!

(生:惊闻岸英牺牲,同意安葬朝鲜。)

师:谁能根据小标题概括课文的主要内容?请你说。

(生:毛主席收到岸英牺牲的电报无比痛心,经过多方考虑同意将岸英安葬在朝鲜。)

三、品析语言,体悟情感

师:毛主席一共收到三份电报,先默读课文第一部分,思考:主席收到第一份电报后有怎样的表现?请你读这句话。

(生:从见到这封电报起,毛主席整整一天没有说话,只是一支接着一支地吸着烟。)

师:主席在想什么?你想到了,你来说。

(生:主席在想岸英怎么一去就回不来了呢?)

师:他还会想什么?你说。

(生:我还没来得及和孩子好好相处,他就这样离开了我,怎么可能啊!)

师:是的。主席一支接着一支吸着烟,他在想:那年,地下党的同志们冒着生命危险找到岸英,不是安全地送到我的身边吗?

师:那年,岸英去苏联留学,不是平安地回国了吗?

师:那年,岸英去农村锻炼,不是也顺利地回来了吗?

师:可这次,岸英去了朝鲜前线,怎么就回不来了呢?

师:主席情不自禁地呼唤着:"岸英!岸英!"

师:从这里你感受到了什么?请你说。(板书)

(生:一个父亲对爱子的无限深情和无可比拟的悲痛。)

师:主席陷入深深的悲痛中,秘书进来了,送来两份电文。志愿军司令部来电:是否将岸英的遗骨运回国。朝鲜方面来电:希望把岸英安葬在朝鲜。主席收到电文,作为国家领导人经历了怎样的抉择?默读第二部分,画出相关语句完成下面的学习单。

师:请你根据学习单说说主席抉择的过程。

(生:主席收到两份电文后强忍着悲痛,流露出无限眷恋,想见遗骨但又打消念头,尊重意愿又下意识踌躇了一会儿,最后签下电文,泪湿枕巾。)

师:从主席的抉择过程中你读出了什么?你来说。

(生:作为一个父亲,对痛失爱子连最后一面都不能相见的不忍与悲痛;作为国家领导人,必须要放下这样的悲痛与不舍,同意安葬朝鲜。)

师:主席为什么要这么做呢?岸英活着时候没能见上最后一面,牺牲了再见一面,这是人之常情啊!我们来读读这句话。

(生:他若有所思说道:"哪个战士的血肉之躯不是父母所生?不能因为我是主席,就要搞特殊。不是有千千万万志愿军烈士安葬在朝鲜吗?岸英是我的儿子,也是朝鲜人民的儿子,就尊重朝鲜人民的意愿吧。")

师:从主席的这句话中你读懂了什么?你来说。

(生:从主席说的这句话想到了此时主席想到的是所有志愿军战士们,他们也是父母所生的孩子,他们为国牺牲谁都不舍得。)

师:说得好。再读"哪个战士的血肉之躯不是父母所生""每一个战士都是父母所生""不是有千千万万志愿军烈士安葬在朝鲜吗""千千万万志愿军烈士都安葬在朝鲜"等句子,从主席的话语中,你认为他此刻想的是什么?

（生:想的是人民、是千千万万志愿军战士。）

师:是的,主席想到的是无数志愿军战士们流血牺牲,这就是伟人的胸怀。（板书）

师:此时,毛主席想到的是每一位战士,每一位牺牲的烈士们,他们都是父母的孩子。为了国家,为了民族,他们壮烈牺牲,岸英就是他们中的一员。为国捐躯,他们就是民族的英雄。

（生:青山处处埋忠骨,何须马革裹尸还。）

师:无数革命先辈们为了国家和民族的解放,奉献了青春与生命。

（生:青山处处埋忠骨,何须马革裹尸还。）

师:正是革命先辈们抛头颅洒热血,才换来我们今天的幸福生活。

（生:青山处处埋忠骨,何须马革裹尸还。）

四、凝聚情感,表达训练

师:在这场战争中,我们需要铭记住他们。（出示抗美援朝相关视频）你想说些什么呢?

（生:革命先辈们用自己生命换来了我们的幸福生活,我们一定要好好珍惜。）

师:是的,此时此刻,你们有许多话想说,把想对英雄说的话写在留言板上吧!

> 留言板
>   ——想对英雄说的话
>   邱少云叔叔,您真伟大!您为了不暴露战友们,将生死抛于脑后,强忍着烈火焚身的痛苦,壮烈牺牲了。没有你们,哪有我们现在幸福而又美好的生活呢?

师:请把你写的读给大家听吧!

（生:邱少云叔叔,您真伟大!您为了不暴露战友们,将生死抛于脑后,强忍着烈火焚身的痛苦,壮烈牺牲了。没有你们,哪有我们现在幸福而又美好的生活呢?）

师:是的,正是无数的革命先辈们抛头颅洒热血换来了我们今天的幸福生活,我们不能忘记他们。

（生：青山处处埋忠骨，何须马革裹尸还。）

师：今天这节课就上到这儿，下课！

师：我的试讲到此结束，感谢各位的聆听！

【板书设计】

```
            青山处处埋忠骨

       父亲          主席

     无限深情      伟人胸怀
```

智慧的语言，丰富的表达

——五年级下册《杨氏之子》试讲稿

【试讲分析】

《杨氏之子》是统编教材五年级下册第八单元一篇文言文，选自《世说新语·言语》。全文 55 个字，共 5 句话，篇幅短小，语言精悍，主要围绕杨氏之子的"甚聪惠"来写。故事有起因和经过，结果隐藏在精彩的人物对话之中，只有读懂人物对话，才能知晓故事蕴含的深意。教学时从人物对话入手，研读人物的语言，感受风趣幽默语言的不凡，体会人物的特点，落实语文要素。

1. 朗读为先，晓其意

文言文的学习首先是读，读通语句，掌握节奏，方知其意。在熟读的基础上，教师指导学生依据古文停连来划分节奏，尤其要针对最后一句"未闻孔雀是夫子家禽"的节奏划分进行讨论，比较理解"家禽"的古今义。"禽"在文中指"鸟"的意思，明晰字义的来源可以从汉字的演变中发现字的本义，再依据《说文解字》的注解明确文中的"禽"的本义，从而发现古文一字一译的特点，加深学生对汉字的理解。学生运用节奏划分的方法，自主研读了解文本的意思，最后按节奏再读文本，感知大意。这是在读的基础上，进行的一次自主学习。

2. 对比品析，知特点

本课的教学重点是引导学生理解孔君平与杨氏之子智对语言的含义及其特点，这也是教学难点。首先，教师运用不同语气引读，比较"孔指以示儿曰：'此是君家果。'"与"儿应声答曰：'未闻孔雀是夫子家禽。'"两句，明白孔君平用姓氏来戏弄九岁的杨氏子，同时也是考量杨氏子的智慧。通过反复的引读，让学生感受杨氏子聪慧过人。接着，抓住重点语句分析杨氏子聪慧的表现，运用句式"孔雀是君家禽。""未闻孔雀是夫子家禽。"进行比较分析，发现两个句子意思相同，但表达效果不同，引发学生思考"未闻孔雀是夫子家禽"这样表达的含义，从"未闻""夫子""家禽"等词的理解比较中体会杨氏子的聪慧，不仅从机智的反应中，还从待客的礼节中感受到他的不凡，是高情商的人。运用句式的比较不仅能读懂句子的含义,还能品析人物的特点。

3.仿写训练,善运用

理解人物的语言特点,感受语言的魅力,学会运用。教学中,明确人物对话的语言特点:明知语言错误,模仿运用达到幽默滑稽的效果,这样的手法叫作"飞白"。了解语言的修辞手法,进行阶梯式训练。

一是设计"如果拜访的人姓黄(李),杨氏子又会怎样回答呢?"学生掌握这类语言的特点,能很快做出应答。

二是出示《世说新语》中孔融的故事,根据故事情境填写人物的语言。这个训练的设计不仅对学生的文言阅读能力有所考验,还对语言的智慧与幽默的运用进行相关检测,同时提升学生深度思维的能力。

【试讲目标】

1.能正确读"为""应"等字,结合注释理解"诣""禽"等字的意思。

2.正确、流利地朗读课文,读好句子中的停顿。

3.能借助注释了解课文意思,感受杨氏之子"甚聪惠""懂礼节"。

【试讲重点】

1.借助注释了解文言文意思。

2.品读语言感受人物的智慧。

【试讲过程】

师:尊敬的评委老师,大家好。我是×号考生(选手),今天我试讲的课文是《杨氏之子》。请问现在可以开始我的试讲了吗?

师:上课,同学们好,请坐!

一、谈话导入,揭示标题

师:上课前,我要推荐大家读一本书《世说新语》,它是南朝刘义庆编著的笔记小说,主要是记载东汉后期至东晋一些名士的言行与逸事,共涉及 1500 个人物,有王侯将相、隐士僧侣,其中有我们熟知的《道旁苦李》《望梅止渴》《管宁割席》等故事。

师:今天我们一起学习《世说新语》中的《杨氏之子》。齐读课文标题。(板书)

师:谁能说说题目的意思。请你先说。

（生：姓杨人家的儿子。）

师：对的，你姓什么？

（生：姓汪。）

师：那你可以说是汪氏之子。如果是姓李的，我们可以说——

（生：李氏之子。）

二、初读文言，感知意思

师：谁能把这篇文言文读一读？请你读读。

师：读得不错，"诣、为、禽"这几个字音读得准确。"为"在文中指什么？

（生：替、给。）

师：此时"为"念第四声。

师：古时候人们在读古文时讲究停连，请大家先划分节奏，再按节奏读一读。

梁国/杨氏子/九岁，甚聪惠。孔君平/诣其父，父/不在，乃/呼儿出。为/设果，果/有杨梅。孔/指以示儿/曰："此/是君家果。"儿/应声答曰："未闻/孔雀/是夫子家/禽。"

师：文中共有五句话，大概讲了一个什么故事呢？谁能用自己的话来说一说？你说说。

（生：梁国有个姓杨的人，他的儿子九岁，非常聪明。有一天，孔君平来拜访他的父亲，父亲不在家，于是把他叫出来。杨氏子为孔君平摆上水果，水果中有杨梅。孔君平指着杨梅对他说："这是你家的果子。"杨氏子回答道："没听说孔雀是您家养的鸟。"）

师：说得比较完整，有自己的理解。

师：文中的"禽"是鸟的意思，为什么是指鸟呢？我们来看"禽"字的演变过程：

甲骨文　　　　小篆　　　　隶书　　　　楷书

师:最早"禽"像一张捕鸟的网,后来逐步演变成"禽"。《说文解字》中"禽"解释为:鸟兽的总称。二足而羽谓之禽,四足而毛谓之兽。所以"禽"在这里指鸟。

三、咀嚼品味,体会人物

师:课文主要是围绕哪一句话来写的? 请你读一读。(板书)

(生:梁国杨氏子九岁,甚聪惠。)

师:再读读课文,从文中哪些地方看出"杨氏子甚聪惠"? 你来说说。(板书)

(生:为设果,应声答。)

师:你善于抓住文中关键词。

师:"应声答"看出他思维敏捷,智商高;"为设果"看出九岁的杨氏子就懂得了待客之道,情商高。文中两人的对话很有意思,不如我们来一场精彩的对话。

师:孔指以示儿曰:"此是君家果。"

(生:儿应声答曰:"未闻孔雀是夫子家禽。")

师:从对话中你发现了什么?

(生:孔君平以姓氏逗弄杨氏之子,杨氏之子也以姓氏反驳。)

师:是的,这就是以其人之道,还治其人之身。这是真智者。

师:来,我们看这两句话,意思一样吗?

孔雀是君家禽。

未闻孔雀是夫子家禽。

师:为什么杨氏子不说"孔雀是君家禽"而要说"未闻孔雀是夫子家禽"?同桌之间讨论一下。你们讨论的结果是什么?

(生:"夫子"是尊称,显得有礼貌。"未闻孔雀是夫子家禽"比较委婉。作为主人家,委婉的回复比较礼貌、得体。用否定句式表达我没听说过孔雀是您家的鸟,把难题又抛还给孔君平了。)

师:这才是真智者。

师:孔君平以姓氏来逗弄杨氏子,没想到九岁的杨氏子聪慧过人,用同样的方法反驳了孔君平。让我们再次还原当时的情境,如果此时来的人不姓孔,而是姓黄,杨氏子会怎么说?

(生:黄指以示儿曰:"此是君家果。"儿应声答曰:"＿＿＿＿＿＿＿。")

师:再次齐读全文。

师:杨氏子不愧是聪慧的孩子,不仅懂礼节,还用机智幽默的语言化解了孔君平的逗弄。

四、拓展延伸,习得语言

师:接下来,我们再来读《世说新语·言语》中的另一个故事。请大家拿出学习单,借助注释了解故事大意。

默读文言文,回答问题。

孔文举(孔融)年十岁,随父到洛。时李元礼有盛名,为司隶校尉,诣门者皆俊才清称及中表亲戚乃通。文举至门,谓吏曰:"我是李府君亲。"既通,前坐。元礼问曰:"君与仆有何亲?"对曰:"昔先君仲尼(孔子)与君先人伯阳(老子),有师资之尊,是仆与君奕世为通好也。"元礼及宾客莫不奇之。太中大夫陈韪(wěi)后至,人以其语语之。韪曰:"小时了了,大未必佳!"文举曰:"＿＿＿＿＿＿＿!"韪大踧踖(cù jí)。

——节选自《世说新语·言语》

注释:1.司隶校尉:官职,监察京师百官及所辖区域。2.清称:有声誉的人。3.通:通报。4.通好:友好往来。5.了了:聪明。6.踧踖:局促不安的样子。

1. 请借助注释,了解故事大意。想一想,孔融会怎样回答陈韪?请写在横线上。

2. 说一说,孔融和杨氏子有何相似之处。

师:孔融会怎样回答陈韪呢?请你来说说自己的想法。

(生:文举曰:"想君小时,必当了了。")

师:杨氏子和孔融有何相似之处呢?

(生:他们年龄小,十分聪慧,用机智的语言回应对方,体现了他们的与众不同。)

师:短短的两个小故事,杨氏子用了9个字作答,孔融仅用了8个字作答,回答得巧妙得体又不失幽默,由此可见语言的艺术魅力。

师:今天这节课就上到这儿,下课!

师:我的试讲到此结束,感谢各位的聆听!

【板书设计】

杨氏之子
为设果
甚聪惠
应声答

读意料之外，明情理之中

——六年级上册《桥》试讲稿

【试讲分析】

《桥》是统编教材六年级上册的一篇精读课文，单元围绕"小说"展开教学。学习小说首先要了解小说的三要素——人物、情节、环境，然后梳理三者之间的关系：人物推动情节的发展，环境烘托人物形象。《桥》是小说，也是一篇小小说，其特点明显：篇幅短小，语言精练，立意新颖，结局新奇巧妙且出人意料。学习小小说，要对学生不易察觉的地方加以引导和点拨，使其了解小小说的特点，激发其阅读兴趣。

1. 读情节的"意料之外"

结合单元语文要素确定本文教学重点：体会情节的"意料之外"，感受人物形象。教学时紧抓"老汉哪些行为令人感到意外"，围绕重点语句分析人物动作和神态：老汉在洪水威胁下仍镇定指挥，与乱哄哄的人们形成鲜明对比；混乱时刻揪出小伙子，最后关头把小伙子推上木桥，形成矛盾冲击；在看似不可思议的情节中不仅感受老汉伟大高尚的人物形象，同时又把故事的一波三折演绎得鲜活生动，把一切意料之外隐藏在故事结尾。

2. 明故事的"情理之中"

小小说最大的特点是故事的结尾总是出人意料，从故事结尾出发回想老汉之前的行为又在情理之中。老汉在洪水面前镇定指挥，因为他是村支书，是共产党员；在人群中揪出小伙儿，因为小伙儿是党员要带头；在最后关头把小伙儿推上木桥，因为他是小伙儿的父亲。所有看似不可思议的情节现在想来都在情理之中。小小说用巧妙的笔法把一位普通的共产党员为他人着想、为他人奉献的故事讲述得如此深沉而动人。品读语言时，不仅要把握小小说的特点，还要获得情感的熏陶。

不得不说，小小说以情节的转折变化和结尾的出乎意料来吸引读者，教学时紧抓这些要点设下悬念引发学生的学习兴趣，在语言感知中体会人物的情感变化，感受人物的高大形象。

【试讲目标】

1.学习词语,了解故事的内容。

2.抓住人物的动作描写、神态描写,体会人物的内心情感,感受人物形象。

3.了解"意料之外,情理之中"的写作方法并尝试运用。

【试讲重点】

1.抓住人物的动作描写、神态描写,体会人物的内心情感,感受人物形象。

2.了解"意料之外,情理之中"的写作方法并尝试运用。

【试讲过程】

师:尊敬的评委老师,大家好。我是×号考生(选手),今天我试讲的课文是《桥》。请问现在可以开始我的试讲了吗?

师:上课,同学们好,请坐!

一、谈话引题,揭示标题

师:今天这节课我们学一篇小说,它的题目是《桥》。

师:《桥》是一篇小小说,有多小,告诉你们两个数字:全篇小说只有42句话,602个字。读过这样的小说吗?读过这么短的小说吗?今天这节课我们就一起来读读这篇小小说。

二、学习词语,初识人物

师:请大家默读课文,想想课文主要讲了一件什么事?

师:在梳理课文之前我们先来读读这些词语。请你先读第一组词语。

(生:咆哮、狞笑、狂奔、放肆、势不可当。)

师:读得不错。狞笑是怎样笑?

(生:可怕地笑。)

师:冷冷地笑叫作——

(生:冷笑。)

师:讥讽地笑叫作——

(生:嘲笑或讥笑。)

师:课文中是这样写的:死亡在洪水的狞笑声中逼近。这句话给你带来怎样的感受?

(生:我们似乎听到了洪水那狰狞可怕的笑声。)

师:再请一位同学读第二组词语。

（生：拥戴、清瘦、揪出、胸膛、豹子。）

师：读了这两组词语，你有什么发现？

（生：我发现第一组词语是描写洪水的。）

师：是的，这组词语描写洪水来势汹汹的样子。第二组词语呢？

（生：我发现第二组词语是描写老汉的。）

师：是的，老汉就是小说的主要人物，而文中对洪水的描写就是环境。（板书）

师：课文围绕老汉讲了一件什么事呢？谁来说一说。

（生：课文主要讲黎明的时候，村庄突然山洪暴发，老汉指挥着村民从木桥撤离，最后牺牲在洪水中。）

三、研读句子，体会"意料之外"

师：老汉是小说的主要人物，在他的身上有许多令人意想不到的事情。你能从文中找出来读一读并写上自己的感受吗？

师：你从文中读出了几处意料之外？（板书）

（生：三处。）

师：请你读第一处意料之外。

（生：老汉清瘦的脸上淌着雨水。他不说话，盯着乱哄哄的人们。他像一座山。）

师：出乎你意料之外的是什么？

（生：令我意外的是在来势迅猛的洪水面前，人们已经慌乱了，可老汉镇定自若，太令人惊讶！）

师：从这段话中你读出老汉的镇定，是从哪个字读出来的？哪一句话？

（生：盯，他像一座山。）

师：齐读这句话。在洪水的威逼下，老汉却如此镇定，让我们从课文中找出描写洪水的语句感受一下。

（生：山洪咆哮着，像一群受惊的野马，从山谷里狂奔而来，势不可当。近一米高的洪水已经在路面上跳舞了。死亡在洪水的狞笑声中逼近。）

师：洪水肆虐，可老汉却保持着镇定，指挥着人们安全撤离。他像一座山，一座人们的大靠山。

师：再读读这句话，读出老汉的镇定。

师:是啊,清瘦的老汉,他身上承载的是全村人的性命。面对乱哄哄的人们,他会怎么做,他该怎么做? 他的什么行为是你意料之外的? 请你读出相关语句。

(生:老汉突然冲上前,从队伍里揪出一个小伙子,吼道:"你还算是个党员吗? 排到后面去!"老汉吼道:"少废话,快走。"他用力把小伙子推上桥。)

师:老汉的什么行为令人费解?

(生:老汉把小伙子从队伍里揪出来,之后又把他推上木桥,这看起来很矛盾。)

师:是啊,老汉为什么要揪出小伙子,之后又把他推上桥呢? 同桌间互相讨论。

师:请把你们讨论的结果和大家分享一下。

(生:老汉把小伙子揪出来是因为小伙子是党员,在危机面前他要让群众先走;最后老汉把小伙子推上木桥是因为小伙子是老汉的儿子,他要把生的希望留给孩子。)

师:你能理解老汉的行为吗? 在一揪一推中你读出了什么? 你思考了许久,请你来说说。

(生:老汉的"一揪"是把群众的安危放在首位,此时他是党员,是村支书;"一推"是把生的希望想留给孩子,此时,他是一位父亲。)

师:是的,老汉是一名党员,在危难时刻他想到的是群众的安危,在生死最后关头,他又是一位父亲,他要把最后的希望留给儿子。

师:老汉的行为太让人意外了,但是小小说总是把最大的意外留在故事结尾。我们来读读它。

(生:五天以后,洪水退了。一个老太太,被人搀扶着,来这里祭奠。她来祭奠两个人。她丈夫和她儿子。)

师:直到故事结尾读者才明白,老汉和小伙子的关系。之前对老汉的种种疑问在这一刻豁然开朗。明白了老汉在最后一刻推小伙上桥,因为他是父亲。明白了老汉为什么会揪出小伙,因为他是人们的靠山。所有的意料之外,现在想来都在情理之中。(板书)

四、发挥想象,练笔实践

师:小小说最大的魅力在于故事结尾总是让读者感受到意料之外,但又在情理之中。我们来读一篇小小说,猜测一下故事的结尾会是怎样的。你能依据故事内容加上一个出乎我们意料,却又合乎情理的结尾吗?试试吧。

宽 容

娃儿拿回成绩单。

老爸:"数学1分,语文10分?"

娃儿点点头,颤抖中……

空气凝结,气氛无比恐怖,娃儿感觉大事不妙……

老爸深吸一口旱烟,说道:"嗯,你有点偏文科哟!"

数年后,他考上了老爸喜欢的名牌大学……

师:今天这节课就上到这儿,下课!

师:我的试讲到此结束,感谢各位的聆听!

【板书设计】

桥	
人物	意料之外
环境	
情节	情理之中

品读诗意,感受长征精神

——六年级上册《七律·长征》试讲稿

【试讲分析】

《七律·长征》是统编教材六年级上册的一首律诗,它是毛泽东同志于1935 年红军长征胜利后写下的一首大气磅礴、气势恢宏的律诗,赞扬红军战士们不怕困难、不怕牺牲的革命乐观主义精神。整首诗遵循七言律诗写法特点,七字八句,偶句末押平声韵,讲究对仗工整,语言精练,长于修辞,营造诗意。诗的意象是诗的灵魂所在,感受诗的意象体会诗人的情感是学习的重点。

1. 借助资料,感受"难"

这首律诗以红军长征为历史背景,所以了解红军长征的相关的历史资料是学习要点。教学伊始,可以链接背景资料让学生整体感受红军二万五千里长征的艰难,再从诗句中感知长征的"难":逶迤的五岭,磅礴的乌蒙山,水流湍急的金沙江,大渡河上的铁索桥,终年积雪的岷山……红军战士走过千山万水,历尽艰难险阻,完成了不可能完成的战斗任务。在艰难路途上,我们看到了红军战士们顽强的意志力和伟大的战斗精神。

2. 品读诗意,体会"不怕难"

全诗以红军战士历经的"难"来写红军战士不怕难的精神,运用反衬的手法体现长征精神。教学时品读诗句,感受意象:红军战士把连绵起伏的五岭看作腾起的小浪花,把气势磅礴的乌蒙山当作脚下的小泥丸;面对水流湍急的金沙江,红军战士巧渡过江,在大渡河上的铁索桥上演一场激烈战斗;翻过终年积雪的岷山,红军战士喜笑颜开。诗的意象在一次次品读中呈现,读者跟随着诗人的脚步重回长征,感受红军战士光芒四射的伟大精神。

基于以上分析,提出教学建议:一是链接背景资料,了解红军长征历史,读懂诗句意思,理解作者表达的情感;二是对比研读,在反复品读诗句中体会红军长征的艰难,从而反衬红军不怕难的革命乐观主义精神;三是借助视频创造情境,理解诗意,体会诗人的情感;四是用好阅读链接,读诗人的其他作品感受诗意,了解诗人表达的情感和写作风格。

【试讲目标】

1.理解重点词语"逶迤、磅礴"的意思,能正确流利地朗读诗。

2.品读诗句感受长征艰难。

3.体会红军不怕难的革命乐观主义精神。

【试讲重点】

1.理解"逶迤、磅礴"等词的意思,理解诗句意思。

2.体会红军不怕难的革命乐观主义精神。

【试讲过程】

师:尊敬的评委老师,大家好。我是×号考生(选手),今天我试讲的课文是《七律·长征》。请问现在可以开始我的试讲了吗?

师:上课,同学们好,请坐!

一、歌曲引题,了解背景

师:请大家先来观看视频歌曲《七律·长征》。

师:这首歌曲给我们展现了什么样的画面? 请你来说说。

(生:红军战士翻山越岭,爬雪山过草地,终于获得胜利。)

师:是的,我们所看到的是红军二万五千里长征的场景。1934 年 10 月开始,中国工农红军为了避开国民党的"围剿",保存革命实力,开始战略转移。中央红军从中央苏区出发,纵横 11 省,击溃了敌人多次的围追堵截,战胜了军事上、政治上和自然界的无数艰险,行军二万五千里,在 1935 年 10 月到达陕北革命根据地。这在历史上称为"长征"。

师:今天这节课我们就要学习毛泽东同志在中央红军与陕北红军胜利会师后写下的这首《七律·长征》。(板书)

二、初读律诗,整体感知

师:这首诗写得大气磅礴,老师想来读一读。

师:听了老师的朗读,你们也来试试:自由读诗,反复读,读顺口、清爽为止。

师:读完这首诗如果让你用一个词来表达感受,你会用哪个?

(生:不怕难。)

三、细读品析,感受精神

师:毛泽东带领红军长征难不难?

(生:难。)

师:难在哪? 画出诗句中的关键词。

师:你已经思考完了,请你来说。

(生:红军长征真的很难,要走过万水千山。)

师:是的。在漫漫征途中,红军将士跨越近百条江河,翻过 40 余座高山,其中海拔 4000 米以上的雪山就有 20 余座,穿过人迹罕至的茫茫草地,同敌人进行了 600 余次战斗。诗句中用"万水千山"就概括了红军长征的艰难。

师:让我们齐读诗句,想想诗中描写红军翻越了哪些山,渡过了哪些河?(板书)

师:你发言最积极,请你来说。

(生:从诗句中,我知道红军长征翻越了五岭、乌蒙山、岷山,渡过了金沙江、大渡河。)

师:请大家看视频,你看到怎样的五岭?

(生:我看到连绵起伏的群山。)

师:从文中注释,我们知道五岭是越城岭、都庞岭、萌渚岭、骑田岭、大庾岭的总称。

师:山岭连着山岭,连绵起伏的山势就是"五岭逶迤"。

师:这就是乌蒙山,看着图你能用一个词语形容乌蒙山的气势吗?

(生:磅礴。)

师:我们来欣赏一段红军战士横渡金沙江和大渡河的视频。

师:金沙江上水流湍急,浪花拍打着山崖,在这里红军巧渡金沙江,阻击敌人。大渡河上几根铁索拦住了红军前进的脚步,在这里上演了一场激烈的战役,红军强攻大渡河,飞夺泸定桥。

师:翻越千山,渡过万水,最终来到了终年积雪的岷山。请大家看看红军爬雪山的场景,你有怎样的感受?

(生:红军战士冒着严寒艰难地行进着,最终获得胜利。)

师:红军长征难不难?

（生：难。）

师：怕不怕？

（生：不怕难。）

师：把红军战士不怕难的精神读出来，请齐读这首诗。

师：是的，红军战士不怕逶迤的五岭，只把它看成细小的浪花；不怕磅礴的乌蒙山，只把它看成小小的泥丸。

师：读"五岭逶迤腾细浪，乌蒙磅礴走泥丸"。

师：红军战士不怕金沙江水流湍急，不怕大渡河上望而生畏的铁索桥。

师：读"金沙水拍云崖暖，大渡桥横铁索寒"。

师：红军战士更不怕终年积雪的岷山。

师：读"更喜岷山千里雪，三军过后尽开颜"。

师：红军为什么不怕难？请你说。

（生：因为经历万水千山对于红军战士来说是平平常常的事。）

师：读"红军不怕远征难，万水千山只等闲"。

师：一个"闲"字就看出红军战士不怕难的精神。

师：跨过这千山万水，三军会师"尽开颜"。红军长征取得伟大的胜利，毛泽东同志挥笔写下这首诗。从这首诗中，我们感受到红军长征的艰难险阻，但是红军战士用不怕难的革命乐观主义精神取得胜利，他们的精神永远闪烁着光芒。齐读诗。

师：让我们的情感凝聚片刻，让我们的思绪再放飞一会儿。（配乐读诗）

四、阅读链接，拓展延伸

师：毛泽东同志是我国的领导人，也是一位诗人。1933 年夏，毛泽东同志重回大柏地，回想起 1929 年他与朱德率领红军从井冈山出发，同追来的国民党在大柏地打了一仗，获得胜利，即兴写下《菩萨蛮·大柏地》。请大家自由读读这首词，想象作者描绘了怎样的情景？

（生：用鲜艳的色彩描绘出大柏地雨后景色的壮美，用回忆的形式呈现当时战斗的激烈场景。）

师：整首词情景交融，抒发了作者怎样的情感？

（生：从这首词中可以感受到毛主席的革命豪情。）

师:让我们带着这种豪情齐读这首词。

师:今天这节课就上到这儿,下课!

师:我的试讲到此结束,感谢各位的聆听!

【板书设计】

七律·长征

	五 岭	逶 迤	
	乌 蒙	磅 礴	
难	金沙江	云崖暖	不怕难
	大渡河	铁索寒	若等闲
	岷 山	千里雪	

详略得当描写下的腊八粥

——六年级下册《腊八粥》试讲稿

【试讲分析】

《腊八粥》是统编教材六年级下册第一单元的一篇精读课文,是沈从文先生回忆湘西生活的一篇佳作。腊八粥是中国传统节日腊八节当天制作的一种美食,作者运用细腻生动的笔法写方家大院八儿焦急等待腊八粥的情景,体现了家乡的人们对腊八粥的喜爱。瞄准单元主题,《腊八粥》一课充分体现单元主题要素"十里不同风,百里不同俗",落实语文要素"分清内容的主次,体会作者是如何详写主要部分的"。由此,结合本课内容确定教学目标,细读八儿等粥的过程,体会情感变化,感受人们对腊八粥的喜爱。围绕教学要点分析教学内容,展开教学。

1. 了解习俗,有利沿袭

语文学习在于引导和发现。过腊八节喝腊八粥这个习俗是怎么来的,人们为何会沿袭下来……围绕课文产生的问题需要去了解、去发现,因为了解习俗有利于中国传统文化的传承。导课环节以腊八节儿歌引入,呼唤起学生对腊八节、对年俗文化的记忆。教师讲述腊八节最早的起源及来历,引读孟元老著《东京梦华录》所载"腊八粥",初步了解"腊八粥"是宋代农历十二月初八佛寺举办浴佛会后送给门徒的七宝五味粥。之后人们就把这个习俗延续下来,每年腊月初八是腊八节,家家户户都会熬煮腊八粥。

2. 品读语言,明确写法

读者仔细阅读《腊八粥》就会产生许多问题:作者为什么以方家大院的八儿来写腊八粥?课文着重写八儿等粥,而喝粥只占了一小部分篇幅,这样写的好处是什么?八儿一家喝粥后的情景会给读者带来怎样的感受?从问题出发分析文本,《腊八粥》是作者回忆童年湘西生活,以孩子的角度来写人们对腊八粥的喜爱,习俗文化已经在孩童心里落地生根了。正如文章开篇所写:"初学喊爸爸的小孩子,会出门叫洋车了的大孩子,嘴巴上长了许多白胡子的老孩子,提到腊八粥,谁不是嘴里就立时生出一种甜甜的腻腻的感觉呢。"无论是小孩还是老人都爱腊八粥,这种喜爱已经入骨入髓。接着,作者重点描写八儿焦急地等待腊八粥,抓住两条线来写等粥的漫长:一是从八儿的动作、语言、神态,描写盼粥、分粥、猜粥、看粥的过程;二是对腊八粥在锅里熬煮样子的描写,将粥有声无力叹着气,与八儿焦急的样子形成鲜明对比,越发显得腊八粥是多么有滋有味。紧抓着两条线索,品读语言,梳理课文,更好地体会人们对腊八粥的喜爱。喝粥运用白描手法勾勒八儿一家喝腊八粥后幸福满足的情景,寥寥数笔却意味悠长,仿佛大家都沉浸在腊八粥的美味中。在细读分析中发现,作者写等粥和喝粥这两个部分,运用详略手法突显了人们对腊八粥的喜爱。

3.拓展阅读,完成任务

学语文就要用语文。喝腊八粥是一项传统习俗,人们是怎样熬煮腊八粥的,这其中又会有怎样的体验和感受呢?为了让学生更好地感受腊八文化,首先阅读其他作家笔下的腊八粥,与原文比较感受在表达方式上的相同和不同点,然后引导学生根据短文内容学习制作腊八粥,并能将制作过程和感受写下来。在阅读、比较、感受、实践、体验中了解中国传统文化习俗,不仅拓宽阅读,还增强与现实生活相关联的学习活动,实现了学生在生活情境中获得知识与能力。

【试讲目标】

1.正确读写"大匙""搅和""稀烂"等词,默读课文,了解课文的写作顺序。

2.细读等粥的部分,体会八儿的情感。

3.阅读资料,在生活实践中完成练笔。

【试讲重点】

1.细读等粥的部分,体会八儿的情感。

2.阅读资料,联系生活学习写法。

【试讲过程】

师:尊敬的评委老师,大家好。我是×号考生(选手),今天我试讲的课文是《腊八粥》。请问现在可以开始我的试讲了吗?

师:上课,同学们好,请坐!

一、情境导入,揭示标题

师:小时候,我们常念的一首儿歌,大家一起来读读它,非常有意思。

小孩小孩你别馋,过了腊八就是年。腊八粥,喝几天,哩哩啦啦二十三。

师:腊月初八这一天,家家户户都要熬腊八粥。这个习俗起源于宋朝,《东京梦华录》中写道:"初八日,街巷中有僧尼三五人,作队念佛,以银、铜沙罗或好盆器,坐一金、铜或木佛像,浸以香水,杨枝洒浴,排门教化。诸大寺作浴佛会,并送七宝五味粥与门徒,谓之'腊八粥'。"

师:腊八节喝腊八粥这个习俗一直沿袭下来,许多名家写过关于腊八粥的文章,今天我就来读读沈从文笔下的《腊八粥》。(板书)

二、检查预学,了解内容

师:通过预学单发现以下词语需要大家再来学习:大匙、搅和、稀烂、肿胀、浓稠。

师:"匙"是多音字在这里读"chí",还有一个读音"shi"。"和"在这读"huo"。

师:你们发现"稀烂、肿胀、浓稠"这三个词有什么共同之处?

(生:都是描写腊八粥熬煮时的样子。)

师:请大家默读课文,想想作者围绕腊八粥主要写了什么?

(生:课文主要写八儿为了喝上腊八粥一直在等着盼着,最后终于喝上了腊八粥。)

师:八儿为了喝上腊八粥经历了一个漫长的过程。腊八粥到底是怎样的滋味呢? 请大家齐读课文第一自然段。

师:是的,一提到腊八粥,初学喊爸爸的小孩子,会出门叫洋车了的大孩子,嘴巴上长了许多白胡子的老孩子,谁不是嘴里就立时生出一种甜甜的腻腻的感觉呢。这么好喝的腊八粥,八儿怎么会错过?

三、品读课文,感受写法

师:请大家默读课文,找出描写八儿和腊八粥相关的语句,看看你有什么发现。

(生:我发现八儿等粥、盼粥的过程总是和腊八粥的表现一起出现的。)

师:让我们一起来读一读,女生读八儿的语句,男生读腊八粥的表现。同桌一起完成下面的学习单。

等粥	八儿的表现	粥的样子
盼粥	进进出出	(粥正在叹气)
	(眼睛急红了)	有声无力叹气
	(要哭了)	(锅中叹气)
(分粥)	要吃三碗、三碗半	(锅内又叹声气)
猜粥	(猜想)	(栗子稀烂、饭豆肿胀、花生仁面面的、枣子大了三四倍)
(看粥)	(惊异)	(花生仁脱了红外套、锅巴围成一圈)

师:八儿在等粥的时候经历了盼粥、分粥、猜粥、看粥的过程。完成学习单,你们从八儿的表现和粥的样子有了什么发现吗?

(生:八儿等粥的过程是急不可耐,而腊八粥却表现得异常平静和无力,一如既往地在锅中叹气。通过这样的对比描写,越发显得八儿为了能喝上腊八粥焦急万分。)

师:从八儿等粥的过程你看到了一个怎样的八儿? 你思考得很快,请你来说说。

(生:我从八儿"进进出出""急红了眼",看到一个迫不及待的爱喝腊八粥的小孩子。)

(生:我从八儿分粥的情景看到了一个贪吃的八儿。)

(生:我从八儿猜想腊八粥的场景看出八儿天真可爱。)

师:从八儿等粥,我们看到了一个活泼可爱的小孩,那我们一起来读读八儿一家人喝粥后的情景。

晚饭桌边,靠着妈妈斜立着的八儿,肚子已成了一面小鼓了。他身边桌上那两支筷子,很浪漫地摆成一个十字。桌上那大青花碗中的半碗陈腊肉,八儿的爹同妈也都奈何它不来了。

师:读了这段话,你眼前浮现了怎样的情景?

(生:我仿佛看到了八儿喝完腊八粥那种幸福满足感,不知道他喝完了三碗半的腊八粥吗? 那一锅腊八粥是不是都被八儿一家人给喝完了?)

师:从这段描写让我们有了无尽的联想,腊八粥给八儿一家人带来了满满的幸福。除此之外,同学们也发现了,作者在写八儿等腊八粥时进行了丰富的描写,而写喝粥只有寥寥数笔,这样写有什么好处呢? 同桌间讨论交流一下。

(生:作者详写八儿等粥可以突出对腊八粥的喜爱,从焦急等待的过程中感受到八儿"喜得发疯"的样子。)

(生:作者略写喝粥,寥寥几笔就把八儿一家人喝腊八粥的情景勾勒得鲜活生动,读后能引起丰富联想,意味悠长。)

师:作者在写等粥和喝粥时运用详略结合的方法,突出人们对腊八粥的喜爱。(板书)

四、拓展阅读,学习运用

师:在沈从文的笔下,我们感受到腊八粥是如此的有滋有味。让我们再来读读其他作家是怎么写腊八粥的,比较一下它们的相同点和不同点。

有的地方,只认为吃了腊八粥,也就是说春节将临,农事已完,带有庆丰收的意思。江苏有的地方,用白果、花生、莲子、红枣、板栗诸般果实,和上姜桂调味品,掺在米中煮成,谓其温暖滋补,可以祛寒。扬州地方,在腊八这天,除了烧煮甜腊八粥外,还有用青菜、胡萝卜、豆腐、雪里蕻、黄花、木耳切丝炒熟合于白米煮成的粥中,谓之咸腊八粥。

——节选自周绍良《记腊八粥》

我小时候喝腊八粥是一件大事。午夜才过,我的二舅爹爹(我父亲的二舅父)就开始作业,搬出擦得锃光大亮的大小铜锅两个,大的高一尺开外,口径约一尺。然后把预先分别泡过的五谷杂粮如小米、红豆、老鸡头、薏仁米,以及粥果如白果、栗子、胡桃、红枣、桂圆肉之类,开始熬煮,不住地用长柄大勺搅动,防粘锅底。两锅内容不太一样,大的粗糙些,小的细致些,以粥果多少为别。此外尚有额外精致粥果另装一盘,如瓜子仁、杏仁、葡萄干、红丝青丝、松子、蜜饯之类,准备临时放在粥面上的。等到腊八早晨,每人一大碗,尽量加红糖,稀里呼噜地喝个尽兴。家家熬粥,家家送粥给亲友,东一碗来,西一碗去,真是多此一举。剩下的粥,倒在大绿釉瓦盆里,自然凝冻,留到年底也不会坏。自从丧乱,年年过腊八,年年有粥喝,兴致未减,材料难求,因陋就简,虚应故事而已。

——节选自梁实秋《粥》

师:阅读了这两篇短文,和原文比较一下有哪些相同和不同之处? 小组交流一下。

（生：三篇文章都介绍了腊八粥制作的方法，不同之处是沈从文先生写的腊八粥让我们感受到腊八粥滋味极好，是甜甜的、腻腻的；周绍良先生写的腊八粥饱含喜庆丰收之意，腊八粥不只是一种好吃的食物，更有了丰富的文化内涵；梁实秋先生笔下的腊八粥则有祈盼团圆之意。）

师：腊八粥不只是一道美食，更是在讲述着丰富的人文故事，表达着人与人之间的美好情感。请同学们选择一篇短文中制作腊八粥的方法，回家去熬煮一碗腊八粥，再把其中的过程和感受写一写。

师：今天这节课就上到这儿，下课！

师：我的试讲到此结束，感谢各位的聆听！

【板书设计】

```
┌─────────────────────────────────┐
│              腊八粥               │
│                                 │
│      等粥        喝粥             │
│          详略得当                │
└─────────────────────────────────┘
```